os professores

entre o prazer e o sofrimento

Claudine Blanchard-Laville

os professores

entre o prazer e o sofrimento

Tradução
Maria Stela Gonçalves
Adail Sobral

Edições Loyola

Título original:
Les enseignants entre plaisir et souffrance
© Presses Universitaires de France, 2001
6, avenue Reille, 75014 Paris, França
ISBN 2 13 051985 7

Preparação: Maurício B. Leal
Diagramação: Ademir Pereira
Revisão: Carlos Alberto Bárbaro

Edições Loyola
Rua 1822 nº 347 – Ipiranga
04216-000 São Paulo, SP
Caixa Postal 42.335 – 04218-970 – São Paulo, SP
(11) 6914-1922
(11) 6163-4275
Home page e vendas: www.loyola.com.br
Editorial: loyola@loyola.com.br
Vendas: vendas@loyola.com.br

ISBN: 85-15-03041-1

À minha mãe,
a preceptora da pequena sala de aula.
À memória do meu pai,
preceptor que se tornou professor de matemática.

Sumário

Capítulo 3

Capítulo 4

Capítulo 5

Capítulo 6

Capítulo 7

Capítulo 8

Capítulo 9

Capítulo 10

Capítulo 11

Capítulo 12

Agradecimentos

Fiz uso de um grande período de tempo para escrever este livro, tarefa em que me ajudaram numerosos amigos, professores e estudantes.

Em primeiríssimo lugar, devo agradecer a meu colega e amigo Pierre Berdot, que, por sua presença atenta e seu infalível apoio ao longo do tempo, me permitiu superar os momentos de desânimo com o objetivo de concluir este projeto. Graças à sua sensibilidade clínica, tive possibilidade de construir com ele um espaço de trabalho que favoreceu meus progressos teórico-clínicos em todo o decorrer dos vinte últimos anos.

O acompanhamento do doutor Salomon Resnik completou a tarefa. Beneficiando-me de seu extraordinário senso crítico e de seu grande espírito humanitário, pude, com o apoio do grupo terapêutico que ele anima, elaborar questões que, à medida que o projeto avançava, se tornavam obstáculos e empecilhos à realização deste livro. Desejo também exprimir a Salomon Resnik minha gratidão pela abertura que, graças ao contato com ele, adquiri com relação à escola inglesa de psicanálise, por ele encarnada de maneira extremamente viva e pessoal.

Quero em seguida agradecer de coração a todos os professores que participaram dos grupos que animei e que me ensinaram tudo o que sei hoje acerca das dificuldades da prática dessa profissão.

Agradeço também a todos os estudantes que me permitiram refletir sobre minha própria prática de professora, e mais precisamente aos alunos do terceiro ciclo, com os quais tive possibilidade de trocar idéias sobre o avanço de meus próprios trabalhos, ainda que eu os estivesse iniciando no procedimento da pesquisa.

Devo também agradecer a todos os meus colegas pesquisadores que aceitaram aventurar-se comigo no trabalho de pesquisa co-disciplinar e que, paradoxalmente, me autorizaram dessa maneira a embrenhar-se mais a fundo em meu próprio livro.

Agradeço a meus colegas professores-pesquisadores do Departamento de Ciências da Educação da Université Paris X Nanterre, que aceitaram, em alguns momentos, que não estou tão disponível como teria podido estar para certas tarefas institucionais.

Meus agradecimentos aos editores e, de modo mais particular, às Edições L'Harmattan, que me autorizaram a usar alguns excertos de artigos ou de capítulos de obras já publicadas para elaborar este livro.

Obtemos a liberdade de falar, pensar, escrever, agir [...] quando decidimos agir em tudo isso sem ciladas, tendo afastado uma imagem idealizada do pai sem por isso recusar a ele, ao pai, mas também à mãe, o que deles nos vem, isto é, a vida; mas, quanto mais dispostos estivermos a atribuir-lhes nossa origem, tanto mais poderemos, por nossa vez, dispor dessa vida.

Jacqueline Rousseau-Dujardin,
Couché par écrit.
De la situation analytique.

Prefácio

Este livro é uma surpresa. Ele conta a história de uma pesquisadora. Lê-se nele o relato de suas descobertas, de seus objetos de pesquisa e de suas convicções. O livro tem início pela história de uma menina privilegiada e brilhante que se torna, contra a própria vontade, universitária, lecionando matemática. As primeiras páginas biográficas, gênero raro numa obra erudita, são aqui indispensáveis, pois permitirão ao leitor compreender o projeto e a atividade da autora: é trabalhando incansavelmente na descoberta dos acontecimentos da vida, dos comportamentos e dos afetos que se pode entrever, perceber, o continente oculto do psiquismo inconsciente. Claudine Blanchard-Laville assume o risco de se dizer a fim de dizer algo dos outros.

Dois corpos de conhecimentos são testados: a matemática, captada aqui pelos estudantes que a aprendem e pelos professores que a lecionam, e a psicanálise. É com efeito às descobertas de Freud e de seus sucessores que Claudine Blanchard-Laville recorre, nelas confiando, para decodificar ora os "bloqueios" e as inibições, ora as paixões e, com freqüência ainda maior, os impensados — que, apesar de sê-lo, são postos em cena — da relação com o saber de cada um dos sujeitos estudados.

O livro apresenta um grande número de estudos de pessoas ou de grupos que fornecem à autora a oportunidade de desenvolvimentos teóricos progressivos: trata-se de um trabalho de tecedura entre a conceptualização e o material empírico que nos é oferecido, perfeitamente congruente com o vínculo didático tão amiúde evocado. Nesse contexto, vemos na prática como o uso de uma teorização de que se apropria pessoalmente uma pesquisadora lhe permite ao mesmo tempo escrever parágrafos teóricos luminosos e propor sentido e significação a palavras, a atitudes e a atos.

A obra mostra a necessidade do tempo, da duração e do amadurecimento para quem pretende aproximar-se o máximo possível — isto é, aqui de uma maneira clínica — da complexidade da personalidade em situação profissional.

Claudine Blanchard-Laville defende em várias passagens uma psicanálise aberta a diferentes autores, que nunca deve suscitar um julgamento de desvio sobre as pessoas evocadas. Ela afirma que a psicanálise não é senão um ponto de vista, mas aquele que ela escolhe por lhe parecer o mais fecundo e o mais acertado para ela; afirma ainda que o que descobre nos outros é também sua própria realidade, bem como a de todos nós. Não são "casos" que são estudados, são momentos de vida, sempre em situação pedagógica, mas singularmente pessoais.

Os professores entre o prazer e o sofrimento não é o primeiro livro advindo da psicanálise acerca da escola ou das aprendizagens; há até uma tradição estabelecida há setenta anos, embora minoritária. Mas, se é soberba, esta obra o é em virtude do trabalho conceitual sobre o espaço e o invólucro psíquicos, em função da constante preocupação de reunir a didática e o psíquico. Por fim, a escrita e o estilo precisos e claros desta obra contribuem sem cessar para sustentar o interesse e a compreensão dos leitores.

Nenhum dos leitores deve perturbar-se pelo fato de este livro abordar a matemática: não se faz matemática lendo estas páginas; todos os desenvolvimentos, todas as conclusões estão abertos a transposições possíveis. E não é anódino aprender ou confirmar que mesmo na e com a matemática, uma das abstrações mais puras e mais rigorosas inventadas pelo homem, há ainda um lugar para pressentir, em ação, o inconsciente de cada um.

Jacky Beillerot

Professor de ciências da educação,

Université Paris X Nanterre

Prólogo

Esta obra se dirige antes de tudo aos professores.

As análises que apresentarei elucidam uma dimensão relativamente desconhecida do ato de ensino que nós, professoras e professores, praticamos dia após dia. Elas esclarecem elementos prioritariamente vinculados ao *registro psíquico inconsciente* dos parceiros desse ato, professores e alunos que, por meio de seus laços, tecem a textura relacional do espaço nos locais de ensino.

À primeira vista, para os leitores professores, os "resultados" que exporei podem parecer afastados de sua vivência cotidiana. "Afastados" não é sem dúvida a palabra acertada, eu me exprimiria melhor dizendo estranhos, como elementos familiares que se tornaram estranhos pelo empreendimento da teorização. Entretanto, se aceitarem me seguir no caminho que lhes proponho e, em especial, se deixar tocar pelos relatos que farei, eles poderão superar esse primeiro aspecto de estranheza; e estou convencida de que esta elucidação os ajudará a interpretar fenômenos que outras análises, mais familiares a eles, não permitem identificar.

Com este ensaio, desejo também me dirigir aos formadores de professores cuja tarefa de profissionalização inicial ou contínua será, em minha opinião, enriquecida por uma consideração do registro psíquico da transmissão didática.

Este livro se dirige enfim aos pesquisadores afastados do campo das pesquisas sobre as quais se apóia este testemunho e que desejariam ser nele introduzidos. De modo mais amplo, ele se dirige aos alunos de ontem e de hoje, aos pais de alunos, sem esquecer todos os profissionais da educação e da formação interessados no que se passa nas salas de aula.

Outros autores antes de mim atestaram a presença de fenômenos vinculados ao registro do inconsciente no ensino e se dedicaram a utilizar os conhecimentos prometidos pela psicanálise para esclarecer as dimensões inconscientes da relação pedagógica. Penso particularmente em Janine Filloux, Francis Imbert e Mireille Cifali, para citar tão-somente os mais conhecidos num período recente no domínio das ciências da educação[1].

Num primeiro momento, meus trabalhos também se situavam na perspectiva de uma *abordagem psicanalítica aplicada à pedagogia* (Mosconi, 1986). Atualmente, afastei-me em parte dessa linha e construí uma abordagem original, embora conservando uma referência clínica, graças a uma colaboração proveitosa mantida há vários anos com pesquisadores de outros horizontes teóricos que não o da psicologia clínica e, em particular, com pesquisadores que realizam trabalhos mais estritamente didáticos; mais especificamente, a partir do momento em que passei a utilizar um dispositivo de pesquisa alicerçado num modo co-disciplinar[2] com pesquisadores sociólogos ou psicossociólogos, assim como com pesquisadores-didáticos da matemática. A abordagem co-disciplinar permite, a partir da observação de um objeto estudado em comum, articular vários esclarecimentos — clínico, psicossociológico e didático — e, dessa maneira, apreender um pouco melhor toda a complexidade do processo de ensino/aprendizagem.

---

1. In Blanchard-Laville (1999 *a*), propus um panorama mais completo, abrangendo um quadro cronológico dos trabalhos científicos sobre a educação na França que se referem a uma perspectiva clínica de inspiração psicanalítica.

2. Ver Blanchard-Laville (2000), e também Blanchard-Laville e Hatchuel (1999).

Sempre julguei que a abordagem clínica de orientação psicanalítica, a abordagem que escolhi, sejam quais forem o valor heurístico que nela reconheço e a pertinência dos elementos que só ela pode explicitar, não basta para descrever o *todo* da situação de ensino. Foi isso que me levou a privilegiar o trabalho no interior de equipes interdisciplinares — um trabalho no decorrer do qual os pesquisadores entram em sinergia sem contudo renunciar à sua própria elucidação teórica. Foi assim que publicamos várias obras, entre as quais *Regards croisés sur le didatique* (1996) e *Variations sur une leçon de mathematiques* (1997 *b*), além de outros trabalhos que têm atualmente prosseguimento nessa direção.

Não obstante, sinto hoje a necessidade de apresentar meus próprios avanços de maneira independente, ainda que tenha a convicção de que só em conjunto produziremos os saberes mais significativos no que diz respeito à formação dos professores. Desejo ardorosamente dar testemunho de encontros que se desenrolaram num período de cerca de vinte anos; encontros com estudantes e professores(as) que me ajudaram progressivamente a elaborar conhecimentos novos, encontros também com pensamentos de autores, na maioria das vezes psicanalistas, que me estimularam, questionaram, influenciaram, numa palavra, me impeliram a avançar na infinita retomada da transformação do conhecimento em saberes.

Sinto também a necessidade de reunir hoje o que ficou disperso ao sabor dos artigos, das encomendas e de capítulos de obras coletivas, o que me impulsiona de forma incoercível neste empreendimento.

Assim, foi a partir do lugar de "professora-pesquisadora" — que é o meu na universidade há vários anos — que pude fazer pesquisas das quais este livro é o resultado. A questão da dualidade dos lugares de professor e de pesquisador que a universidade nos pede para ocupar alternativamente me preocupou muito e por longo tempo. Depois de muito desconforto e sofrimento para aprender a assumir cada um desses dois ofícios de modo alternado, tive sucesso em encontrar uma riqueza segura na obrigação de passagem de uma posição à outra e acabei por descobrir como agir de modo que as experiências vividas numa das posições nutrissem as experiências vivenciadas na outra, e vice-versa. Hoje, é outra dualidade de lugares que me questiona, a de pesquisadora universitária no sentido clássico e a de clínica. Tendo estado vinculada com a psicanálise por um longo percurso de analista, e em especial com a psicanálise de grupo, não posso desfazer-me facilmente da postura de escuta clínica tal como se abandonasse um par de óculos ou uma roupa de domingo; essa postura tende a tornar-se para mim um hábito. Ora, é preciso de fato reconhecer que tal postura nem sempre é a mais adequada na universidade, notadamente nos espaços-tempos institucionais. Acostumada há muitos anos à animação de grupos de análise da prática profissional de referência clínica, sou impelida a desenvolver uma postura de escuta clínica junto a profissionais do ensino e da formação, postura que com freqüência me põe em dificuldades com relação às posturas clássicas do professor-pesquisador universitário. Eis alguns de meus questionamentos atuais, mas sem dúvida também a fonte de um eventual enriquecimento de meus trabalhos quando se torna possível negociar a passagem. Este ponto é além disso objeto de preocupações para outras pessoas: a clínica psicanalítica e o ensino podem, juntos, conviver bem na Universidade, clínica e formação, clínica e pesquisa?

De todo modo, o que quero enfatizar ao insistir nessa posição de professor-pesquisador na universidade, que é a minha, é o fato de que os trabalhos de pesquisa de que este livro pretende se tornar o eco foram submetidos à aprovação da comunidade científica à qual pertenço antes de eu tentar torná-los acessíveis a um público mais amplo. É sem dúvida nesse ponto que esta obra se singulariza com relação a outras que, *a priori*, parecem abordar nesse campo os mesmos "objetos". Quero referir-me ao tipo de obras do qual algumas se atêm ao testemunho pessoal não formalizado, outras à pesquisa de gênero jornalístico, amiúde concebida de um modo polêmico, e outras ainda que dão testemunho de análises de fenômenos de ensino apresentadas por pessoas que falam a partir de um lugar de psicanalista ou de psicopedagogo, sem confrontação com os trabalhos realizados por pesquisadores do campo das ciências da educação. Não que os trabalhos de uns "valham" mais ou menos do que os de outros. Desejo justamente atrair a atenção do leitor para essa diferença de estatuto do discurso e para o fato de que, assim, essas obras, embora parecendo tratar dos mesmos temas, mas não falando deles em absoluto do mesmo lugar, não constroem os mesmos objetos no plano científico e, portanto, não estudam os mesmos fenômenos.

Para chegar aos resultados que desejo expor nesta obra, gostaria que nos lembrássemos de que em ciências humanas e sociais — e as ciências da educação não têm razão para constituir uma exceção a isso — os fenômenos observados são, em parte, produto de uma leitura da realidade fundada em hipóteses teóricas, ou, ao menos, são produto de idas e vindas constantes entre observação e teorização. Ora, o recorte operado por essa leitura teórica dos fatos depende fundamentalmente do quadro de referência escolhido. "Escolhi", por minha vez, inspirar-me no quadro *da abordagem clínica de orientação psicanalítica*[3], uma abordagem que leva prioritariamente em conta os *processos psíquicos*, na maioria inconscientes, nas situações profissionais estudadas.

A reflexão nessa espécie de trabalho tem como pano de fundo um axioma de base segundo o qual a *realidade psíquica*, no sentido de Freud, tem uma existência tão atestada e tão frutuosa quanto a realidade dita material. Nesse quadro, *as determinações psíquicas* atuam no que se refere a toda atividade humana, mesmo aí incluída a atividade de um professor,

3. Para mais precisões sobre os objetivos teóricos e metodológicos dessa abordagem, ver Blanchard-Laville (1999*b*).

ainda que de matemática. Essa realidade psíquica decorre da hipótese freudiana da existência de um *inconsciente* que divide o sujeito, impedindo que ele seja totalmente "senhor em sua casa". Ora, existem vários *sujeitos* na situação de ensino, o professor, os alunos e até o grupo, se se considera que o próprio grupo constrói um *aparelho psíquico* próprio que não se reduz à soma dos aparelhos psíquicos individuais, dos sujeitos-alunos e dos sujeitos-professores em constante evolução.

A situação de ensino se desenvolve no interior de um *espaço* cuja estruturação me parece cada vez mais complexa à medida que tento apreendê-la, ao menos no nível psíquico em que se situa esta investigação, seja da parte da prática didática ou de seus efeitos sobre a aprendizagem dos alunos[4]. Aprendi também, ao longo destes anos de pesquisa e de acompanhamento dos professores, a perceber que o *laço didático* é tecido de *mal-entendidos* de uma parte e de outra. Esses "mal-entendidos" existem — sem que o professor tome conhecimento deles — no plano psíquico, em especial no que diz respeito à transmissão de saber e às modalidades de relações com os alunos. Ora, esses "mal-entendidos" se revelam inúteis se não são trabalhados; em compensação, minha experiência me indica que certas elaborações apropriadas podem abrandar parcialmente esses mal-entendidos ou, em todo caso, ajudar em sua elucidação. Mostrarei que *a relação com o saber do professor* é atualizada de maneira singular no que se refere a cada um deles no *espaço psíquico da sala de aula*, cadinho da transmissão, assim como que ela molda esse espaço para o grupo de alunos. Veremos que é possível analisar essa marca que identifica a topografia do espaço didático para um professor.

---

4. Ver a esse respeito nosso último trabalho co-disciplinar (Blanchard-Laville, 1999*c*), referente à análise de uma seqüência do curso de matemática na classe de sexta série. [O sistema educacional francês começa, no ensino médio de primeiro grau, na 6ª série, terminando na 3ª].

Nessa perspectiva, tratar-se-á ao mesmo tempo dos prazeres e dos sofrimentos ligados à profissão de professor e das provações inerentes a esse lugar que se tornou difícil hoje de ocupar. Poderíamos, e outras pessoas se preocupam com isso, dedicar-nos à pesquisa sobre os efeitos das mudanças sociais e analisar as modificações substanciais no exercício da função didática por elas produzidas. Dessa maneira, todos sabem mais ou menos que, nessa profissão, o reconhecimento e a auto-estima deixaram de ser hoje tão evidentes quanto outrora; que os alunos têm, para algumas pessoas, cada vez mais *medo de aprender* (Boimare, 1999), que não se contentam mais em querer saber, que podem ser levados a fazer reivindicações de modo ostensivo, se não violento, e que justamente os fenômenos de violência tendem a penetrar nos próprios espaços de ensino, provocando estresse e angústia nos professores. A imprensa, especializada ou não, faz sem constrangimento eco a todos esses fenômenos, não se passando um ano sem que manchetes sensacionalistas indiquem que o mal-estar dos professores está prestes a aumentar ou que a felicidade de ensinar de algumas pessoas resiste apesar de tudo...

Não desejo simplesmente unir minha voz ao concerto organizado da queixa generalizada, nem apoiar essas reivindicações insistentes contra um sistema que estaria se degradando dia após dia. É claro que poderosas forças de ruptura atuam na sociedade; nós o sabemos em particular desde Freud e seu *Mal-estar na civilização*. Esse conflito entre as *forças de ligação* e as *forças de ruptura* age também na instituição escolar. Por que, de resto, seria ela poupada? Mas diante dessa dinâmica conflituosa, inelutável em certo sentido, é possível lutar contra os ataques da ruptura construindo e reconstruindo incansavelmente a ligação; é nesse lado que, quanto a mim, prefiro situar-me. Pensar e agir com os meios de que disponho — os da abordagem clínica —, deixando a outros colegas pesquisadores, sociólogos por exemplo, a questão da possível reconstrução do laço social e deixando a todos os outros profissionais e pesquisadores a tarefa de pensar e de agir com os meios de que dispõem.

Assim, é sempre possível para os professores que o desejem — e aos quais é dada a possibilidade de encontrar uma estrutura de trabalho adequada — recuperar uma margem de manobra no interior das situações delicadas e às vezes dolorosas que podem ser as suas, não buscando próteses rapidamente construídas nem esperando soluções milagrosas, mas antes aceitando realizar um paciente *trabalho de elaboração* de sua prática. Nesse sentido, as pesquisas que nos permitem compreender mais refinadamente a complexa trama do que se tece em uma situação de ensino só podem nos ajudar a melhor acompanhar os professores nesse trabalho de elaboração — trabalho que, embora nunca assegurado de uma vez por todas, é passível de reflorescer continuamente.

Minha experiência de animação de grupos de professores que quiseram de fato reservar um período de tempo para analisar situações de ensino que lhes são próprias e, portanto, para analisar sua prática fazendo elaborações em torno de incidentes *a priori* julgados anedóticos, mas que ao longo do trabalho se mostraram reveladores de seu modo de funcionamento, convenceu-me de que é possível recuperar zonas de trabalho vivas e restituir aos professores o desejo de transformar sua prática. É espantoso ver nesses grupos o relaxamento e a transformação de alguns rostos a cada sessão, para acabar sendo persuadidos de que algo vinculado ao desfecho da crise e à superação dos fantasmas de mudança catastrófica está em vias de acontecer. Numerosos testemunhos de professores acolhidos nesses grupos vêm, por outro lado, em apoio desse sentimento. É isso o que me anima.

A propósito de todos esses fenômenos que tentarei esclarecer, gostaria de insistir no fato de que os *mecanismos psíquicos* têm sempre nesse contexto dupla face: embora possam conduzir a exageros caricaturais e patológicos, eles possuem uma utilidade geral. De resto, costuma ser sob sua aparência caricatural que temos a oportunidade de apreendê-los pela primeira vez. Mas não deveríamos deter-nos em tais aspectos, sendo indispensável dialetizar sempre essas descobertas. Esforçar-nos no sentido de ver e revelar essa dupla vertente das coisas, sombras e luzes, só pode ser estimulante.

Desejo enfim insistir no fato de que não se trata neste livro de abordar disfunções ou desvios patológicos dos professores no plano de sua personalidade, disfunções que podem existir como em qualquer pessoa humana mas que não interessam enquanto tais. Trata-se sobretudo de localizar os mecanismos estruturais inerentes à situação de ensino, de apreender a complexa rede dos fenômenos que tecem o ato de ensinar, de delimitar o *sofrimento psíquico profissional* suscitado pela situação de ensino para os professores, sejam quais forem seus perfis de personalidade, um sofrimento estrutural e vital.

De passagem, a partir de relatos clínicos, veremos que esse registro psíquico, ainda que precise ser de algum modo isolado para ser estudado, não é em absoluto independente daquilo que se relaciona com os fenômenos de aprendizagem para os alunos.

Em conexão com esses resultados, sugerirei o interesse de *uma formação de tipo clínico*, ao mesmo tempo no nível da formação inicial e no da formação contínua dos professores. Uma formação no decorrer da qual se procuraria compreender as queixas e as reivindicações dos professores diante de sua profissão, ou mesmo de sua própria formação, sem com isso tentar responder a elas de maneira sistemática e direta. Proporei acolher essas manifestações de decepção ou de reivindicação sem nos deixar desestabilizar enquanto formadores, e sem renunciar a nossos objetivos de formação, embora aprendendo a acompanhar esses tempos necessários de crise e de reformulação identitária pressupostos por toda etapa de formação e toda evolução no decorrer da prática.

Creio que é possível dar continuidade ao longo de toda a vida profissional a um trabalho de construção identitária com vistas ao crescimento psíquico por meio de *uma análise da prática profissional de referência clínica.* Ilustrarei essa perspectiva de formação que articula a vertente pessoal e a vertente profissional por intermédio de exemplos extraídos de minha prática de animação de grupos de professores.

Deve-se considerar que as observações relatadas neste livro dizem respeito, na maioria das vezes, *ao ensino da matemática.* Entretanto, a maior parte das hipóteses propostas convém sem dúvida a situações de ensino mais gerais. Tive oportunidade de constatar que as situações de ensino da matemática constituem um observatório valioso no que se refere ao estudo dos fenômenos de *mediação didática.* Com efeito, verificamos que, para a maioria de nós, o acesso ao saber matemático foi com grande freqüência marcado por personalidades de professor(es). Trata-se de uma matéria escolar com relação à qual muito poucas pessoas tiveram uma abordagem de tipo puramente autodidata. Ao contrário, quando se evoca a matemática numa assembléia de qualquer tipo, costumam desencadear-se nos participantes recordações repletas de professores de matemática; "do maternal à universidade", seria possível dizer, a matemática foi identificada por cada um de nós com uma sucessão de *laços didáticos.*

Uma palavra ainda: elaborei este livro esforçando-me para revelar progressivamente a formalização à qual cheguei no conjunto de minhas pesquisas, entrelaçando exemplos e passagens mais teóricas. Os exemplos são ora advindos de minha própria história de professora e de pesquisadora, ora extraídos das histórias de todos(as) os(as) professores(as) que me ajudaram, seja por meio de sua participação em grupos de análise da prática profissional que seja pelas observações que puseram à minha disposição a partir de seqüências de cursos registrados no gravador ou filmados. Preferi, para este livro, voltar a percorrer de algum modo o caminho que me conduziu a esta conceptualização — caminho trilhado por cerca de vinte anos —, esperando assim dar ao leitor uma maior ajuda para nela penetrar, preferencialmente a propor uma síntese atual. Trata-se contudo de uma reconstrução desse percurso, o que constitui para o leitor uma economia de tempo. Procurei evitar o máximo possível o peso do estilo universitário, estilo que de resto considero necessário aos trabalhos destinados à comunidade científica; evitei deter-me nos pormenores das metodologias utilizadas para descobrir os resultados que serão abordados; também evitei abordar os problemas epistemológicos apresentados pela abordagem escolhida que amiúde foram o objeto de publicações especializadas. Dessa maneira, os pesquisadores que desejem conhecer mais detalhadamente os processos de investigação empregados e suas justificações deverão consultar os artigos e as obras já publicados, dos quais advieram os resultados apresentados aqui. Também lutei contra minha tendência de querer explicar tudo. Creio que, no domínio que vamos explorar, é importante que o leitor antes aceite deixar-se arrebatar por sua sensibilidade ao longo das páginas do que querer seguir passo a passo um raciocínio que sistematicamente recusei deliberadamente desenvolver.

Um último esclarecimento, a propósito da referência à psicanálise, consubstancial à abordagem clínica tal como a concebo. Creio ser essencial abandonar o fantasma de um psicanalista todo-poderoso que possua de imediato a chave mágica das situações estudadas e leia sem nenhum problema através dos discursos e objetos observados. Muito pelo contrário, seria mais proveitoso pensar que, ao lado de um corpo de conhecimentos em perpétua mutação, a psicanálise nos inspira antes de tudo um método de trabalho — um método de trabalho oneroso em termos de tempo — e uma energia psíquica, um método de trabalho que exige que se faça um permanente retorno a si mesmo. Desse modo, minha própria história de estudante, de professora e de pesquisadora constituirá o fio condutor deste trabalho. As situações estudadas são na maioria das vezes opacas e resistem à compreensão: quando muito lançaremos uma iluminação fugidia sobre as zonas de sombra.

Devo dizer enfim que estou consciente de que esta abordagem pode desencadear resistências no leitor. Vivenciei isso muitas vezes quando da exposição oral de meus trabalhos; o fato se agrava porque, por escrito, o risco de não poder atenuar esses efeitos por uma palavra suplementar é maior. Num sentido, o escrito permanece e as palavras fogem. Em outro, é impossível retomar uma palavra pronunciada; pode-se precisamente acrescentar-lhe uma outra, o que não deixa de ter riscos. Mas todas essas considerações não poderiam constituir razões suficientes para renunciar a um projeto deste tipo; desejemos que ele suscite mais aberturas do que desencadeie resistências. Esta obra representa o início de um caminho que comecei a trilhar e que deverá ser seguido.

Capítulo 1

Do jardim-da-infância à universidade

> Decidir reunir num livro alguns dos textos que puderam ser escritos no decorrer de anos anteriores é menos contingente que parece. Para cada um deles, é fácil invocar a pressão das circunstâncias: um número de revista, um congresso, um colóquio, um prefácio — o que denominamos trabalhos por encomenda, ainda que, naturalmente, aquele que dá a ordem e aquele que a executa sejam afinal de contas o mesmo. Mas um livro, ao menos para o autor, é algo diferente, sobretudo, paradoxalmente, quando é feito em larga medida de trabalhos já publicados. É dar a entender aos outros e a si que certo percurso se acaba, é antecipar prazerosamente que outro percurso que se deve de fato pressentir, sem poder traçá-lo de antemão, tem chances de abrir-se.
>
> Jean-Bertrand Pontalis,
> *Après-coup. Entre le rêve et la douleur*

A pequena sala de aula

Eu tinha 7 anos. A professora da classe dos iniciantes daquela escola de campo era minha mãe. Preenchiam-se a caneta, de tinta violeta, cadernos de grandes quadrados. O ditado sucedia ao dever de escrita que sucedia à lição de moral. Cada novo dia permitia passar um grande traço sobre toda a linha da página e a escrita da nova data construía a cor do dia.

Os "cheios e os vazios" de cada letra de cada uma das linhas do caderninho davam testemunho da aplicação da pequena aluna. As anotações com tinta vermelha da professora à margem do caderno provavam que não bastava ser sua filha, pelo contrário: os "Muito bem" eram dados em doses mínimas, ao passo que os "Vistos", "Regulares" ou "Sofríveis" eram abundantes, à menor derrapagem da caneta. Em compensação, os "problemas" em cálculo eram com mais freqüência "certos" do que "errados".

O caderno daquele mês de novembro de meus 7 anos se encerra com uma bela árvore de Natal colorida sobre toda a página, tendo, na parte inferior, a assinatura de meu pai, precedida de um "Visto; O pai". Com efeito, sua assinatura, por si só, poderia prestar-se a confusão; meu pai era também o professor da classe ao lado, a classe dos grandes, aqueles que ele impulsionava ao Certificado de Estudos.

O dever da cópia

Folheando recentemente esse caderninho com olhos divertidos, constatei de passagem que a professora me tratava com cerimônia quando sua paciência de corretora terminava: "Preste mais atenção!", investia ela, contrariada, à pequena aluna que era também sua filha.

Na data de 18 de novembro, eis-me perplexa diante do dever de cópia seguinte:"Por que as meninas se atemorizam quando se trata de cálculos? As meninas se atemorizam mais quando se trata de cálculos porque ela são menos bem-sucedidas", e a professora acrescentara em vermelho: "do que os meninos". Tinha também sublinhado em vermelho *o* erro de ortografia, o desastrado singular do "ela" da menininha que se julgava única!

Como não ler aí hoje, cerca de cinqüenta anos depois, um extraordinário resumo que simboliza o percurso que seria o meu[1], com suas armadilhas, mas também com a indestrutível

1. Fui por 28 anos professora-pesquisadora de matemática na Universidade.

força da inscrição dessa pergunta, que durante muito tempo permaneceu ativa para mim?

Que desafio fora lançado naquele contexto por uma mulher, a professora da pequena sala de aula, que era também minha mãe!

Que força se abrigava na questão!

Que desafio lançado, mas também que interdito expresso!

Os pequenos cadernos de tinta violeta me acompanharam até a "entrada na sexta". Meus pais deixaram para sempre a escola do povoado para me acompanhar à cidade. Foi assim que voltei as costas à infância.

Sexta-feira, 18 de novembro de 1949

Dever

Como Jeanne recita?
Jeanne recita com prazer uma vois [voz] cheia de encanto e clara.
O que a professora lhe diz?
A professora lhe diz: "Está bem, Jeanne."
Por que as meninas se atemorizam quando se trata de cálculos?
As meninas se atemorizam mais quando se trata de cálculos porque ela são menos bem-sucedidas ***do que os meninos***

Do lado das meninas, Senhorita M...

Entre as meninas, na cidade, no liceu do alto do bulevar, vestíamos ainda blusões de um branco-cinza-bege sem brilho. Eu era o que os professores denominavam "uma excelente aluna", daquelas que quase todos os trimestres se encontram no gabinete da Senhora Diretora para lá receber as "Felicitações" do Conselho de Disciplina.

Na quinta-série recebi o primeiro prêmio de matemática, mas o professor de língua "viva" enfatizava, no famoso boletim trimestral, tendências a se subestimar e ausência de confiança em si. Na terceira, com um ano cheio de êxitos em matemática, foi anotado "que eu devo ser bem-sucedida". Além disso, a

Associação dos Alunas Veteranas me conferiu seu prêmio "por ter dado toda satisfação no primeiro ciclo"; ora, como não ser bem-sucedida assim enaltecida por toda a linhagem das boas alunas do liceu das meninas?

Depois, a Senhorita M... chegou e abalou todo o peso das gerações de boas alunas que me esmagava.

A Senhorita M..., a professora de matemática da classe da segunda, era jovem, alta e bela, com gestos masculinos. Ela não hesitava em se encarapitar, sentada, com as pernas cruzadas sobre a escrivaninha, em cima do estrado. Seus olhos salpicados de fulvo agitaram a classe das alunas. Bem, essa professora sempre me considerou excelente aluna em matemática e mesmo "viva na classe"!

Será que os olhos negros maliciosos, a flexibilidade e a liberdade que a Senhorita M... acrescenta ao bom humor teriam me despertado?

Eis-me de imediato tida por "dotada em francês", com "muita sensibilidade e habilidade na compreensão dos textos".

E, contudo, está feito! O sorriso envolvente, os olhos risonhos, o avental branco coberto da fina poeira do giz, os grandes e livres movimentos de pernas da Senhorita M... fizeram pender a balança: farei o curso de matemática. Ao diabo a sensibilidade com relação aos textos!

O liceu dos meninos

No liceu das meninas, naquela época, não havia aula de matemática. Foi preciso "descer" ao liceu de baixo para preparar o bacharelado de Matemática Elementar, o liceu dos meninos, no qual, nesse ínterim, meu pai se tornara professor de matemática nas salas dos pequenos.

Esse robusto senhor, o professor de matemática da área de "Matemática Elementar" naquele ano, tem a impertinência de continuar a me considerar boa aluna entre todos aqueles meninos de maneiras grosseiras, perdidos em sua timidez. Ele escreve também no fim do ano que "devo ser bem-sucedida". O que levou todos a pensar que devo ser bem-sucedida.

Ser bem-sucedida em quê?

E, não obstante, esse bacharelado em matemática não me tranqüilizou. Passei o verão meditando sobre dissertações de filosofia. O tédio em Moravia me fascina à beira do tanque imóvel, adornado de pedras musgosas, no jardim selvagem. E quando setembro chega o professor de filosofia escreve: "Boa aluna nos temas de análise psicológica". O bacharelado de filosofia sendo acrescentado ao bacharelado de matemática — eis-me impulsionada para a cidade grande para cursar estudos superiores.

Matemática superior, Sr. K...

Dávamos-lhe o nome de Sr. K., e todos o consideravam o melhor professor de matemática superior da região!

Isso não seria tão importante se, quando cheguei a seu curso no início da tarde, toda a refeição ingerida em meio à angústia não se introduzisse em algum lugar sob o peito ao som da porta da classe que ele batia atrás de si com toda força, como para lembrar, a cada vez, que naquela classe, uma vez fechada a porta, ele era de fato o único mestre e que estávamos à sua mercê: "Peguem uma folha, lição escrita", anunciava ele; ou ainda: "Srta. B..., continue!" Continuar o quê? De que está ele falando nesse curso? Tenho os olhos e os ouvidos tapados. Nunca mais tinha reaberto esses folhetos explicativos que adormecem numa pasta, com o texto desse curso cujas frases estávamos submetidas a concluir, alternadamente, "minha colega" e eu; como se só as duas desventuradas jovens que tinham resistido ao assalto misógino, terrorista e terrível dos primeiros quinze dias do ano — em que ele tentara isolar-nos — devessem passar o ano inteiro pagando por essa insubmissão.

As cabritinhas do Sr. Seguin não tinham sido comidas inteiramente cruas pelo grande lobo mau, elas foram apenas devoradas em fogo lento, sorrateiramente, a partir do interior.

Naquele curso, fui condenada a ver se suceder no quadro-negro, dia após dia, os infelizes alunos — certa vez, passaram pela lousa dez no período de cinco minutos —, logo devolvidos a seu lugar por terem deixado uma grande confusão se intercalar entre a figura inscrita no quadro-negro e seu pobre espírito apavorado. Isso não era nada, nada, senão um curtíssimo momento desagradável a passar.

De todo modo, eu não duvidava, nem sequer por um instante, de que não havia outra maneira de ensinar matemática. E além disso todos nós o admirávamos, por seus métodos, que, a bem dizer, com o distanciamento do tempo, se pareciam mais com alguns procedimentos de ilusionista do que com alguma reflexão didática. Mas mesmo a palavra não era utilizada na época.

Alguns anos depois, sendo eu própria professora de matemática, retomei — secreta vingança ou banal identificação com o agressor — alguns de seus exercícios sensacionais, registrados nos numerosos cadernos coloridos que eu guardara zelosamente.

E foi assim que me vi na situação de não compreender mais nada, no fundo, da matemática que me era ensinada. Continuei a fazer "como se", a copiar durante horas e horas o curso magistral; quanto ao professor, mudara, eu estava agora em Matemática Especial. Este, o novo professor, era até bastante gentil, um pouco inofensivo, mas hoje sei, mesmo que não o soubesse claramente na época, que uma ruptura se operara no interior de mim mesma. E poderia retomar com relação a mim estas frases de Michèle Vergne[2]: "Com efeito, não compreendo

2. Frases extraídas de uma conferência de Michèle Vergne no Colóquio Samuel em Orsay, em 1969, sobre o tema "Femmes et Mathématiques" [As mulheres e a matemática]. O título da conferência era "Témoignage d'une mathématicienne" [Testemunho de uma matemática].

nada... se me lembro verdadeiramente, isso era até surpreendente, não compreendia nada dos cursos que fazia".

A "Faculdade", ou o sucesso paradoxal

Depois de um ano de Matemática Especial, infrutífero se considerado apenas em relação ao concurso concebido na época para as jovens — Escola Normal Superior, estávamos em 1960 —, encontrei-me na "Faculdade de Ciências", segundo a terminologia da época. Ali, as aparências produziram seus amargos frutos; continuei a fingir, sem saber que, fazendo-o, pouco a pouco me afastava, radical e tragicamente, de mim mesma, numa sobrevivência que me fazia quase duvidar de que o nome escrito no alto da lista, com a menção "Muito Bem" no último certificado da antiga licenciatura de matemática, fosse mesmo o meu — como isso era possível? —, não sei o que poderia efetivamente significar esse problema de exame!

Não era eu e, entretanto, eu não estava em nenhum outro lugar. Tinha me tornado semelhante ao satélite inscrito numa órbita fixada de antemão, e que prosseguia seu impulso com uma vida autônoma pela qual não é mais responsável.

Sem senti-lo, vi-me cortada de minhas raízes vivas, munida tão-somente de uma língua estrangeira, brincava de falá-la sem compreender o sentido das palavras pronunciadas: não havia mais origem, nem futuro, nada a não ser um estado sonambúlico de sobrevivência.

Anestesia

Foi assim que me tornei, por meio da matemática, mútica. Mútica para falar com palavras, mas não inteiramente muda, com um corpo que fala e diz à sua maneira a razão pela qual as palavras começaram a faltar. Um corpo que mostra pelo sofrimento aquilo que eu mesma já não sabia. Mas essa é uma outra história. Basta saber que o encontro com o trabalho analítico — trabalho usado como quando se fala de uma mulher que dá à luz, que ela está "em trabalho" — permitiu que a anestesia se esfumasse docemente e que "as palavras para dizê-lo" também retornassem.

O fato de eu ter sido uma boa aluna em matemática pode ainda ser verificado a partir do exterior, consultando-se as marcas escritas de meus resultados escolares. Já a partir do interior acontece algo totalmente distinto. E considero hoje que eu era o que se podia denominar uma "falsa boa aluna". Uma aluna superadaptada ao sistema escolar, sobretudo à matemática, nunca fazendo nada senão conformar-me o melhor possível ao que de mim esperavam os sucessivos professores de matemática. Resolver os exercícios como me tinham ensinado, copiar sem pestanejar toneladas de cursos escritos em grandes fichários que se amontoavam, sem nunca questionar de fato, sem jamais me interrogar às margens do saber transmitido nem me perguntar acerca da forma pela qual esse saber me era transmitido. Creio nunca ter dado utilidade ao sentido, aliás não imaginando nenhum possível, nem que a matemática nem sempre esteve ali como determinado professor me mostrava. Eu estava como atada para fazer funcionar uma mecânica que girava relativamente bem. Até esse primeiro ponto de retrocesso que constituiu o curso de Matemática Superior, em que comecei a separar-me de mim mesma, sem saber que enganava tanto os outros como a mim mesma.

Felizmente, a Universidade me acolheu e vivenciei ali alguns sucessos em matemática, sucessos pelo menos paradoxais, visto que, paralelamente, me deixavam sem voz. Sucessos no entanto que enganaram de modo suficiente, apesar de tudo, para que eu me tornasse professora de matemática nessa mesma universidade.

E eis-me oscilando entre dois modelos de professor de matemática — entre a Srta. M... e o Sr. K...

Escrevo hoje este relato de meu percurso, num efeito de ao-depois — ao-depois no sentido freudiano. Isto é, observando meu trajeto passado à luz de hoje e tentando conferir-lhe um sentido, elaborá-lo à luz do presente. O presente, advindo sem cessar, nos obriga constantemente a refazer esse sentido para agir de modo que a história passada seja integrável à história em vir-a-ser.

Mas o que significa ao-depois no sentido freudiano?

A descoberta freudiana

"Se fosse necessário resumir numa palavra a descoberta freudiana, essa palavra seria incontestavelmente inconsciente", declaram-nos Jean Laplanche e Jean-Bertrand Pontalis em seu *Vocabulário da psicanálise*. Freud, ao definir por meio de um antigo vocábulo um "objeto" novo, introduziu uma verdadeira ruptura epistemológica no pensamento da época. Qual é esse "objeto" radicalmente novo com relação ao objeto da ideologia psicológica ou filosófica dos predecessores de Freud? Trata-se do inconsciente no sentido de *inconsciente recalcado*. Recorramos a Donald W. Winnicott para nos levar a apreender, em termos simples, o que apresenta de radicalmente novo essa concepção: "Nesse contexto, a dificuldade não é a profundidade da coisa que o indivíduo não percebe, mas o fato de que o que é inconsciente não pode ser chamado à lembrança por causa de sua associação com um sentimento doloroso ou alguma outra emoção insuportável".

Uma revolução epistemológica

A recordação desses poucos elementos permite-nos esclarecer a revolução conceitual provocada por Freud. Marie Cariou (1973) elucida efetivamente essa revolução quando a descreve como "a revolução de uma psicologia centrada na cabeça, visto que fazia da consciência o pivô de toda atividade e do pensamento racional o guia seguro dos comportamentos humanos". Freud faz do ego consciente uma instância limítrofe que nem sequer é senhora de seus domínios, e do pensamento um simples "substituto do desejo alucinatório". "O ego não é senhor em sua própria casa", escreve ele nos *Ensaios de psicanálise aplicada* (1933), em que se dedica a mostrar como essa descoberta constitui a "terceira grave humilhação" experimentada pelo amor-próprio da humanidade por meio da investigação científica, e aquela que talvez lhe seja a mais sensível; as duas primeiras são constituídas, por um lado, pela revolução copernicana, que destrói no homem a ilusão de estar no centro do universo, e, por outro, pela humilhação biológica provocada por Darwin quando ele enfatiza ser o homem descendente do animal. Jacques Lacan (1971), por sua vez, dedicou-se em sua releitura de Freud a acentuar essa revolução numa fórmula um tanto provocante: "A descoberta de Freud consiste em revolucionar o adágio de Descartes: 'Penso, logo existo'. A revolução de Freud obriga a dizer: 'Penso onde não existo, logo existo onde não penso'".

Uma ruptura radical

Mais recentemente, em seu pequeno livro sobre o inconsciente, Christiane Lacôte (1998) considera que não acabamos de descobrir os lances contemporâneos da invenção freudiana, o inconsciente, "o campo inventado pela psicanálise". Freud rompeu com a filosofia: ele "construiu a positividade desse conceito [de inconsciente] ao mesmo tempo que o rigor de sua clínica". Infelizmente, hoje, o conceito parece ter perdido "suas virtudes de escândalo fecundo, já que passou a nossos hábitos consumistas", chegando-se a coisificá-lo e a instrumentalizá-lo; assim, sustentar essa invenção é em si mesmo uma ética. Creio também que é preciso salvaguardar a consistência dinâmica do conceito. Ora, e eu o sei por experiência, é muito fácil

— chega a ser, se não se tomar cuidado, a tendência natural — recalcar a radicalidade penosa dessa descoberta, sub-repticiamente, embora se mostre o ar de aceitá-la e até de promovê-la. Pois, como nos recorda François Roustang (1997): "A aceitação da realidade do inconsciente enfrenta uma dificuldade própria. Admiti-la é com efeito já renunciar por si mesmo ao pretenso controle dos próprios atos, à onipotência da lucidez e do querer. [...] Por sua descoberta do inconsciente, Freud afirma, efetivamente, que *somos movidos, na maioria de nossas ações, não pelos móveis que cremos conscientemente ser os nossos, mas por outros que ignoramos e que, de qualquer maneira, só podemos conhecer parcialmente* [destaque meu]". Na atualidade, a psicanálise foi vulgarizada e, mesmo assim, "o problema nada perdeu de sua acuidade". Com efeito, são numerosos aqueles que, embora aceitando verbalmente a existência do inconsciente, negam praticamente seu caráter insólito e escandaloso. Nenhum de nós deixou definitivamente de *resistir* a essa descoberta. De certo modo, a consciência retoma sem empecilhos seus direitos.

A relação com o outro

Observemos que não podemos tratar o inconsciente de forma isolada, o "direcionamento é essencial", pois "nós 'não temos' um inconsciente, rigorosamente falando, no sentido de ser seus proprietários sem sabê-lo; ele existe quando falo com você ou lhe escrevo, quando o escuto [...]" (Lacôte, 1998). Freud "inventou o conceito de inconsciente [..] ao inventar uma outra maneira da relação com o outro". Em 1900, ele escreve: "O inconsciente é o próprio psíquico e sua realidade essencial. Sua natureza íntima nos é tão desconhecida quanto a realidade do mundo exterior, e a consciência nos ensina sobre ele de uma maneira tão incompleta quanto nossos órgãos dos sentidos sobre o mundo exterior". Tal como escrevem Daniel e Michèle Silvestre (1987), "o inconsciente pode ser definido como o lugar em que são armazenadas as determinações do sujeito, e a transferência como o movimento, o processo pelo qual essas determinações são reveladas pela palavra".

A relação com o desconhecido

De fato, a irredutibilidade dessa novidade é sempre mal vivenciada, como constata Christiane Lacôte: "isto é, esse rigor inteiramente freudiano na maneira de avançar e de não reduzir automaticamente o desconhecido ao já conhecido. [...] Freud é um pesquisador rigoroso, não por seus empréstimos tomados aos modelos científicos de seu tempo, mas pelo tratamento conceitual novo do que descobre e mantém como novo".

O conhecimento que o inconsciente nos sugere nunca é adquirido, nunca está atrás de nós mas sempre adiante, sempre a ser descoberto. É Wilfred R. Bion, psicanalista inglês, que, alguns anos depois de Freud, em 1977, poderá nos recordar essas verdades: "Parece haver aí tão pouco lugar para aquilo que não sei, pois todo mundo o sabe, inclusive eu [...]. O que já sabemos e o que o paciente já sabe não tem nenhuma conseqüência nem nenhuma importância [...] Se atribuímos importância às lembranças, ao passado, isso não ocorre por aquilo que foi — embora isso possa ser importante enquanto tal —, mas pela marca que há em vocês, em mim, em nós *agora*".

O ao-depois

Assim, a descoberta freudiana nos permite rever os elementos do passado, numa dimensão *ao-depois*, reorganizá-los, reinscrevê-los, remanejá-los à luz das condições atuais. Esse mecanismo do ao-depois revoluciona nossa noção habitual do tempo, nosso tempo cotidiano dos relógios. A descoberta do inconsciente obriga-nos a reconsiderar o conceito de tempo, pois "em lugar de pensar o tempo com base no modelo do tempo sideral em que cada elemento tem o mesmo valor, o discurso inconsciente obriga a admitir ênfases diferenciais que modificam sua estrutura [...]". E "é somente 'ao-depois' que um acontecimento passado se torna na realidade acontecimento" (Roustang, 1997).

Nessa perspectiva, trata-se de um "tempo ativo, que não se mostra já constituído, mas que instaura acontecimentos psíquicos singulares" (Le Poulichet, 1994); "trata-se de um já-ali que só assume corpo ao-depois ". É assim que esse autor nos familiariza com o que denomina o tempo "identificante", o tempo em que dois instantes se dão mutuamente identidade através de um acontecimento, o tempo que é instaurador de passagens e de transformação.

O passado no futuro

Essa maneira de perceber o tempo é ainda mais radicalizada pela descoberta clínica de Winnicott em seu texto sobre "O medo do colapso". Nesse artigo, ele se dedica a demonstrar que o medo do desmoronamento experimentado por alguns pacientes como uma catástrofe vindoura e temida para um futuro próximo é de fato *o medo de um colapso que já ocorreu*: "Há momentos em que um paciente precisa que lhe seja dito que o desmoronamento, cujo medo destrói sua vida, *já ocorreu*". Então, "é necessário perguntar-se por que o paciente continua a ser atormentado pelo que pertence ao passado". Porque a prova inicial da angústia inimaginável, a "agonia primitiva", não pôde ser recolhida pelo ego na experiência temporal de seu próprio presente, tendo sido vivida, mas não podendo ter sido experimentada. Em outros termos, "o paciente deve continuar a buscar o detalhe do passado que não foi ainda vivenciado. Ele o busca no futuro, tal a aparência que toma sua busca".

Tal como o pressentimos, esse conhecimento do inconsciente nos obriga na realidade a rever todas as nossas certezas sobre a questão do tempo; é preciso assim retomar a idéia de repetição, e mesmo a de compulsão de repetição, noção que choca o bom senso pois se trata de repetir situações traumáticas das quais a intuição banal levaria a crer que vamos nos valer de tudo para evitar ter de revivê-las; retomar igualmente a noção de regressão, da qual pode às vezes advir um progresso; no fundo, seremos constantemente levados a desenrolar e a reenrolar diferentemente a espiral temporal.

Novas perspectivas

Com alguns desses desenvolvimentos, ainda que permaneçam alusivos, sentimos que deixamos há muito tempo as conhecidas margens do desenrolar temporal tal como classicamente concebido. É verdade que essas percepções do tempo, essas conceptualizações subvertidas pela noção de inconsciente freudiano, se por um lado nos desestabilizam em nossa maneira de pensar e nos põem num desconforto indubitável, por outro proporcionam-nos uma nova dinâmica de compreensão. Por exemplo, podemos refletir de outra maneira em nosso desejo de uma possível sincronia entre ensino e aprendizagem; nós, professores, sabemos que se trata de uma ilusão cotidiana, mas tendemos a crer nela. Além disso, talvez seja necessário acreditar um pouco nessa ilusão para poder ensinar; estamos sem dúvida diante de uma "ilusão necessária", no sentido de D. W. Winnicott. Essas concepções do tempo psíquico nos obrigam a tornar mais complexos nossos modelos de aquisição de conhecimentos. Poderemos assim entender melhor que uma aprendizagem pode ocorrer ao-depois, no instante que a identifica; que podemos também perder o que já adquirimos sob o efeito do impulso de uma nova resistência; começamos igualmente a perceber que a dialética saber/não-saber se torna muito mais complexa do que imaginávamos (desejamos saber ou sobretudo não saber?), e suspeitamos que será preciso aceitar a retomada ao infinito do questionamento do conhecimento.

Eis alguns elementos que não devem ser negligenciados se queremos nos inspirar na abordagem freudiana.

A partir do momento em que nos situamos nessa perspectiva, que aceitamos inspirar-nos nessa elucidação, daí decorre necessariamente determinado ângulo de visão. O pensamento abstrato e racional perde algo de seu aspecto ideal e sublime; ele "cai" de alguma forma de seu pedestal sob os golpes do determinismo psíquico ao ver-se reduzido ao nível de atividade de substituição. Mas, se não nos detemos no que representa de desagradável esse movimento de desidealização e aceitamos renunciar à ilusão do controle do pensamento, percebemos que é esclarecido ao mesmo tempo todo um campo de exploração ao qual as portas permaneciam fechadas até então. Situando-nos nesse sistema em que a organização psíquica é considerada preponderante, torna-se possível articular hipóteses para explicar alguns fenômenos que permaneceram opacos em outras abordagens. Em particular, se aceitamos iluminar a situação de ensino com esse projetor, alguns comportamentos inexplicados até então, comportamentos de alunos e comportamentos de professor(es), por exemplo, têm de ser reinterpretados; eles revelam submeter os atores de que são a sede bem além de à ação deles próprios; assim, algumas passagens ao ato em situação, ou muitas das inibições, resistências, dos obstáculos à aprendizagem, até recusas de aprendizagem, encontram uma nova significação.

Pluralidade dos modelos

Creio que, sem dúvida, vamos formular mais questões do que poderemos responder, mas eu retomaria aqui a frase de Maurice Blanchot que Wilfred R. Bion apreciava citar em suas palestras: "A resposta é a infelicidade da pergunta". Sei que não resolverei isso com uma pirueta, mas quero insistir na idéia de que considero a abertura a um novo questionamento já um começo de resposta.

Serei levada a utilizar teorizações que modificaram a metapsicologia freudiana ao sabor das influências que se sedimentaram ao longo de minha trajetória, e estou consciente de que é ilusório pensar poder estritamente vincular essas teorias entre si. Uso cada uma delas de maneira transposta, como modelos parciais sempre prontos a ser aprimorados e matizados. Retomarei a esse propósito os termos de Antonino Ferro, analista italiano que está na esfera de influência de Bion: "Quando falamos de modelos diferentes, possuindo cada um suas próprias verdades (ou, antes, sua abordagem da verdade), nem sempre é fácil localizar as analogias e as diferenças [...] mas creio", diz ele, "que um trabalho excessivo de bisturi [...] tiraria desses conceitos *o halo de insaturabilidade* que lhes permite desenvolver-se de forma progressiva". Essa maneira de conceber a relação da clínica com a teoria é para mim muito esclarecedora. Assim, podemos opor uma interpretação *forte*, exaustiva, que provoca uma ruptura, a uma interpretação *fraca*. As interpretações fortes são "decifrantes" e, a esse título, podem ser saturantes, isto é, podem provocar um fechamento do sentido, enquanto as interpretações não-saturadas são uma garantia de fertilidade na medida em que permitem a abertura a significações novas e à criação contínua de sentido.

Podemos agora tentar fazer da arqueologia algo vivo. Podemos retomar materiais antigos com capacidades psíquicas renovadas, e isso permite compreender suas significações novas mais integráveis ao presente em vir-a-ser. Assim, empenhamo-nos na aventura de descobrir juntos o que ainda não sabemos. De anacrônica, a divisão antiga volta a mostrar-se viva.

Retorno à pequena sala de aula

Se releio, por exemplo, essa história dos primeiros anos de escola que tentei evocar anteriormente, se examino de novo o exercício de cópia do caderninho de meus 7 anos, para além da singularidade de minha história, vejo desenrolar-se aí, através do que poderia me parecer tão-somente um banal exercício escolar, adequado à atmosfera cultural e pedagógica da época, os fenômenos pelos quais tenho interesse hoje: esses fenômenos de dependência mútua do mestre e do discípulo — diz-se agora do professor e do aluno — em que a professora, por meio de uma atividade didaticamente racional e ponderada proposta ao aluno, deixa vislumbrar, sem perceber, algo inteiramente diverso, algo que sua vontade deliberada de transmitir uma habilidade, aqui a escrita, não sabe integralmente. Vejo nisso a vontade de dominação característica do ato pedagógico, por parte daquele ou daquela que espera deixar uma marca, suscitar um comportamento e que, quando a identificação positiva não "funciona", pode desencadear uma resistência no aluno, e uma resistência que não é de origem cognitiva, ainda que seja nesse plano que ela se traduza.

A pequena aluna que eu era, aluna de resto "aplicada", não aceita terminar a frase da cópia, rebelde à inscrição mas sem outra estratégia, na qualidade de aluna, senão ter êxito justamente no dever de escrita e cometer um erro de ortografia, ela, a "forte" em ditado. Naturalmente, aqui, a dinâmica da troca pedagógica se complica um pouco, com relação ao vínculo de parentesco, não apenas simbólico, que me ligava à professora, mas apenas no referente à situação didática propriamente dita.

Além disso, em Matemática Superior, esse curso que eu evocava anteriormente, não havia outra saída para a aluna rebelde, para o que a excluía de sua própria identidade sexuada, a não ser o não-compreender e o fingir do sujeito didático e que, ainda que ela se separe de seu eu vivo, não deixa de continuar a alimentar a engrenagem da ficção didática.

Nesse tipo de texto condensado como uma recordação encobridora do exercício de cópia do caderninho, posso ler hoje todas as interrogações que perpassam minha reflexão atual.

Como se edifica o eu do aluno na relação com o professor?

Qual o preço psíquico a pagar para ter sucesso em termos escolares?

Que "drama vive o aluno dotado"? — para retomar a expressão de Alice Miller.

Quanto ao professor, o que deixa ele entrever sem perceber, o que transmite subjetiva e inconscientemente?

De que fala ele de fato para além do manifesto de sua vontade de transmissão do saber?

Que laço mantêm as dimensões cognitivas com as dimensões afetivas num "face a face" desse tipo?

O que determina a escolha "vocacional" de um professor?

Para um professor, que identidades profissionais se constroem e a partir de que identificações?

Quais os vínculos entre o eu privado e o eu profissional?

Que línguas são faladas na troca didática e como agir de forma a não cair na "confusão das línguas" (Ferenczi, 1932)?

O que é trocado de fato entre o eu-professor e os eus-alunos?

Assim, este relato do percurso que me conduziu da escolinha de campo ao exercício da profissão de professora-pesquisadora na Universidade, de Matemática, depois de Ciências da Educação, constituirá o fio condutor deste trabalho. Proponho-me ao longo das próximas páginas explorar essas questões. É claro que, à semelhança da estrutura fractal, em cada parte do texto o todo será contido e representado. Mas me esforçarei para esclarecer passo a passo, de maneira um pouco artificial, uma única dimensão desse objeto multidimensional com que lidamos. A linearidade do texto escrito me impõe justapor as idéias, os capítulos, e essa limitação me impede de resolver de maneira satisfatória a relação do escrito com essa complexidade; caberá ao leitor encontrar um caminho, o seu caminho, nesse labirinto e nesse emaranhado.

Para encerrar provisoriamente esta história, minha história de aluna, repetirei que a passagem que relatei aqui é singular, na medida em que a professora da pequena sala de aula era minha mãe, minha mãe *de verdade*; isso não a torna mais excepcional; encontrei com bastante freqüência nos grupos de professores que animo alguns ou algumas que foram — e isso dá sempre oportunidade de um trabalho apaixonante — alunos de seus pais professores, na maioria das vezes da mãe. Trata-se de uma situação em que a colusão entre imaginário e real cria com certeza obstáculos à passagem normalmente exogâmica do filho ao aluno, e na qual o privado e o público podem ter um pouco mais de dificuldade para ser distinguidos. Tornar-se professora, por sua vez, constituirá uma das soluções imaginadas pela pequena aluna para essa confusão?

Para concluir este capítulo, convidarei o leitor a me acompanhar no "contínuo caminhar", visto que é "a abertura de um distanciamento irredutível que impede toda coincidência do sujeito consigo mesmo e que o impele a continuar a caminhar ainda [...] para ir ao encontro daquilo que ele não é" (Le Poulichet, 1994).

Capítulo 2

Da parte do aluno

> O que se designa por sujeito representa então "o invólucro frágil" que abriga forças em equilíbrio ou em desequilíbrio— processos transicionais, inconsciente, consciência — das próprias forças em interação com o ambiente privado e público. Nessas condições, nada há de surpreendente em que estejamos numa busca ansiosa desse ponto fixo denominado a identidade e cuja fixidez permanece sempre ilusória, a menos que tenha sofrido a petrificação psíquica representada pelo "corretamente adequado".
>
> Gérard Mendel
> *Le vouloir de création*

Neste capítulo, contarei a história de Hélène — seria melhor dizer, sem dúvida, a história de meu encontro com Hélène, ou ainda o que pude entender, a partir de minha própria história, da história da relação de Hélène com a matemática.

Hélène estudava Ciências da Educação quando lhe propus falar-me acerca de sua relação com a matemática.

Para começar o diálogo, ela me diz:

Quanto a mim, penso que, com referência à matemática, isso aconteceu desde que eu era bem pequena. Isto é, creio de fato que isso remonta à escola primária. Lembro-me de ter tido sempre problemas com isso... Não sei se era por causa de meus professores ou por causa de minha própria atitude... eu me disse... eu lhe disse que meu pai era professor de matemática e... que minha mãe tinha me... destinado a uma vocação de matemática, visto que me dissera que eu me assemelhava a meu pai e que, bem... eu tinha sua inteligência... enfim, ela sempre me disse que naturalmente eu devia ser boa em matemática... Ela sempre me identificou com meu pai... pois minha mãe é divorciada... Não, não conheço meu pai... Bem, ela sempre me disse que... eu era como meu pai... matemática... e depois eu desde muito garota... nunca compreendi nada, então ehh... não sei o que se passa; não sei o que aconteceu, escolhi... um bloqueio.

Uma "inteligência matemática"

Nesse início de diálogo, Hélène descreve seu problema com relação à matemática. Por um lado, fala-nos de um pai, figura ausente, nunca percebida até o ponto em que remontam suas lembranças; ela nunca o encontrou, somente recuperou seus vestígios na época da adolescência e lhe escreve, diz-me mais tarde, intermitentemente, mas nunca enfrentou a situação de revê-lo, e, por outro lado, uma mãe abandonada pelo marido; duas filhas, sendo Hélène a primogênita. Hélène sente que a mãe transfere a ela, sua filha mais velha, atributos significativos do marido e, para começar, uma semelhança física. Hélène lhe recorda continuamente o marido; podemos perguntar-nos se, por essa semelhança, Hélène não é posta na posição de lembrar a ferida do abandono, uma espécie de posição persecutória diante da mãe. Paralelamente, a mãe lhe outorga "a mesma cabeça" do pai, no sentido bem preciso de inteligência, como ela me fez observar, "uma inteligência matemática". Daí resulta, para Hélène, uma sensação de estar *destinada a uma vocação de matemática*. Essa expressão não é anódina, conotando um sentimento de ser "consagrada a...", tal como se diz "consagrada à virgem". Ela é "prometida", é noiva da matemática antes mesmo de ter podido exprimir qualquer escolha pessoal. Não há escapatória possível, seu futuro está determinado por essa injunção maternal: "Eu devia ser boa em matemática".

A "prometida"

No ao-depois, constatamos que a injunção de sua mãe é vivida por Hélène como uma injunção paradoxal, ou seja, que

Hélène se sente posta diante de uma espécie de dupla obrigação: assemelhar-se ao pai é recordar o amor à mãe, imagem gratificante, o marido dotado em matemática, e, ao mesmo tempo, imagem persecutória, já que se trata de um amor frustrado, de um abandono, o pai partiu. Hélène mostra no rosto a imagem do amor-raiva. Conflito sem saída para Hélène, exceto "escolher", como ela nos diz, o bloqueio, a paralisia. É evidente que se trata de correr o risco de decepcionar a mãe na imagem gratificante, mas mais profundamente trata-se de não aceitar ficar em posição persecutória diante dela. Não mostrar que se teria apropriado dos atributos do perseguidor. Eis a solução psíquica que Hélène nos diz ter escolhido. Vemos além disso, na seqüência da conversa, como se trata para Hélène, bem mais do que de não compreender matemática, de não mostrar à mãe que a compreende, de não lhe dar provas, pois, segundo ela, quando estava sozinha em sua escrivaninha, ela compreendia. Mas, diante da mãe, havia "crises". Estas a desgostavam muito. "Ou, quando se tratava de uma lição escrita e de testá-la sobre isso, instalava-se o pânico. Eu queria não saber nada disso... de matemática."

Hélène narra assim um episódio traumático para ela quando a fizeram passar por testes em CM2*, antes de entrar na sexta. Diz ela: "Havia nesses testes truques que me pareciam exigir dotes matemáticos". Isso foi suficiente para ela "sentir-se perdida", "tentar colar da colega ao lado" e obter resultados absolutamente catastróficos. Poderíamos quase dizer que os testes a submetem à tortura de seu conflito interno: ela aceitará ou não mostrar que se assemelha ao pai?

Nesse mesmo dia de sua entrevista comigo, ela conta que, no ensino de estatística por ela escolhido na área de Ciências da Educação, tem muitas dificuldades e até mesmo se vê na quase impossibilidade de traçar e graduar um eixo para executar os gráficos propostos pela professora.

---

* O CM2 é a última classe do ciclo de aprofundamento e precede a entrada no colégio. (N.d.T.)

A "escolha" do bloqueio

Para enganar, Hélène pagou um alto preço: ela aceitou exibir a imagem de alguém que não é inteligente, a quem falta inteligência, pois, como explica várias vezes no diálogo, interiorizara a concepção de sua mãe: inteligência equivale a sucesso em matemática. A possibilidade de ter êxito em francês ou outra disciplina nada podia provar para ela, "o francês pertencia ao lado de minha avó, isso não trazia nenhuma dificuldade, não causava problemas, eu amava isso, tinha uma enorme facilidade, não era prestigioso, isso era evidente. Mas não ter sucesso em matemática, isso significava falta de inteligência". Além disso, ela permanece sempre um pouco convicta, hoje, de que possa ainda superar o bloqueio[1].

A matemática se infiltrou no conflito interior de Hélène; a única saída para ela consistiu em adotar um meio-termo, no sentido literal: aceitar exibir o sintoma do bloqueio em matemática. A continuidade de uma dificuldade escolar pode servir de tela a um problema mais global. Com freqüência, o fracasso escolar localizado numa matéria funciona como "sinal e máscara ao mesmo tempo, desempenhando o papel ambíguo de desvelar, mesmo ocultando-os aos olhares, desejos conflituosos" (Lefèvre, 1970). De todo modo, para Hélène, a matemática é um dos lugares em que os termos de seu conflito inconsciente podem desenvolver-se. Entende-se claramente, quando Hélène usa a expressão "escolher o bloqueio", que seu ego, para evitar o conflito, renuncia a certo tipo de atividade intelectual. Poder-se-ia dizer que seu ego realiza o que Danielle Flagey, em seu artigo sobre a inibição intelectual (1972), denomina "uma amputação defensiva".

Podemos observar que essa identificação com o pai, que a mãe lhe propõe, situa cruelmente Hélène diante de sua falta,

1. Ela segue um ensinamento da estatística esperando ainda poder "compreender algo dela".

representada pela "inteligência matemática" aos olhos da mãe. A dupla obrigação assim se traduz: ou ela se apropria dos atributos do pai ao entrar no desejo da mãe, ou renuncia a "assemelhar-se ao homem" por meio da incompreensão em matemática, mas, a um só tempo, renuncia a agradar a mãe e deve assumir sozinha sua identidade feminina sem sua sustentação narcísica. A matemática nesta história é levada a desempenhar um papel no compromisso identificatório que Hélène deve encontrar, não apenas perante suas escolhas profissionais, mas — pressente-se isso aqui — com relação à escolha de suas identificações sexuadas.

Para voltar ao percurso escolar de Hélène, ela parece ter tido, apesar de tudo, um prosseguimento "normal", a despeito dos 2 e dos 3 com que, segundo diz, ela "se presenteou" em matemática. Nesse tipo de exercício de rememoração autobiográfica, o material não pode ser considerado de modo objetivo. Os 2 e os 3 citados por Hélène evocam, ao que me parece, bem mais do que notas escolares, sua problemática identitária. Poder-se-ia imaginar, por exemplo, os 2 das duplas que se sucedem para Hélène, a mãe e o pai, a mãe e ela, ela e a irmã, ela e eu, e o 3 do casal e do filho. Não nos esqueçamos de que, quando fala nesta entrevista, Hélène é quase adulta. Ela faz um curso que complementa estudos de psicologia já terminados. Portanto, é sua leitura ao-depois que ela nos propõe.

A dupla face do professor

Seu relato é pontuado por algumas lembranças de seus diversos professores de matemática. Para ela, permanecem duas imagens marcantes: por um lado, uma professora de matemática da qual ela se lembra de maneira particular e cujo nome pronuncia várias vezes, a Srta. S..., que Hélène descreve caricaturalmente à maneira de um estereótipo: "O tipo da solteirona, os cabelos puxados, instintos sádicos, colando à lousa os maus alunos durante horas..." Hélène diz ter feito o papel de "uma aluna dócil, conhecedora, aplicada, na primeira fileira no curso de matemática, dando a impressão de muito boa vontade, ao passo que", diz ela, "quanto a mim, sabia bem que no fundo não faria nenhum esforço", frase que testemunha ainda a sensação de ela ter praticamente feito uma escolha deliberada, a escolha da inibição diante da alternativa alienante proposta por sua mãe. Ela confessa, à medida que a conversa avança, que essa imagem de professor de matemática continua a persegui-la em sonhos e que, com certeza, ao mostrar-se uma aluna estudiosa e aplicada, tinha recalcado uma enorme agressividade com relação a essa professora; agressividade que se destaca nesse pesadelo repetitivo em que ela sonha perseguir aquela mulher e tenta arrancar-lhe o coque, lança-se sobre ela e tenta fazê-la em pedaços. As expressões são muito vivas: "A Srta. S...[2] me perseguia em meus sonhos, eu a via, arrancava-lhe o coque, tentava saltar sobre ela, fazê-la em pedaços". Pode-se formular a hipótese de que essa mulher, ao querer fazê-la "engolir" — é o termo que Hélène usa — a matemática, permitiu-lhe exprimir de maneira deslocada a agressividade com relação à sua mãe. Hélène fez dessa professora a representante da malévola mãe perseguidora: pode encarniçar-se contra ela nos sonhos, ela não passa da professora de matemática! Suas lembranças de professores de matemática se focalizam nessa imagem feminina sádica e, por outro lado, na imagem invertida, totalmente positiva, de um homem, professor de matemática na classe da segunda, "um homem que ela amou muito, um professor de matemática muito doce, muito gentil". Um professor que conseguiu de fato reverter a questão do bloqueio para Hélène: "Se tivesse tido um cavalheiro como esse a partir

2. Sem dar aqui o nome evocado por Hélène, podemos simplesmente dizer que o nome que ela atribui a esse professor em sua lembrança, pouco importando se se trata ou não do verdadeiro nome dessa pessoa, constitui um significante fácil de decifrar no contexto da entrevista: basta pensar num seio que "não valesse nada".

da sexta, creio que a coisa teria podido avançar, eu estava um pouco mais receptiva. Esforçava-me um pouco mais". E, desta vez, trata-se de uma imagem idílica: "Era um cavalheiro que era muito doce, muito calmo, que amava a matemática e que tentava nos fazer amá-la de modo muito doce e gentil".

Pode-se ver nessas duas figuras que Hélène situa face a face, de uma parte, a imagem de uma mãe sádica, que a força a ser boa aluna em matemática, se preciso fazendo-a engolir o alimento, e, de outra, a imagem de um pai idealizado que a teria acompanhado com doçura, sem violência, comunicando-lhe seu amor pela matemática, no âmbito do prazer. "Com esse professor, as coisas caminhavam melhor, eu entendia muito melhor e, além disso, tinha prazer naquilo, eu me dizia que, apesar de tudo, era interessante e que, afinal de contas, talvez eu tivesse conseguido compreender algo daquilo". Mas um ano em sua companhia não bastou. Depois desse ano, na classe da primeira, as coisas voltaram ao estado anterior. Hélène se empenhou muito para não precisar da matemática no bacharelado e, tendo concluído o segundo grau com um A, ela diz: "Para mim, a matemática foi riscada do mapa". Pode-se associar esse lugar riscado do mapa com seu sentimento de desorientação na cidade que me descreve detalhadamente no fim da conversa. Com efeito, como se orientar geograficamente quando um lugar bem preciso do mapa está riscado? Como orientar-se num gráfico, como graduar um eixo quando não se pode fixar a origem da escala? Como viver, sem ponto de referência, com um pai desconhecido?

Encontrar o próprio caminho

Mas antecipei-me. Eis Hélène munida do bacharelado. Mais uma vez, ela me diz ter sofrido uma nova ofensiva da mãe, que não perdera todas as esperanças. Hélène começa — esta será a última tentativa escolar inspirada por sua mãe — a estudar medicina. Aí, volta a haver matemática no programa e, uma vez mais, "não se trata de algo inteiramente evidente", ela não ousava fazer perguntas, abandonou o curso e "isso a encurralou". Foi preciso abandonar os estudos de medicina com a sensação de desabar um pouco mais aos olhos da mãe, bem como a seus próprios olhos.

Hélène aterrissa enfim em psicologia, estudos inteiramente desvalorizados por sua mãe, mas que agradam a ela, de todo modo; mesmo que se possa formular a hipótese de que a desvalorização maternal lhe tira a confiança em si e a impede de lançar-se à vida ativa, pois Hélène vai buscar uma complementação para a formação em Ciências da Educação sem ousar crer que possa estar pronta para uma vida profissional.

Para explicar esse bloqueio de longo prazo, Hélène, depois de um tempo de diálogo, chega de resto a dizer por si própria: "Creio que era uma parte da imagem que minha mãe queria colar-me nas costas, essa vontade de me assimilar, de me identificar com meu pai, que recusei; recusei isso e essa recusa passou pelo atalho da matemática". Para Hélène, o único meio de recuperar uma identidade própria foi "não caminhar", "essa foi minha forma de opor-me, de me singularizar", diz ela.

A origem da matemática

Ela fala várias vezes de "lei", a lei que queriam impor-lhe, "algo que desejavam me fazer engolir e eu disse não engulo". Além disso, ela tem a impressão de que "lhe impunham o caminho a seguir, [de] que não havia saída possível". Então, Hélène se revoltou e disse a si mesma: "mas por que, por que isso tem de ser assim? Eu me fiz um monte de perguntas com porquês, perguntas que transcendiam... enfim, que remontavam verdadeiramente a Matusalém". E então ela enuncia uma das frases-chave, a meu ver, do tema de seu discurso: "Nunca me deram explicações... porque a matemática tinha sido criada... como isso aconteceu...", e ela prossegue: "Isso sempre me incomodou, isto é, a origem da matemática. Eu teria apreciado de fato ter um curso de história sobre isso para saber como começou. Como inventaram os números... a origem desses famosos postulados... porque eles foram formulados... porque uma vez que compreendi que um postulado era algo que fora formulado arbitrariamente, isso me tranqüilizou um pouquinho, eu me disse, mas por que não me disseram isso antes, em lugar de dizer postulado, postulado [...] em lugar de me dizer bem, trata-se de alguma coisa que foi formulada, alguma coisa que não se pode demonstrar que está aí para alicerçar todo o sistema... e desse modo eu teria compreendido que... era algo de arbitrário e que era uma espécie de ciência infusa, de segredo misterioso a que eu não tinha acesso".

O mistério dos postulados

O discurso de Hélène nos é quase transparente: uma de suas questões fundamentais, de fato deslocada sobre a matemática, é a de suas próprias origens. "Desejavam me fazer dizer que 1 e 1 fazem 2, e eu não queria". O 1 e 1 que têm como resultado 2 aparece com freqüência no decorrer da conversa.

Sabe-se que Freud faz remontar a curiosidade intelectual à questão-fonte, a da criança que se pergunta de onde vêm as crianças. No caso de Hélène, ao que parece, o enigma da ausência do pai vem redobrar a questão, a questão de sua origem. Assim, na seqüência do diálogo, ela desenvolve o "tema dos postulados" e me diz ainda: "Se me tivessem explicado um pouquinho, se me tivessem dado as chaves, é possível que eu tivesse me aplicado mais em lugar de fazer todo esse mistério em torno do assunto".

Por volta da metade da conversa, proponho-lhe esta idéia que me parecia desabrochar em seus propósitos: não teria ela deslocado a questão de suas origens para a questão da origem da matemática, idéia, ainda uma vez, que me parecia aflorar em seu discurso? Ela não recusa minha hipótese e me responde: "É verdade, minha mãe não me contou nada nem sobre meu pai, nem sobre meu padrasto, nem sobre meu nascimento, ela jamais revelou nada". Ela começa então a falar de seu padrasto: "É um senhor que tem uma situação um tanto particular, quanto às suas origens também: é russo, apátrida, refugiado político, não conhece o pai nem a mãe, nada sabe sobre sua infância. Foi lançado de pára-quedas ali e depois ficou durante... dezoito anos conosco [...] nunca ficou clara essa história". Ela dá prosseguimento a seu discurso e é então que censura os professores de matemática, na exata seqüência de minha proposição — em lugar de acusar a mãe —, de guardar entre si o segredo sobre suas origens. Quase no fim da conversa, ela chega a dizer: "Tenho a impressão de que há uma conspiração em matemática tal como há uma conspiração, se você preferir, em minha família com relação a meu nascimento, essa espécie de truque que se...".

Intitulei este item "O mistério dos postulados" para recordar o lado de investigação policial que assume para mim a análise de uma conversa, mas eu também poderia tê-lo denominado "A ronda das mulheres". Nesta história, vemos sucederem-se as fadas boas e as fadas más; o príncipe dos príncipes não está presente. Ele foi riscado do mapa. E, de repente, Hélène perdida. Perdida em matemática, perdida no gráfico, perdida na cidade. Ela procura seu caminho e gostaria de fato que um príncipe encantador viesse despertá-la e lhe explicar tudo isso desde o início. Por que 1 e 1 fazem 2 e não 3? Onde situar a origem dos eixos? Imagina que se não se fizesse mistério sobre o nome do pai talvez ela pudesse reencontrar o próprio caminho em matemática e alhures.

Hélène "escolheu" o bloqueio em matemática; Hélène também teria podido de fato ser conduzida a escolher, em minha opinião, uma solução inteiramente diferente da do bloqueio. Por exemplo, uma outra solução viável, a solução que denominarei a do aluno em "falso eu" matemático, que serve para mascarar, por trás de uma aparente adaptação ou superadaptação e êxito escolar, para o próprio sujeito, questões importantes mas que se procura provisoriamente manter fora de alcance. Solução que, a meu ver, foi em parte a minha.

Ou ainda — e por que não? — ela teria podido trilhar a via da criação, seguindo os passos de um ilustre predecessor que, a partir de uma mesma questão, a dos postulados, viu sua história rejeitar ao menos a inibição; estou me referindo a Bertrand Russell — o essencial de seus trabalhos no campo da filosofia das ciências diz respeito à questão dos paradoxos —, de quem citarei algumas afirmações extraídas de sua autobiografia (1967):

> Aos 11 anos, comecei a estudar geometria, tendo meu irmão como preceptor. Esse foi um dos grandes acontecimentos de minha vida, tão maravilhoso quanto um primeiro amor [...]. Disseram-me que Euclides provava tudo o que afirmava e fiquei muito decepcionado ao constatar que ele começava por postulados. De início, recusei admiti-los a menos que meu irmão me fornecesse uma razão suficiente para aceitá-los. Ele contentou-se em me dizer: "Se você não os aceitar, não poderemos continuar". Como queria continuar, aceitei então essas bases de modo provisório; mas a dúvida referente às premissas da matemática permaneceu em meu íntimo e foi ela que determinou o transcurso de meus trabalhos ulteriores.

O segredo

A questão do fracasso escolar eletivo ou da inibição localizada (seria necessário refletir sobre essa distinção conceitual) está ligada ao funcionamento geral do aparelho psíquico. Encontramos esse sintoma associado a todos os quadros clínicos possíveis, e o exame de sua gênese revela um jogo muito sutil dos diferentes fatores em jogo, praticamente impedindo toda previsão quanto à saída que o sujeito será levado a encontrar. Os fatores que fazem um sujeito oscilar na direção do fracasso ou do superinvestimento são amiúde de igual natureza, sendo em cada caso difícil de explicar o que, na dosagem desses fatores, na história do sujeito e de seu ambiente, o faz escolher esta ou aquela solução.

Podemos simplesmente observar que a história de Hélène ilustra bastante bem a hipótese segundo a qual se encontraria a perturbação da inibição intelectual associada à existência de um segredo em torno do nascimento do sujeito (ARFOUILLOUX, 1983). Parece que, em casos desse tipo, o interdito de pensar que os adultos impõem à criança por meio desse segredo, sirva de repressão à atividade intelectual; esse interdito de pensar se propaga então, dando lugar a uma inibição intelectual generalizada ou, em outros casos, vem localizar-se numa atividade intelectual específica, como aqui a matemática.

Para compreender melhor essa solução do bloqueio vinculado à questão do conflito intrapsíquico, voltaremos a recorrer a Freud e à sua concepção evolutiva e dinâmica do aparelho psíquico em suas duas tópicas.

A primeira tópica freudiana

Se é possível representar espacialmente o inconsciente freudiano, sem dúvida isso não se passa em termos de continuidade de camadas, ainda que a terminologia da primeira teoria possa permitir esse pensamento. Nessa primeira maneira de teorizar, dita *primeira tópica* e apresentada em *A interpretação dos sonhos*, em 1900, Freud designa por *inconsciente, pré-consciente* e *consciente* três sistemas constitutivos do *aparelho psíquico*, cada um deles com sua função, seu conteúdo e sua energia própria. Não se trata, é natural, de uma tentativa de localização anatômica, o aspecto espacial dessa concepção é sobretudo marcado pelo fato de que, entre essas três localidades psíquicas, Freud situa *censuras* que inibem e controlam a passagem de uma à outra, em particular entre o sistema inconsciente, por um lado, e o sistema pré-consciente/consciente, por outro. O que caracteriza o sistema inconsciente nessa primeira concepção freudiana é o fato de que "ele é constituído de conteúdos recalcados que viram recusado a si o acesso ao sistema pré-consciente/consciente pela ação do *recalque*" (Freud, 1900). Esses conteúdos são regidos por mecanismos específicos, eles procuram retornar à consciência, mas só podem ter acesso a ela por *formações de compromisso*, depois de ter sido submetidos às deformações da censura.

As três instâncias do aparelho psíquico

Na segunda concepção de Freud — que se sobrepõe à primeira sem que esta seja abandonada, como observa Octave Mannoni em seu *Freud* (1968) —, três lugares psíquicos separados no espaço são ainda distinguidos: o *id*, pólo pulsional da personalidade, o *ego*, representante da totalidade da pessoa, e o *superego*, instância crítica. A maioria das características atribuídas precedentemente ao sistema inconsciente na concepção anterior são transferidas ao "id", mas deve-se observar que as duas outras instâncias vêem reconhecida nelas, igualmente, uma parte inconsciente, sendo o adjetivo tomado aqui no sentido descritivo, para conotar os conteúdos não presentes no campo da consciência. Nessa perspectiva, os três sistemas estão em interação: o ego, enquanto agente da adaptação, é de todo modo tomado à parte pelas duas outras instâncias que o "sacodem" cada uma de seu lado. Isso explica que o *conflito* esteja na base da vida psíquica. Nessa ótica ao mesmo tempo tópica e dinâmica, o vetor do movimento é criado pelo *desejo* entendido como desejo inconsciente, ao qual se opõe a *defesa*. O desejo, na medida em que "está ligado à busca de uma primeira experiência de satisfação, que nunca é encontrada, mas simplesmente recriada pela alucinação, deve ser concebido como um processo alucinatório". Nesse sentido, o desejo é sempre inadequado, jamais satisfeito e, por conseguinte, "engendra atividades de substituição e condutas metafóricas".

O ponto de vista econômico

Para Freud, coexistem três pontos de vista para considerar os movimentos psíquicos: o ponto de vista dinâmico e o ponto de vista tópico, alguns de cujos elementos acabamos de recordar, e o ponto de vista econômico. Nesta última perspectiva, os processos psíquicos inconscientes são movidos pela circulação de uma energia quantificável suscetível de aumento e de diminuição. O aparelho psíquico recebe excitações de origem externa ou de origem interna com as pulsões, e todo o funcionamento psíquico pode ser descrito como um jogo de investimentos, desinvestimentos, superinvestimentos e contra-investimentos. A energia é mais ou menos livre ou ligada segundo esteja vinculada a uma ou à outra das instâncias. Observemos que um sintoma mobiliza certa quantidade de energia, o que tem como contraparte um empobrecimento no nível de outras atividades.

Saber, não saber, não querer saber

Assim, para apreender o incremento, por parte de Hélène, de seu sintoma de bloqueio em matemática, pareceu-me que a noção de conflito era a mais adequada. Conflito entre as instâncias, amputação do ego do aluno. O sintoma se constitui em mensagem dirigida ao outro e a inibição é o preço a ser pago para um compromisso possível. Eis a solução psíquica provisória que Hélène encontrara quando me avistei com ela. Além disso, Hélène parecia mostrar a vontade de reorganizar esse equilíbrio. É possível então perguntar-se se a troca no diálogo a terá ajudado a entrever sua questão de modo diferente e a arriscar-se a remanejar essa organização psíquica não totalmente satisfatória ou se o custo do remanejamento era ainda demasiadamente elevado com relação aos benefícios do equilíbrio encontrado, caso no qual a questão terá sido verossimilmente recalcada por mais algum tempo.

No fundo, desde o começo da entevista, Hélène apresenta o dilema: "Ela nada queria saber disso... da matemática", e algumas mulheres queriam "fazê-la engolir, tragar" esse saber. Além disso, quando lhe fiz "saber" o que penso sobre isso, crendo através de seu discurso que ela mesma sabe ou quase, dei-me conta de que suas palavras sabiam, mas que ela própria não sabia absolutamente nada sobre o que suas palavras diziam. Da mesma maneira, quando ela me afirmou que os professores deveriam tê-la informado acerca do que pertencia aos fundamentos da matemática, tive algumas dúvidas e não pude impedir-me de pensar: "Acaso podia ela entender aquilo que, por certo, lhe fora dito?" E isso me remete à insistente queixa dos professores em formação que reivindicam que seus formadores não lhes dizem... justamente o que desejam entender[3].

Não nos esqueçamos de que "O conhecimento é em primeiro lugar um ato da carne — 'Adão conheceu Eva' — que obseda até os limites extremos de sua sublimação os discursos do saber. O conhecimento nunca se desfaz totalmente dessa origem sexual" (Gori e Hofmann, 1999).

Assim, persiste entre conhecimento e saber o espaço de uma sublimação que o sujeito nem sempre tem vontade de realizar. Pensemos também nas coisas que se sabe desde sempre sem querer sabê-las, no sentido de que "o inconsciente é o lugar de um saber, mas de um saber que o sujeito ignora e contudo retém" (Silvestre e Silvestre, 1987), ou como esses autores o

3. Ver a pesquisa que dirigi a propósito da relação com a formação de professores em formação inicial (Blanchard-Laville e Nadot, 2000).

enunciam: "Trata-se de uma ignorância ativa, uma rejeição: aquilo que ele prefere não saber".

Nós, os professores, nós, os profissionais do saber, talvez devêssemos avaliar melhor esse "isso"... em virtude do fato de que nem sempre queremos saber o que sabemos, e nossos alunos também não, e que, talvez, queiramos e não queiramos, ao mesmo tempo, que eles saibam "isso".

Para voltar a Hélène, vejo em sua história uma espécie de avesso de minha própria história; aprendemos assim que as injunções maternas podem ao mesmo tempo barrar certo caminho a fim de abrir um outro. Para mim, era necessário provar que as jovens podem cursar matemática, e isso deve ter levado ao ponto de ensiná-las. Para Hélène, trata-se sobretudo de não se submeter a uma identificação "forçada" sentida como perigosa. Nos dois casos, o conflito intrapsíquico está presente para o aluno, mas nenhuma previsão teria sido possível na idade escolar; a resultante futura era imprevisível.

Podemos também reter os dois rostos contrastados do professor de matemática; para Hélène, por um lado, uma má imagem feminina e, por outro, uma boa imagem masculina. Em minha própria história, as imagens da Srta. M... e do Sr. K... dão testemunho de um imenso contraste, muito embora a atribuição sexuada esteja invertida: uma boa imagem feminina e uma imagem masculina sádica. Não podemos impedir-nos de prosseguir o movimento ascendente dos deslocamentos, e pressentimos que essas figuras de professores se sobrepõem a imagos parentais. Do que se pressente que o trajeto das identificações para a aluna se revela de uma grande complexidade e semeado de armadilhas.

Capítulo 3

Do jogo ao eu*

> O imperativo categórico a que o sujeito humano está submetido é o de tornar-se sujeito daquilo a que foi submetido; eis aí a formulação moderna da compulsão de repetição; ela designa, por um lado, a necessidade psíquica para o sujeito de representar como coisa e como palavra o que o afetou, mas também, por outro lado, a necessidade de representar-se a si mesmo (operação autometa) no âmbito dos acontecimentos, de situar-se a si mesmo.
> A clínica mostra sem sombra de dúvida que esse trabalho de autoafetação só pode efetuar-se "a partir de dentro" se tiver antes ocorrido de maneira suficiente entre si e o espelho-acontecimento primário e secundário. O *self*, o si, concebido como o conjunto das potencialidades do sujeito, não será subjetivado senão na medida desse reconhecimento pelo outro.
>
> René Roussillon
>
> *Un sujet qui ne va pas de soi, le sujet en procès*

A propósito da história de Hélène, tivemos a oportunidade de recordar a construção freudiana do aparelho psíquico. Essa maneira de conceber o psiquismo em termos de instâncias em conflito pode ser por vezes muito esclarecedora. Voltaremos a isso num capítulo ulterior para conceber a organização do ego profissional do professor no momento de suas tomadas de decisão em situação de ensino. Por ora, observamos que, a partir da invenção freudiana, as concepções do trabalho psicanalítico e dos processos que se desenrolam na situação

---

* Jogo das palavras, em francês, *jeu* e *je*. (N.T.)

psicanalítica passaram por várias inflexões. As diferentes concepções não se substituem umas às outras; já em Freud as evoluções teóricas não se substituem pura e simplesmente umas às outras; elas se completam sem se substituir, dialetizam-se entre si. Desse modo, ora uma, ora a outra dessas referências e dos modelos por elas implicados parece a mais capaz de dar conta dos fatos, ou a mais fecunda para circunscrever os processos estudados, ou ainda a mais heurística para proceder à descrição dos fenômenos observados. As evoluções teóricas pós-freudianas sem dúvida influenciaram minha compreensão dos fenômenos psíquicos inerentes ao processo de ensino e de aprendizagem. Mas não nos enganemos, haverá sempre "um resíduo"; encontramo-nos num "processo contínuo de superação que não faz desaparecer o que é superado, mas se dialetiza com ele para formar uma nova complexidade" (ROUSSILLON, 1999). O importante é poder elucidar o material por meio de uma elaboração teórica ao mesmo tempo coerente e vívida, assim como poder pôr em perspectiva as histórias assim reconstruídas umas com relação às outras.

A história de Jocelyne, que contarei em seguida, nos encaminhará a novos elementos de teorização. Vejamos o que essa história pode nos ensinar.

Jocelyne foi recebida por meu colega e amigo Pierre Berdot, psicólogo com formação de professor de matemática, no quadro de um Centro Médico-Psico-Pedagógico (CMPP), num ritmo de conversas semanais de trinta minutos cada (BLANCHARD-LAVILLE e BERDOT, 1985). Nunca cheguei a conhecer Jocelyne, mas trabalhei com freqüência com meu amigo e construímos juntos a história desse encontro.

Adoção

Jocelyne é uma criança miúda, de formas um pouco arredondadas, que se mostra prudentemente reservada, com um olhar fixo e um ar que é uma mescla de desafio e submissão. Quando foi enviada pelo pediatra da família à consulta do

CMPP de sua cidade, ela estava com 10 anos, a crer nos documentos apresentados por sua família adotiva. Por ocasião das consultas de que falaremos, Jocelyne tem 13 anos. Ela nasceu na região de Madras, de pais indianos, e foi abandonada por volta dos 10 meses de idade por sua família natural. Dois anos depois, é recolhida por uma missão inglesa. Aos 4 anos e meio, é adotada por uma família francesa que tem uma filha de 10 anos na época, "para dar-lhe uma irmã", segundo as palavras da mãe.

Por ocasião de sua adoção, Jocelyne conhecia o tamul, língua falada no sudeste da Índia, lugar em que nasceu, e o hindi, língua oficial da Índia. Parece que também entendia o inglês. Portanto, ela tinha um nome do norte da Índia que seus pais adotivos decidiram relegar a nome de terceira categoria, substituindo-o por um nome francês, muito pouco usado, de acento nórdico, que nós mesmos modificamos para respeitar seu anonimato. Observemos que o nome escolhido por sua família adotiva tem uma raiz germânica e significa "refém".

In/habilidade

Quando bem pequena, Jocelyne sofreu de desnutrição, o que teria acarretado uma puberdade precoce. Dessa forma, pode persistir uma dúvida quanto à sua idade real.

A ficha de Jocelyne indica que foi levada a uma consulta no CMPP em função de inabilidade. A mãe, quando perguntada a respeito, alegava a existência de dificuldades psicomotoras importantes no momento da adoção de Jocelyne: impossibilidade de abaixar-se, de correr, enorme dificuldade de aprender a subir e a descer escadas, problemas de equilíbrio e inabilidade manual.

Observemos que, na ficha, só figura a palavra "inabilidade", de maneira isolada. Daí a necessidade de perguntar-se de que inabilidade se trata.

Depois de várias entrevistas preliminares com um psiquiatra do Centro, é iniciada uma psicoterapia, com o consentimento dos pais e a adesão mitigada de Jocelyne. Ao final de um ano de terapia — Jocelyne estava na quinta série —, a mãe apresenta ao psiquiatra um pedido preciso de ajuda na área de matemática. Além disso, Jocelyne parece cansada da terapia, que se encerrará alguns meses depois. O psiquiatra, por sua vez, afirma em seguida ter experimentado um sentimento análogo de fadiga com relação a essa terapia.

É nessa época que começa para Jocelyne a série dos diálogos de apoio à matemática com o psicólogo do Centro, psicólogo que possui formação inicial em matemática, como já mencionamos.

Pressões familiares

Jocelyne está agora na sexta série. Ela nunca repetiu de ano. Suas únicas dificuldades escolares se relacionam à matemática. Para tentar amenizá-las, sua mãe e sua irmã (filha mais velha, com 17 anos na ocasião) dedicam muito tempo e energia a revisar e a completar seu trabalho escolar, como testemunham estas palavras de Jocelyne[1]: "Na maioria das vezes, é minha irmã que corrige minha tarefa de álgebra... Bem, faço uma confusão, uma pequena confusão em álgebra; ela me dá dois outros exercícios; minha irmã faz seu trabalho ao mesmo tempo, às vezes se detém para olhar meus exercícios, depois vê se cometi erros e o devolve para mim. E se está muito ocupada nesses momentos recorro à minha mãe. Quanto à geometria, é minha mãe que procuro, ou meu pai...".

1. Por ocasião de minha colaboração com Pierre Berdot em torno do trabalho com Jocelyne, cinco entrevistas matemáticas sucessivas foram gravadas com a concordância de Jocelyne e com a de sua família. Uma parte das citações desse texto é extraída de suas gravações.

Ou então: "Sei que no Natal, à tarde, em vez de assistir à TV, eu estava sentada a uma mesa e fiz uma pequena confusão, bom, bem, tive de fazer, ela queria que eu fizesse dez exercícios de álgebra em uma hora...". E ainda: "Com minha irmã, um dia com ela é uma lição completa de álgebra. É por isso que me tornei tão boa aluna; em certo sentido, bem, era um pouco injusto, mas, em outro, fui muito beneficiada com isso".

Esse tipo de afirmação se repete com insistência no discurso de Jocelyne, levando-nos a pensar que sua família exerce uma fortíssima pressão sobre ela no que se refere a seu trabalho e a seu sucesso escolares. A esse propósito, Jocelyne evoca na maioria das vezes a mãe e a irmã, mas uma ou duas vezes menciona também a exigência do pai, que, considerando que um exercício de matemática pode e deve ser resolvido perfeitamente, considera "nulas" as notas inferiores ou iguais a 8,5. Ele só atribui o qualificativo "boas" às notas superiores a 8,5.

Apoio psicopedagógico

Ao longo do primeiro ano de diálogos de apoio à matemática e antes que interviéssemos com nossa reflexão e nossa análise das conversas gravadas, o trabalho efetuado com base nos exercícios matemáticos levados por Jocelyne poderia ser qualificado de trabalho psicopedagógico. Tratava-se, antes de tudo, de ajudar Jocelyne a descobrir por que este ou aquele raciocínio ou cálculo a conduziam, ou podiam conduzi-la, a uma solução equivocada, assim como de acompanhá-la rumo a uma solução exata procurando atribuir um sentido ao que era feito. Não havia nesse contexto uma estratégia deliberada de antemão no sentido de projeto reeducativo, propriamente falando, nem de projeto didático no sentido estrito. O trabalho centrava-se no desempenho matemático de Jocelyne. Quando se verificava por várias vezes uma disfunção matemática, aproveitava-se a ocasião para levar Jocelyne a perceber o fato, não para enfatizar a persistência do erro num espírito normativo, mas para acentuar a significação desses comportamentos repetitivos. Nesse sentido, a atitude do interventor tinha mais relação com a atitude de escuta empática do psicólogo do que com o projeto do professor.

Essa atitude incidia também sobre o trabalho "infligido" pela família. Em particular, é evidente, nenhum trabalho repetitivo de treinamento, que poderia remetê-la às páginas de exercícios dados pela irmã, era exigido de Jocelyne durante essas sessões.

Por fim, deve ser enfatizado que os efeitos "positivos" de toda intervenção em relação dual, mesmo que a entrevista permaneça no campo estritamente matemático, não podem deixar, em nossa opinião, de remeter a efeitos da dinâmica transferencial que se estabelece nessa ocasião — quer esses efeitos sejam reconhecidos ou não pelo próprio interventor. São todas essas razões que permitem explicar, a nosso ver, o "sucesso" desse trabalho com Jocelyne: suas notas de controle em matemática testemunham, ao final desse primeiro ano, uma importante melhora de seu nível na aula.

"Isso depende"

No entanto, apesar da elevação de sua média em classe, a ausência real de progresso de que dá testemunho o conteúdo das sessões nos levou a perguntar-nos sobre seu "sucesso" escolar. Ausência de progresso, no sentido de que Jocelyne dá a impressão de assimilar pontualmente o que acaba de ser trabalhado. No momento da entrevista, ela é capaz de utilizar, com conhecimento de causa, o que acaba de ser feito. Em contrapartida, essas aparentes aquisições permanecem isoladas entre si. A impressão é que Jocelyne não consegue ou até se recusa a vincular as coisas entre si, a estabelecer conexões, o que impede de tornar operativas as aquisições de uma sessão à outra. Ela pode iludir-se momentaneamente em virtude de uma espécie de facilidade de memorização imediata, mas não se tarda a perceber que não há uma interiorização verdadeira. Trata-se antes de módulos pré-organizados que ela fabrica e transporta de um exercício ao outro, esperando assim atender ao que se espera dela. A partir do momento em que o enunciado do exercício deixa de corresponder por completo à sua resposta pré-organizada, a menina fica totalmente bloqueada em sua capacidade de pensar e de raciocinar, como se lhe fosse impossível aventurar o pensamento para além dos esquemas preestabelecidos: "Quando não se aprendeu a fazê-lo, não se pode fazê-lo", diz expressamente Jocelyne. Constatamos também que o discurso de Jocelyne, que se impôs fortemente a nós desde que passamos a dispor da transcrição das gravações, era confuso, impreciso, como que "flutuante", instável, um discurso para de algum modo despistar o ouvinte, como é possível avaliar no trecho seguinte, em que J representa Jocelyne e I o interventor:

J: Bem, eu queria hoje que falássemos de... um pouco de revisão, porque amanhã, bem, vai haver uma verificação de tudo o que se conseguiu fazer desde... desde a entrada. Ah, bom, em álgebra, em que compreendi tudo muito bem, tudo certo. Bem, eu misturo um pouco as coisas às vezes, mas começo a me acostumar com a distinção entre as adições e as multiplicações. Bom, fora isso, tudo bem...

I: Você poderia esclarecer o que quer dizer quando afirma que em álgebra confunde a multiplicação e a adição?

J: Quero dizer que, bom, sei que se temos um +, se temos um –, sei que é o –, que sempre prevalece e...

I: Para a adição ou para a multiplicação?

J: Para a adição. E algumas vezes nas multiplicações, temos os sinais –, +, –, e depois, no meio, temos esses sinais; o sinal × às vezes, mas não com freqüência, e às vezes confundo um pouco. Mas, fora isso, tudo muitíssimo bem.

I: Mas quando você diz que, na adição, é sempre o – que prevalece...

J: Bem, entendo, isso depende, se forem dois...

I: Se há um – e um +, por exemplo.

J: É este que terá o, o maior resultado em – que ganha, mas meus pais me ensinaram uma regra e, bem, sempre que encontro um – e um +, sei que é o – que estará na frente, mas isso depende às vezes..."

Vê-se aparecer nessas linhas alguns traços característicos do discurso de Jocelyne: a menina começa sempre exprimindo que "compreendeu tudo muito bem", talvez segundo um reflexo defensivo que forjou para si a fim de proteger-se da pressão familiar em torno de seus problemas escolares; depois vem o reconhecimento imediato: "Mas assim mesmo misturo um pouco", e, com muita rapidez, a atividade que vem na seqüência mostra que de fato reina a confusão total, para ela, sobre essa questão.

Essa passagem de uma sessão ilustra também — e isso não se restringe ao excerto mencionado — a não-permanência de suas "aquisições", que flutuam ao sabor dos momentos e das pessoas presentes: "Às vezes", "Não com muita freqüência", "Isso depende".

A roda das "Jocelyne"

Também atraíram nossa atenção outras características de seu discurso; em particular, o que mais nos surpreendeu foi aquilo que qualificaremos de aspecto em espelho de seu comportamento: Jocelyne nos apareceu como uma superfície reflexiva, prioritariamente dedicada a remeter ao outro alguma coisa de semelhante ao que crê que se espera dela, a fabricar de si uma imagem de aluna em consonância com a imagem que crê ser esperada pelo outro.

O trecho seguinte de seu discurso mostra com clareza a roda dos sujeitos em torno dela e a rede na qual a menina procura o lugar em que todos esses outros poderiam esperá-la.

I: O que você propõe hoje?

J: Eu tinha um exercício, que fiz, e não o compreendi muito bem. É este, nº 27.

I: Bem, é você que pode me dizer o que fez nesse exercício, certo?

J: Bom, de que forma, o que você quer dizer como, eh...?

I: Você me disse que trabalhou e que não compreendeu bem.

J: Não, porque se se têm $2x$ e nos são dados 2 vezes 4 e não entendi muito bem o que eles queriam ao dizer x... então, bem, fiz, fiz a multiplicação pá, resolutamente... e depois pus 8, e... mamãe não concordou comigo sobre essa parte. Discutimos e...

I: E vocês entraram num acordo?

J: Não (*riso*), nunca.

I: Nesse caso, o que é, para você, x?

J: Como eles dizem, x é valor um decimal relativo[2].

I: Valor decimal relativo. Sim.

J: Normalmente, um valor decimal relativo é, para mim, é...

I: Então, será que você pode me dizer qual é, nesse princípio, esse valor decimal relativo?

J: Isso não sei dizer, porque aí, bom, encontram-se 2 aqui e aqui, e mamãe disse que 4 era o valor decimal relativo porque era o único que restava; quanto a mim, não compreendi bem esse procedimento.

I: E você tem outra solução que não 4?

J: Eu fiz na hora, fiz a multiplicação. Obtive 8. Para mim, esse é... o valor decimal relativo; quando eu o mostrei à mamãe, ela não concordou comigo.

Observa-se aqui que Jocelyne, como já dissemos, escolhe o exercício no qual quer trabalhar. Pode-se acrescentar contudo que Jocelyne precisa de um convite do adulto a falar, caso contrário o silêncio se instaura. Quando inquirida sobre as razões de seu silêncio, ela diz: “É sempre o adulto que decide”.

Pode-se constatar também que, ainda que seu discurso seja na maioria das vezes muito fluido, ela fica relativamente à vontade no âmbito da expressão verbal e se exprime com extrema freqüência numa linguagem bastante elaborada.

Este diálogo permite ainda localizar os diferentes sujeitos em meio aos quais Jocelyne se debate:

---

2. Enunciado do exercício proposto por Jocelyne: “Determine o decimal relativo x nos seguintes casos:

a) $2x = 2 \times 4$

b) $-3x = (-3) \times 5$

c) $-6x = -18$

— "você" em *o que você quer dizer*

— "eles" em *não compreendi muito bem o que eles queriam* ou *como eles dizem*

— "se" em *se se têm 2x*

— "mamãe" em *mamãe não concordou* ou em *mamãe disse*, ou ainda *eu o mostrei a mamãe*

Encontram-se na verdade alguns "eu" nesse trecho, mas se os olhamos mais detidamente perceberemos que quando o "eu" assume a responsabilidade da ação o resultado só pode ser ruim e, de todo modo, será contrariado por "mamãe", ou então, quando o "eu" é solicitado, surge a dúvida: *"Normalmente, para mim, é..."*, grande silêncio; ou ainda, no fim da passagem, quando o "eu" volta a ser interpelado com vistas a posicionar-se, Jocelyne delega ao interventor a escolha de decidir entre mim e mamãe.

Dissociação adaptativa

Foram esses elementos — a aparente ausência de Jocelyne como "sujeito" e a organização concomitante de uma personalidade sumamente bem adaptada a seu ambiente — que nos levaram a aproximar-nos da concepção teórica de Winnicott no que se refere às noções de falso eu e de verdadeiro eu. Essa concepção ofereceu-nos a abordagem esclarecedora, parece-nos, da problemática de Jocelyne como aluna.

Formulamos a hipótese de que o eu-aluna de Jocelyne pôde organizar-se de um modo dissociativo. É possível dizer que Jocelyne estava sempre, com relação à atividade matemática, e retomando a formulação de Winnicott, "fundamentalmente ausente". Parece-nos que ela estava no fazer sem nunca ter estado no ser. Ora, para Winnicott: O "eu sou" deve preceder o "eu faço"; caso contrário, o "eu faço" não tem nenhum sentido para o indivíduo. Um "eu sou" no sentido forte, que testemunha um sentimento de identidade, que ultrapassa o simples fato de existir, um "ser em vida", um "sentir-se vivo" para si mesmo, um "sentir-se real".

Pode-se acrescentar a isso a impressão que com freqüência produziu em nós a leitura do discurso de Jocelyne: a impressão de ser "embrulhados", de ser atados em nossa capacidade de compreender, de ser impedidos de pensar. E ocorreu-nos a idéia, diante da persistência dessa impressão, de que justamente ela nos impedia por isso mesmo de formular a questão fundamental: "Onde está Jocelyne?"

É claro que o conhecimento que tínhamos de sua história fortalecia essa hipótese, na medida em que Winnicott faz remontar a origem da dissociação de certas personalidades a uma falha prematura do ambiente primevo. Para Jocelyne, considerando-se as circunstâncias de sua infância, não é possível duvidar desse enfraquecimento. Pode-se chegar a pensar que, para ela, aos efeitos de carência primitiva vêm acrescentar-se efeitos devidos ao contexto de sua adoção. Isso porque sua família adotiva parece ter preferido arrancá-la de suas raízes, precipitando-a, ao mesmo tempo, num ambiente estranho no qual teve de enfrentar o desafio de atingir resultados escolares de um aluno de nível superior.

Uma outra Jocelyne

Foi no quadro dessa hipótese que nos sentimos impelidos a fazer existir "a outra Jocelyne", a que transcendia a imagem construída que ela se esforçava por nos dar a ver.

Percebíamos de modo cada vez mais preciso a dificuldade para ela de entrar no lugar que lhe fora atribuído como aluna. Dedicamo-nos então cada vez mais a localizar em seu discurso e também em sua atividade matemática manifestações do que seria uma aluna Jocelyne menos dissociada, imaginando que era importante que alguém reconhecesse a existência desse falso eu de aluna e parasse de ser cúmplice dessa demanda de adaptação levemente raivosa.

Essa hipótese reteve nossa atenção também por razões de inseri-la verossimilmente no registro da contratransferência. Tendo em vista essa perspectiva, a história de Jocelyne, com a ruptura tão clara entre sua existência anterior aos 4 anos e a posterior a essa idade, entrava em ressonância com a história pessoal do interventor.

A língua de origem

Foi assim que fomos levados a escutar as palavras de Jocelyne, e a prestar atenção de fato a elas, sem nos deixar obnubilar por seu sucesso escolar. Por várias vezes ela chegou a falar de seu passado — o passado, ao que parece, negado por seus pais adotivos —, de todo modo a propósito do problema das línguas. Por exemplo, no momento de encarar sua entrada na quarta série, ela pensa na escolha da segunda língua e diz: "Então, aprender inglês, alemão, estudar minha matemática, trabalhar meu, meu francês e, sobretudo, fazer latim, porque ela quer de qualquer maneira que eu faça latim, isso começa realmente a, a gente se pergunta como vai poder se organizar".

E um pouco mais adiante: "Sim, porque sobre isso ela me deixou a escolha entre duas línguas, mas eu já tinha uma que é obrigatória, e, quando digo a gente, bem, sou eu que trabalho, mas num sentido é ela que decide, se devo estudar alemão, bem, eu estudo alemão, é assim, eu obedeço a ela". E Jocelyne prossegue: "Já esqueci minhas duas línguas quando era pequena [...]. Às vezes encontro, no mercado ou em outros lugares, em outros lugares encontro indianos e os ouço falar [...] Escuto, mas não presto atenção a essa questão. Mas eu gostaria de reaprender meu, minha língua de origem".

Diante da pergunta referente a saber se compreende algo ao escutá-la, ela diz: "Não, não. Não porque perdi tudo. Bem, há, talvez houvesse algumas palavras que tenham permanecido na minha cabeça, mas esqueci tudo. Além disso, bem, esqueci tudo porque já cresci, não falei, não encontrei uma forma de falar. Nesse intervalo, ensinaram-me o francês, portanto ouvi francês durante todo o tempo, falei francês e perdi tudo".

Em sua atividade matemática, o que nos pareceu mais produtivo e, em nossa opinião, mais relacionado com o que acaba de ser analisado foi a maneira de Jocelyne tratar as regras. Para ela, coabitam, sem ligação entre si, várias regras que atribui aos diferentes sujeitos que a cercam, sujeitos que fomos levados a localizar precedentemente. Há a regra de mamãe, a regra da irmã, a regra do professor, a regra do livro. De acordo com as pessoas presentes, Jocelyne tenta sem convicção o emprego de uma ou de outra das regras, mas nunca se apropria de nenhuma.

Brincar com a matemática

Em outros momentos, em contrapartida, pareceu-nos ver surgir uma de suas primeiras manifestações pessoais, ou seja, a autorização que ela se dá de elaborar e exprimir sua própria regra, em meio às dos outros. Tendo estabelecido esses vínculos entre os traços mais destacados de seu comportamento em geral e de seu comportamento no que diz respeito à matemática, pareceu-nos importante deixá-la brincar com sua regra, ainda que, afinal de contas, lhe fosse dito que, matematicamente falando, seria necessário renunciar a ela, em particular em referência ao trabalho escolar.

E pareceu-nos cada vez mais importante não apenas destacar no discurso de Jocelyne alguns elementos que esclareçam seu desempenho, como também ajudá-la a tomar consciência deles — ela própria; permitir-lhe vincular certos traços de seu desempenho matemático com seu desempenho geral e com o que suspeitávamos de sua problemática identitária, ajudá-la a estabelecer conexões.

A situação seguinte, observada na 20ª sessão, depois da série de entrevistas gravadas, ilustra bem o estilo de trabalho que se seguiu a isso. Quando o interventor, por ocasião de um exercício, lhe fez a observação de que ela tentara prescindir das hipóteses, isto é, das bases do problema — tendo isso já acontecido em outros exercícios: procurar atingir a conclusão adequada sem fazer uso das hipóteses ou dos dados do enunciado —, ele lhe pergunta então se essa situação lhe evoca alguma coisa: "Sim, geometria." O interventor insiste: "E na vida?" "Não, pois o que aconteceu comigo na Índia, penso nisso muitas vezes e sei que é importante." Entretanto, a denegação lhe permite, em nossa opinião, estabelecer o vínculo.

Como se pode perceber pelo último exemplo citado, o estilo de intervenção evoluiu: é claro que Jocelyne é encorajada pelo interventor a associar e a fazer conexões, como antes com a questão de suas origens, entre seu desempenho a propósito de um exercício de matemática e seu desempenho geral. Seria quase possível dizer que nosso novo modo de operacionalização com Jocelyne se afastou do trabalho psicopedagógico efetuado nos primeiros tempos para encaminhar-se a um trabalho mais próximo da psicoterapia. Parece-nos de resto que, ao perseverar na abordagem psicopedagógica, teria havido o risco de reforçar as resistências de Jocelyne. Nesse sentido, a chance de atenuar a alienação de seu falso eu de aluna e de dar-lhe acesso a uma parte soterrada de si mesma não teria sido apreendida nessa brecha aberta a propósito da matemática.

A análise das últimas sessões pareceu-nos confirmar a legitimidade da direção escolhida. Jocelyne parece ter encontrado aí um lugar em que não se sente mais obrigada a desempenhar o papel de boa aluna e no qual se autoriza a revelar novas partes de si mesma até então paralisadas, o que lhe permite apreender a dissociação que ela se infligiu entre sua realidade interior e sua adaptação às exigências exteriores, uma dissociação adaptativa que sem dúvida era nesse momento a menos má das soluções para ela.

Do jogo ao eu

Poder-se-ia quase dizer que, nas últimas sessões, a troca em torno da matemática se tornou uma espécie de jogo, no sentido de Winnicott (1971). Passou-se imperceptivelmente do *game* ao *playing*, do jogo estritamente definido pelas regras que lhe ordenam o andamento ao jogo que se desenvolve livremente, esse jogo que leva do "jogo ao eu", tal como indica J.-B. Pontalis em seu prefácio à obra *Jeu et réalité*, de D. W. Winnicott.

Jocelyne começou então a manifestar insistentemente um grande prazer, surpreendente por sua intensidade, como algo que jorrava de dentro dela, de modo nenhum premeditado, semelhante a um sentimento de elevação narcísico, uma espécie de "orgasmo do eu", segundo a fórmula de Winnicott.

Além disso, Jocelyne foi conduzida a exprimir em suas últimas sessões que na escola comete muito menos erros do que durante as sessões de trabalho no CMPP. Pode-se então esperar que, utilizando o lugar das consultas como um espaço transicional em que o *playing* é autorizado, no qual passa a conhecer a experiência criativa, ela possa aceitar submeter-se ao *game* proposto em matemática no colégio, sem por isso apagar-se por completo. Foi a aposta que fizemos.

Da psicopedagogia à psicoterapia

Apesar disso, permanecem abertas questões em vários níveis. No fundo, houve uma escolha deliberada da evolução da intervenção? Essa questão se apresenta na medida em que a escolha permanece, de todo modo, limitada ao conjunto das possibilidades do interventor, tanto no plano de sua formação metodológica como no plano de sua contratransferência. Acrescentemos que aqui os efeitos da contratransferência eram amplificados pelos efeitos do trabalho advindo de nossa colaboração. Perguntamo-nos muitas vezes de que forma poderia ter pesado sobre Jocelyne nosso projeto de escrever sobre o fracasso em matemática e em que medida não acrescentáramos um elo de repetição de sua história ao duplicar o casal de pais adotivos.

De maneira mais ampla, resta a questão de saber a partir de que momento é possível pensar que dificuldades em matemática, interpretáveis em termos de sintoma, dependem de um tratamento mais orientado para a psicoterapia.

E, admitindo-se que se possa decidir que isso pode ocorrer com um sujeito, é necessário renunciar à transferência estabelecida na relação psicopedagógica para tentar, alhures, uma psicoterapia, num quadro mais estrito, e com um terapeuta não envolvido nos problemas escolares?

Dizemos neste ponto que uma atividade voltada para a matemática pode servir de suporte a uma ação terapêutica no sentido de D. W. Winnicott: permitir ao paciente obter conhecimento com a experiência criativa nessa área intermediária em que dois espaços de jogo se sobrepõem parcialmente, o do paciente e o do terapeuta.

Falou-se das últimas sessões com Jocelyne. Com efeito, no momento em que se encerra o trabalho de investigação empreendido a partir das sessões de psicopedagogia, ela expressa seu desejo de interromper as consultas. A menina deseja então "assumir suas responsabilidades sozinha", recuperar um tempo livre para enfim "sair, passear com amigos" sem sentir-se sempre arrebatada pelo turbilhão de reeducações de todo tipo. Ela continua a consultar especialistas para seus problemas dos olhos, dos dentes, dos pés e de desequilíbrio hormonal, mas parece que todas essas visitas a médicos estão mais espaçadas no tempo. O afrouxamento da pressão sobre Jocelyne se encaminha a um início de responsabilização por si mesma que sua mãe, menos ansiosa, parece aceitar bem.

Jocelyne, porém, informou-se sobre a possibilidade de voltar a ter consultas no decorrer do ano, "se isto não funcionar", embora sabendo, como exprime na última sessão, que agora, nessas trocas, "a matemática é secundária". Ela não voltou.

A história de Jocelyne, depois da de Hélène, levou-nos à questão da construção do sujeito-aluno ou, mais precisamente, à questão da edificação do eu do aluno.

O sujeito

No que tange à questão do sujeito, Freud aludiu a ela apenas de modo excepcional, ainda que essa questão percorra nas entrelinhas toda a sua obra. Assim, a abordagem psicanalítica da noção de sujeito constitui uma tarefa perigosa, como enfatiza Raymond Cahn, embora tenha aceitado, em 1991, propor um alentado relatório sobre essa questão a seus colegas analistas da Société Psychanalytique de Paris (Cahn, 1991). As interrogações são abissais, diz-nos ele.

O sujeito freudiano, como se viu, é dividido pelo inconsciente, mais ou menos estranho a ele mesmo. Veremos o que disso resulta seguindo a trilha de Lacan acerca desse questionamento num capítulo ulterior. Por ora, dediquemo-nos a uma noção não menos problemática, o *self*, cuja dificuldade de tradução só faz reforçar a dificuldade; tomemos a tradução empregada na maioria das vezes, "eu", e vejamos o que essa noção pode nos oferecer. Ela permite insistir numa primeira apreensão de si justamente por parte do sujeito. Ela consegue fundar-se em experiências de continuidade psíquica, de continuidade de ser, tal como o formula Winnicott, a quem devemos o fato de nos esclarecer sobre essa estrutura de base identitária, que tenta descrever clinicamente a permanência na mudança. O eu pode ser representado como "uma entidade individual, diferenciada, real e permanente, uma espécie de continente, de fundo estável, permanente e única, [...] presença, certeza impalpável, invisível, silenciosa e contudo essencial, ao mesmo tempo igualmente constitutiva do sujeito e realidade viva" (Cahn, 1991).

São as elaborações de Winnicott as mais capazes de nos levar a perceber essa entidade clínica cuja edificação foi sobremodo enfatizada por ele em seus trabalhos. Para o autor, esse seria o elemento unificador da pessoa que constitui seu núcleo mais vivo (EIGUER, 1999). Ele chega mesmo a escrever sobre o eu: "A pessoa que está em mim" (WINNICOTT, 1976). Foi ele que sobretudo se dedicou como analista à dependência da criança num estágio primitivo de desenvolvimento com relação a seu ambiente, tendo extraído as conseqüências "dessas influências recíprocas extremamente precoces" (WINNICOTT, 1969). Para o autor, "um bebê em amamentação é um fenômeno complexo que inclui o potencial do bebê *mais* o ambiente", e "quando a dependência é quase absoluta não nos é possível descrever o bebê em amamentação sem descrever o ambiente". Entre a mãe e o infante, trata-se de uma troca que é o começo de uma comunicação entre duas pessoas. "E essa troca depende da capacidade da mãe (ou de seu substituto) de adaptar-se às necessidades do bebê" (WINNICOTT, 1976). A mãe se identifica temporariamente com seu bebê; de modo natural e sem ter de pensar nisso, ela sabe o que é necessário a ele.

Dessa maneira, o eu se constrói graças à função integrativa da mãe. A mãe faz as vezes de espelho para o bebê: seus olhos, seu olhar, sua voz, todas as suas expressões permitem que ele se reconheça aí, se reencontre e unifique o seu eu (EIGUER, 1999). O bebê tem a ilusão de ser ele que desencadeia as respostas da mãe. "Há o sentimento de que ele cria o que encontra." Inversamente, a deprivação maternal, isto é, a falta de atenção da mãe, será fonte de dificuldades.

Se o ambiente se mostrou inadequado, quer por ser insuficiente ou invasivo, a criança pode clivar sua personalidade construindo um falso eu isolado do verdadeiro eu. "Ela permanecerá fiel a seus próprios desejos, necessidades e projetos, mas não ousará desvelar isso publicamente e será com seu falso eu que se dirigirá ao mundo" (EIGUER, 1999). Gostaria de enfatizar que devemos utilizar com grande prudência estas noções. Por um lado, elas se integram ao conjunto da teorização de D. W. Winnicott, sendo difíceis de isolar desse contexto, mas sobretudo podem induzir a deslizamentos de sentido, sem dúvida em larga medida por causa da escolha das palavras. As noções de verdadeiro e de falso podem arrebatar-nos exageradamente à questão da relação com a verdade. O que seria a verdade do eu? Não nos esqueçamos facilmente da distância entre a realidade psíquica e a verdade histórica. "A verdade só é atingida por meio das deformações", diz-nos Freud. Não obstante, concordamos com as seguintes propostas de J.-B. Pontalis: "Seja qual for a dúvida que se possa estabelecer acerca dos termos verdadeiro e falso empregados por Winnicott, não se deve perder de vista que eles se inserem para ele numa teoria sobremodo elaborada dos papéis respectivamente desempenhados pela maturação e pelo ambiente no desenvolvimento da criança. A bipolaridade 'falso eu - verdadeiro eu' depende do equilíbrio, sempre tão difícil de obter, entre as forças da maturação e as contribuições do ambiente. Poder-se-ia dizer, de forma bastante esquemática, que o falso eu consegue organizar-se e funcionar como uma quase-pessoa nos casos em que a influência do ambiente é excessivamente valorizada para compensar uma falha de maternagem, de *holding*; o falso eu preserva então a criança do risco de uma desintegração, daquilo que Winnicott denomina a ansiedade 'impensável'" (PONTALIS, 1975).

De fato, as duas histórias que narrei até aqui, adicionadas à minha própria história de aluna, tendem a mostrar-nos que a variedade das soluções psíquicas inventadas pelos sujeitos (aqui, os sujeitos alunos) é imensa, o mesmo ocorrendo no que se refere aos sujeitos professores.

É evidente que seria possível avaliar essas soluções em termos de adaptação social e, assim, de acordo com o contexto e os valores de referência num determinado momento sócio-historicamente datado, essas soluções seriam julgadas mais ou menos adequadas; no quadro em que tento situar este trabalho, penso sobretudo em avaliar essas soluções da perspectiva da energia psíquica por elas exigida para ser mantidas e do grau de desconforto, se não de sofrimento, que implicam. O que me estimula então é considerar as coisas numa dinâmica de organização evolutiva. Minha preocupação prioritária é desvelar as partes cristalizadas do eu — do eu-aluno ou do eu-professor — que se poderia degelar, as partes paralisadas que poderiam voltar a uma certa vida.

Assim, podemos esperar que Hélène vá desenvolver-se, no plano profissional, num sentido que possa reconciliar nela identificações dificilmente conciliáveis no início; de igual modo, podemos esperar que Jocelyne consiga negociar de forma menos dissociada entre seu eu de origem e sua identidade de adoção, a que se pede a ela que assuma em sua nova vida. Se essa negociação se tornar possível — também para Hélène —, ambas ganharão uma riqueza suplementar. O sofrimento psíquico é uma questão de equilíbrio e de grau; há um sofrimento que exprime simplesmente que estamos vivos.

Afirmei no prefácio a este livro que desejava escrever para professores, e ouço-os dizer-me: são bem bonitas "suas histórias", mas nós, na sala de aula, o que fazemos quando temos uma "Hélène" ou uma "Jocelyne" como alunas e quando estamos lá, na sala de aula, como professores de matemática?

Responderei que não façam nada, nada de mais; ensinem, e isso já não é fácil — voltaremos ao tema. E, de qualquer forma, não sabemos se temos uma "Hélène" ou uma "Jocelyne" diante de nós. É claro que, na sala de aula, o professor não dispõe de um dispositivo terapêutico, que ele próprio não é terapeuta, e eu chegaria a dizer que não tem de conhecer as soluções psíquicas de seus alunos.

Em contrapartida — e aí se acha minha aposta, a deste livro —, se o professor adquire um conhecimento empático desse modo de compreensão das coisas, sua maneira de vincular-se com os alunos tem chances de modificar-se imperceptivelmente. Essa imperceptível diferença nas modalidades da postura do professor no cerne do vínculo didático é que me interessa — eis o que levará o aluno a ser tratado antes como sujeito do que reduzido ao nível de objeto. Voltaremos a isso. Quando se ensina, creio que basta saber que os alunos têm "suas razões", e que é possível aceitar essa parte desconhecida do outro mediante a instauração de um vínculo com ele/ela no quadro desse encontro profissional.

Talvez possamos lembrar-nos também de deixar viver um pouco em nós nosso antigo eu de aluno, saber ainda que o *playing* pode conduzir ao *game* num espaço intermediário flexível; desse modo, nossa posição psíquica de professores se modificará profundamente. Toda a minha experiência me indica que a aceitação da alteridade do outro e a aceitação do outro em si levam o vínculo didático a desenvolver-se de maneira adequadamente ponderada.

Capítulo 4

Do eu-aluno ao eu-professor

> O eu é o resultado, a cada vez diferente, da junção entre um elemento estável, constituído pelo trabalho de identificação que realizou numa fase precedente, e um elemento imprevisível, visto ser junção do encontro desse eu com o mundo, experiências de lutos, de ganhos e de perdas, e, de modo mais geral, encontro com o olhar dos outros, com o próprio "olhar das coisas" que o identificam.
>
> Piera Aulagnier, *Le potentiel, le possible, l'impossible*

Vimos que, para Hélène, a matemática representava uma espécie de lugar interdito, e talvez para Jocelyne também o fosse de certa maneira, ou, em todo caso, a matemática representara para ela, num sentido, o lugar do "fazer como se".

No meu caso, mesmo que a matemática tenha sido o lugar de uma espécie de interdito maternal, em virtude de minha posição sexuada, essa disciplina representou também o lugar do desafio e, por conseqüência, o lugar de certa forma de realização profissional, embora uma outra forma de futuro — ser matemática — não tenha se realizado.

Vejamos o que ocorre com essa passagem do aluno ao professor com a história de Myriam, que também "escolheu" tornar-se professora de matemática, depois de ter sido uma "boa aluna" em todas as matérias, mas sobretudo em matemática. Vejamos como, a partir de um lugar protetor, espécie de refúgio contra a movimentada história do mundo e de sua família, ela pôde fazer da matemática um lugar de construção de seu eu (BLANCHARD-LAVILLE e SCHEIER, 1996).

O tempo da tagarelice

Quando se pediu a Myriam, no começo da primeira entrevista[1], para "relatar sua história ligada à matemática, indicando-lhe que ela poderia começar pela época em que era aluna e dizer como os fatos se deram", ela respondeu com grande firmeza: "Sempre fui uma ótima aluna [...] na escola maternal, no curso primário, boa aluna em cálculo, boa aluna em tudo".

Quando repensa o tempo em que entrou na escola, diz: "Eu era boa em ortografia, boa em gramática, boa em história, boa em recitação... era a primeira em tudo, nas composições... mas tagarelava muito". E depois de algumas frases: "Cheguei mesmo a ganhar, na escola maternal, o prêmio de linguagem; eu me exprimia muito, adorava falar, gostava extremamente das recitações".

O tempo da escola maternal é com freqüência o tempo da fala constante da criança. Myriam não foi exceção a essa regra.

Em contrapartida, "quando entrei no liceu, [...] então já não tagarelava tanto, continuei a ser uma ótima aluna".

A entrada no liceu coincide para Myriam com o início de um longo período em que o silêncio começou a ser a tônica: "Não tagarelei mais", diz ela. Dá-nos um indício do peso desse silêncio no momento em que, evocando os estudos secundários, afirma: "Fiz latim, da sexta à última série, duas línguas...". A formulação da expressão "duas línguas" provoca um longo silêncio, do qual Myriam só sairá diante da solicitação de uma nova pergunta que a reconduzirá à sua relação com a matemática.

1. Myriam deu testemunho dessa história no decorrer de três entrevistas muito espaçadas no tempo. De maneira concomitante, ela dava prosseguimento a um trabalho que lhe permitiu encontrar seu caminho e poder evocar em cada entrevista como esse novo caminho estava vinculado com a matemática.

Lembranças de professores

Questionada mais precisamente sobre seu "sucesso" em matemática, Myriam acrescenta "em matemática, eu era boa...". O silêncio que deixa o fim da frase em suspenso e a dificuldade para Myriam de desenvolver essa questão de sua relação com a matemática remetem sem dúvida ao fato de que esta última talvez não fosse utilizada apenas por si mesma, mas evocasse, embora mascarando-o, um universo pessoal do qual Myriam teria apreciado afastar-se — soubemos disso mais tarde —, universo bruscamente remetido à superfície quando ela pronuncia essas poucas palavras. E justamente quando inquirida acerca de suas lembranças de aulas de matemática Myriam começa um longo discurso a propósito dos diferentes professores dos quais diz lembrar-se de maneira bastante precisa, como se esses professores constituíssem os personagens do universo que ela, sem sabê-lo, pusera no lugar do universo de seu mundo interno, do qual ainda não tinha condições de falar: "Meu professor de matemática da sexta série, o da quinta, da quarta... Era um homem na sexta série, na quinta tive uma mulher bastante idosa — que reencontrei na segunda, mais tarde. Na quarta, era uma jovem... Eu deveria tê-la na quarta e na terceira. Na segunda, reencontrei então a mulher que fora minha professora na quinta. E, na primeira e na última, tive uma jovem, também, que foi um pouco o... detonador definitivo para que eu fizesse matemática depois. Porque ela era..."

Podemos observar nessa passagem o surpreendente emprego do termo "detonador"; esse significante particular, para designar o que não teria passado de um elemento importante de sua escolha de cursar matemática, evoca ao mesmo tempo a explosão e o desabamento que sucede à explosão e vem recobrir tudo. A matemática poderia ter ajudado Myriam em sua organização, oferecendo-lhe um refúgio em que reinam a ordem e a coerência, com relação a um universo familiar muito movimentado e vítima de graves sobressaltos[2].

Engajamento

Observemos que a escolha da matemática feita por Myriam passa pelo viés da identificação com uma pessoa bastante precisa: uma mulher, professora catedrática, a professora da primeira e da última séries. Notemos que essa professora representa aos olhos de Myriam uma mulher bem-sucedida em sua vida profissional e que, ao mesmo tempo, mostra um grande engajamento político. Myriam diz: "Foi por relação com seu engajamento político que isso me... Era alguém que militava sindicalmente, politicamente no liceu... Talvez tenha sido um pouco isso que me decidiu, independentemente de um conjunto de outras coisas das quais talvez se pudesse voltar a falar". O engajamento político dessa professora de matemática permite a Myriam imaginar que poderá ela própria, ao ensinar matemática, encontrar uma forma de engajamento.

Além disso, a esse respeito, uma cena bastante visual volta à memória de Myriam: "Havia um aluno que estava no quadro-negro e que fazia um raciocínio completamente falso; um menino, um repetente, vindo de um meio muito burguês. Portanto, havia uma fortíssima oposição ideológica entre a professora e ele; o aluno, representante de uma certa burguesia, e ela, militante de esquerda; a professora dissera a ele: 'É com raciocínios como esse que se chega a governos como o nosso'. Como você vê, eu me lembro muito bem dessa... e creio que houve um 'tilt' em minha cabeça, que me dizia que, ensinando ma-

2. Sem penetrar mais na história pessoal de Myriam, basta-nos compreender que sua família foi vítima dos grandes movimentos da história da Segunda Guerra Mundial, tendo sido particularmente afetada pelos graves eventos da época.

temática, chegaria a fazer que as coisas se alterassem, ou levaria as pessoas a pensar coisas mais justas, ou a fazê-las ver..."

O relato dessa cena é tão surpreendente quanto a lembrança da representação de uma cena de teatro. Quisemos evocar a esse respeito a idéia de lembrança encobridora, dada a sobrevivência particularmente clara desse episódio curioso, assim como porque Myriam a faz prevalecer em sua reconstrução para justificar *a posteriori*, quando da primeira entrevista, o lugar que a matemática e seu ensino assumirão em sua história. Outro elemento significativo emerge no fim dessa passagem: tratar-se-á para Myriam, por meio do ensino da matemática, de "levar as pessoas a pensar coisas mais justas, ou fazê-las ver..." Do que fala ela ao dizer isso? Uma primeira resposta é dada quando Myriam diz um pouco adiante: "Ensinando-as a raciocinar com adequação, a ver as coisas com clareza e a fazer uma boa análise da situação, espero que elas cheguem a trilhar o bom caminho".

O bom caminho

No fim dessa primeira sessão, ao retomar esse tema, Myriam acrescenta a propósito de seu prazer em resolver um problema de matemática: "Parte-se de hipóteses, faz-se a demonstração, chega-se à conclusão; adoro esse aspecto de busca, ver apropriadamente as boas hipóteses, o bom encaminhamento". Por detrás dessa aparente racionalização, começamos a perceber contudo que, para Myriam, se formula o problema de encontrar "o bom caminho" e de que a matemática participa para ela dessa busca, por ser uma passagem obrigatória em seu próprio encaminhamento.

O que se perdeu para Myriam no decorrer desse percurso em que ela "escolheu" o caminho da matemática? Ou: que vestígios mais obscuros esse caminho inteiramente traçado de antemão que a matemática pôde representar para Myriam tem a seu cargo encobrir? Ou ainda: em que o caminho inteiramente traçado da matemática permitiu a Myriam evitar a questão da existência possível de um caminho não traçado mas que seria o seu próprio?

O peso da história

Desde o princípio da segunda sessão — transcorreram três anos desde a anterior —, Myriam deixa claro: "Creio desejar sobretudo explicar-lhe como cheguei a escolher cursar matemática, mais talvez do que lecionar matemática. Creio que o ensino é algo que desejei fazer desde sempre". Myriam começa a falar evocando o que denomina uma descoberta recente para si: "A escolha da matemática surgiu diante de mim como uma espécie de fuga com relação à minha história". Ela chega mesmo a afirmar nesse momento: "Meus interesses pessoais teriam me levado principalmente a cursar história"; e ainda: "Eu também era boa aluna em línguas, gostava muito de línguas [...] eu poderia ter também estudado línguas de modo relativamente brilhante, talvez até mais brilhante que os estudos de matemática, mas era preciso rejeitar em absoluto tudo o que se ligasse à história, porque eu vivia dolorosamente tudo o que aprendera da história de minha família".

Ela está pronta para dizer: "A matemática era um domínio perfeitamente abstrato em que não havia para mim nenhum risco de tocar nessa história que, tenho agora plena consciência disso, era muito incômoda".

Temos assim um princípio de compreensão do peso que o sucesso escolar representa para Myriam.

Esse peso é o de sua história familiar. Ela diz: "A primeira sessão não passava do reflexo, da expressão verbal desse nó [...] era esse peso da história que era muito intenso". E ainda: "Trata-se hoje de uma tomada de consciência da estreita forma pela qual meus problemas estão ligados a todas as dificuldades de uma época, quero dizer, de uma certa perseguição. O fato de eu ter conseguido falar um pouco disso aliviou um pouco minha vida; pensei que, ao fazer matemática, me afastaria de tudo isso, já que a única proteção que tinha era afastar-me daquilo".

Myriam pode exprimir-se agora sobre sua relação com as línguas e a história: "A história foi algo que me interessou muito. Eu também era boa em línguas; esse gosto pela história e por línguas não é fortuito. Aprendi a história de 1870 a 1950 com a história de minha família".

"Os guardiães do silêncio"

Desse modo, pode-se compreender como a matemática ajudou a afastar questões demasiadamente candentes. Também compreendemos melhor neste ponto como, em vista disso, a matemática pôde desempenhar um papel de "guardião do silêncio", no sentido em que Claudie Cachard utiliza essa expressão: "Os 'guardiães do silêncio' evocam forças obscuramente ameaçadoras, prestes a insurgir-se contra todo projeto de incursão expressiva em seus domínios particulares. Carcereiro ou sentinela, protetor ou fiador, a palavra 'guardião' convém, neste contexto, a quem detém os poderes que contribuem para impedir os obscuros acessos que conduzem aos longínquos territórios que estão encarregados de vigiar".

Nesse relato, trata-se para mim de compreender os mecanismos empregados na instauração de um equilíbrio psíquico e a utilidade da matemática nessa economia, e não de acusar a matemática de ter impedido um certo desabrochar de Myriam.

"Preciso no fundo me re-situar no espaço e no tempo", e eis que a matemática não é mais suficiente; ela se volta então para a história da matemática: "Algo me impeliu a estudar a história da matemática". É assim que, passando pela história da matemática, Myriam começa o trajeto que a levará à reconquista de uma identidade mais integrada.

A herança

Essa reconquista se acha intimamente ligada ao processo analítico no qual Myriam se engajou. Esse procedimento permitiu-lhe um início de tomada de consciência da função que a matemática desempenhou para ela. Mas esse trabalho psíquico permitiu-lhe sobretudo substituir males por palavras, isto é, retomar contato com o uso da fala para exprimir o sofrimento oculto. Diz Myriam: "Todas essas descobertas, isso foi difícil de realizar, de expressar; agora, falo disso de maneira relativamente mais fácil". Dessa forma, ela vai ao encontro da menininha cuja fala não fora ainda sufocada e que, por sua vez, sabia já: "Desde muito pequena, eu soube de muitas coisas sobre a história de minha família, inclusive coisas muito duras". Myriam redescobre essas coisas que o saber acadêmico da matemática encobrira, e de que ela sempre soubera, sem conhecê-las verdadeiramente. Todas essas lembranças, essa herança: "Tenho em minha casa montes de lembranças em livros, fotos, documentos... essas lembranças que 'herdei' quando da morte de minha mãe". Ela pode voltar a olhá-las de frente, reapropriar-se delas com o tempo e ao longo das sessões: "Consegui exprimir tudo isso... isso levou sessões e sessões de explicação". Para ilustrar essas descobertas, Myriam narra este episódio simbólico: "No ano passado, quando abri a maleta em que encontrei uma enorme diversidade de coisas dolorosas, quando olhei de perto todos aqueles livros que eu tinha em minha biblioteca, todos eles com uma história — é a História com H maiúsculo, é também a história de minha família —, percebi até que ponto a História e a história de minha família estavam ligadas".

Genealogia

De modo concomitante, Myriam sente-se arrebatada numa evolução de seu modo de funcionamento. Em particular, em lugar de utilizar a matemática para encobrir os elementos ainda impensáveis de sua história, ela emprega agora a matemática por meio do estudo de sua história. Esse procedimento a conduz à busca de vestígios; num primeiro momento, os vestígios deixados por matemáticos; depois, a partir daí, a busca dos vestígios da história de sua família: "Há alguns anos, paralelamente a meu trabalho de professora de matemática, estudo a história da matemática". Em seu ensino, Myriam defende com uma convicção bastante íntima a necessidade de fazer a história da matemática: "Acho que é muito importante para um professor de matemática estudar a história da matemática; defendo a necessidade do ensino da história da matemática, ou, ao menos, de uma abordagem histórica da matemática para os professores, uma abordagem que leve a trabalhar sobre o texto, uma abordagem científica, ou seja, em que se trabalha a partir de textos e se vê como a matemática foi construída, como, ao longo do tempo, certo número de conceitos teve condições de emergir". Notemos a insistência de Myriam em trabalhar sobre o(s) texto(s). Trata-se aqui dos textos antigos de matemática. Não podemos deixar de comparar essa insistência no deciframento dos textos com sua observação, no decorrer da primeira entrevista, em que ela afirmava que, durante seus estudos de matemática, passava muito tempo "decifrando" seus cursos. Que texto deve ser decifrado além do texto presente? Observemos que Myriam diz simultaneamente: "O interessante seria fazer uma história das teorias matemáticas que fracassaram; não se faz isso porque nada nos resta delas. Não se faz porque só se dispõe do trabalho encerrado, acabado, e não dos esboços, dos rascunhos". E ainda: "Não se vê que uma obra que nos é mostrada perfeitamente elaborada com certeza custou muito suor, muitos erros, muitos rascunhos". Sentimos Myriam em busca dos vestígios apagados, dos traços que não deixaram marcas. Ela evoca a história da matemática, mas, na verdade, é de sua própria genealogia que fala. Myriam testemunha isso, ademais, um pouco adiante na sessão: "Preciso me re-situar na história, na genealogia".

Tradução

Constatamos também que, paralelamente, Myriam forja outra imagem da matemática, da matemática que se constrói através do tempo, graças à cadeia de todos os matemáticos que se sucederam; matemáticos ligados à história das civilizações, à vida dos homens, matemáticos influenciados pelas querelas ideológicas das diferentes épocas ou pela filosofia vigente num momento dado.

Esse trabalho sobre os textos históricos é, para Myriam, praticamente já a aprendizagem de uma nova língua: "O que me agradou muito no trabalho que fiz este ano com alguns textos traduzidos para o francês é que, apesar da tradução, há todo um vocabulário, toda uma língua na qual é preciso entrar; faz-se quase um trabalho de tradução, pois, quando se traduz para a linguagem matemática moderna, é enfim muito simples, mas é um trabalho de decifração, de passagem à linguagem moderna. Creio que é esse trabalho de tradução que mais me interessa".

Relação com o saber

No que diz respeito à evolução de sua relação com a matemática e com seu ensino, Myriam nos dá vários elementos em sua última sessão. Ela fala de sua relação com alguns de seus alunos, que lhe fizeram esta observação: "Você é uma professora de matemática com quem se pode falar". E enfatiza bastante que essa relação com os alunos está ligada à evolução de sua relação com a matéria: "Acho que isso se deveu à minha trajetória pessoal, à minha tomada de consciência ao longo dos anos". E também que "O mais importante é a relação que cada um mantém com a matéria lecionada, porque isto tem repercussões sobre as relações que temos com os alunos. Penso que se temos uma relação demasiadamente rígida com a matéria, uma idéia demasiadamente rígida da matéria, somos nós mesmos rígidos; uma imagem mais flexível, mais situada no tempo, menos formal da matemática suscita outra atitude em nossa relação com os alunos". Por fim, ela atesta que a matemática mudou de função para ela: "Procuro sobretudo acalmar os alunos com referência à matéria, pois a matemática é uma disciplina que os angustia muito. Mas, para fazer isso, precisamos não nos proteger a nós mesmos por trás dessa barreira de matemática rígida e não ter necessidade disso como proteção".

Equilíbrios

Com Myriam, voltamos a ver que a disciplina escolar matemática desempenha uma função no equilíbrio psíquico do sujeito (Nimier, 1996), função que, além disso, evolui no tempo. O que me interessa não é descrever todas as configurações possíveis nas quais a matemática pode desempenhar este ou aquele papel, mas sobretudo, sabendo que isso é inevitável, compreender que o sujeito depara com compromissos em todo o decorrer do processo de construção de seu "eu", seja ele aluno ou professor.

Quando somos professores, insisto, não se mostra de resto útil conhecer essas disposições de nossos alunos; em contrapartida, saber que elas exigem do sujeito muita energia para ser mantidas e que não é fácil fazer evoluir esses equilíbrios pode ajudar-nos em nossa posição interior de professor, que é a que dita, em última análise, o tipo de vínculos que instauramos nos espaços de ensino. Isso pode permitir-nos considerar o trabalho psíquico que o sujeito deve fazer quando tentamos acompanhá-lo e talvez nos manter a uma "boa distância", nem demasiado próximos, nem demasiado afastados. É possível que o conhecimento da complexidade dos processos psíquicos em jogo para os alunos ou para os professores que formamos, cujas configurações singulares não temos de conhecer, nos protege um pouco, a nós, professores e formadores, de nossa vontade de dominar e de nossos fantasmas de formação–conformação.

Reencontramos também com Myriam a dialética de saber/não querer saber já evocada por nós, mas, de forma precisa, saber o quê? Ou que saber é encarregado por cada um de nós de encobrir qual outro saber?

Saber das origens, sempre, sem dúvida, e assim origem do saber a buscar. Muitos historiadores da matemática farão um útil trabalho guiados por essa preocupação totalmente pessoal.

A história de Myriam permite-nos também compreender que a relação com a matemática é tecida em todo o decorrer da história psíquica do sujeito. O mesmo acontece com todo saber, e admitiremos desse modo que a questão da construção da relação com o saber de um sujeito não pode negligenciar toda a sua construção psíquica. Voltaremos a isto.

Hélène, Jocelyne, Myriam e as outras

Tendo chegado a este estágio, desejo abrir parênteses para dizer ao leitor —que talvez tenha começado a perguntar-se sobre isso — que todas as pessoas de que falo neste livro têm existência real. Só os nomes e algumas circunstâncias das situações evocadas foram modificados para preservar seu anonimato. As palavras que relato, as seqüências gravadas ou filmadas de que falarei mais tarde lhes pertencem. Eles (ou elas) me autorizaram, ou autorizaram em determinado momento alguns pesquisadores, a coletar esses discursos e essas imagens para trabalhar com eles. Em contrapartida, gostaria de enfatizar que os relatos resultantes desse trabalho são meus, aparecendo neste contexto sob minha exclusiva responsabilidade, e seria inútil buscar uma verdade histórica, qualquer que fosse. Qual é então o poder da verdade? Como acentua André Green, "a pergunta sobre o que se poderia opor ao verdadeiro sofreu o choque da descoberta do inconsciente", e segundo a fórmula de

René Thom por ele relatada: "O que limita o verdadeiro não é o falso, é o insignificante". É do lado de certa realidade psíquica que tento me situar e levar o leitor a descobrir aquilo que todos estes anos me proporcionaram de descobertas.

Eu poderia, imitando um célebre escritor ao enunciar que o personagem feminino central de seu romance é também ele, dizer aqui: Hélène, Jocelyne, Myriam, Jean, Martine, Franck e os outros de que falarei, todas essas pessoas são um pouco eu mesma, são partes de mim, tal como igualmente se tornaram a Srta. M... e o Sr. K... No entanto, não se deveria ver aí nenhuma espécie de reivindicação narcísica; este trabalho resulta de um longo caminho pessoal que construí com esforço contra a opressão e a resistência. Mais do que ser a analista dos outros, neste contexto, sou "a paciente", e é como paciente que tentei modestamente trabalhar para construir a forma de mensagem aos professores que me ditou minha experiência.

A violência está em todo lugar, na antecipação parental sobre os filhos, na interpretação do analista, nas armadilhas trânsfero-contratransferenciais. Ela é inevitável. Não obstante, sabemos que se os pais não antecipam nenhum projeto para os filhos há o risco de uma horrível travessia do deserto; se o analista não assume o desafio de interpretar, disso pode resultar uma igualmente horrível forma de abandono para o paciente. Desse modo, tentei situar-me entre a Caribde da violência e a Cila do silêncio, esperando que as mensagens que desejo transmitir por meio deste texto constituam um invólucro suficientemente amplo para todas essas personagens. Assim, espero que cada um, ao ler, possa também dizer-se de passagem "se poderia dizer que sou um pouco eu" ou então que siga seu caminho.

Pode-se — e não deixarei de fazê-lo —, em outro momento e em outro lugar, tentar assumir o papel dos eruditos(as) acerca dessa questão e falar dos dilemas éticos da pesquisa e da intervenção nas ciências da educação, desde que se aborde a questão da observação dos professores. É possível, é preciso e será preciso examinar as necessidades, as contradições e os limites das práticas nesse domínio; neste livro, não me justificarei mais; direi apenas que as idéias contidas nestas páginas não puderam emergir sem ser o resultado de minha própria provação psíquica. Minha posição, antes de ser individual, é aqui psíquica.

Relação com o saber e injunções parentais

Vimos que a relação com o saber matemático é tecida em todo o decorrer da história psíquica do sujeito, a tal ponto que Jacky Beillerot teve condições de dizer acerca da relação com o saber que se tratava de um resumo de toda a história psíquica do sujeito. No que se refere a um professor, recordemos que sua relação com o saber se sedimenta em todo o transcurso identificatório que faz passar do eu-aluno ao eu-professor, desde os primeiros enunciados identificadores parentais, os primeiros compromissos identificatórios e a sucessão das reescrituras desses primeiros compromissos.

Com Hélène, ouvimos: "Você vai fazer matemática, minha filha, como seu pai"; quanto a mim, ouvi: "Você não poderá fazer matemática como um menino, minha filha, porque você é uma menina". Com Jocelyne, foi algo parecido com: "Ou você será boa aluna na escola" ou não será [existirá].

No meu caso, foi possível ver como a busca de uma identidade subjetiva sexuada foi capaz de me levar, através da sucessão de meus modelos identificatórios, da escola maternal, em que minha mãe era a professora da classe das crianças menores, a meus cursos seguintes: o curso das meninas pequenas, que tive de abandonar para poder fazer matemática, e os dois cursos sucessivos de meninos aos quais, peça feminina anexada, eu chegara para fazer matemática superior, em primeiro lugar, matemática especial, em seguida — contexto em que justamente deixei de compreender a matemática, ou, melhor dizendo, utilizei a matemática de um modo determinado, permitindo que se desenvolvesse em mim uma profunda clivagem que só deixava visível um falso eu de aluno que arremedava um paradoxal sucesso em matemática.

Essa disciplina em que o cenário didático se assemelhava sobretudo a um picadeiro de circo e na qual o Sr. K..., de fato professor de didática da matemática, utilizava sobretudo procedimentos de ilusionista para domar os animais eruditos que nos tínhamos tornado para a ocasião.

Até o cargo de *professor-pesquisador* na Universidade, é possível que o desconforto que por longo tempo eu sentira sob esse rótulo não adviesse somente da dificuldade de ocupar alternadamente os dois papéis em questão, mas, *a contrario*, do fato de que esse cargo não fosse definido para uma mulher de modo preciso. Pode-se observar que os dois substantivos unidos na palavra mencionada estão, ambos, no masculino e, se eu escrevia a expressão "professora-pesquisadora", não deixava de ver emergir sorrisos divertidos, se não indulgentes. Entretanto, se acredito nas hipóteses formuladas em todas as obras de Luce Irigaray, enquanto não tivermos sucesso na mudança das estruturas da língua permaneceremos prisioneiros dessas armadilhas; visto que não temos nenhuma consciência clara disso, a língua que falamos não pode senão ser natural e inocente. Essa libertação subjetiva dos dois sexos na diferença, embora afastada do igualitarismo enaltecido pelo feminismo dos anos 1960, necessita, segundo ela, de um emprego da língua não submetido a regras que subjugam ou anulam a diferença sexual. Haverá na Universidade um lugar para uma mulher exceto nos jogos de esmagamento dos colegas, melhor dizendo, na concorrência fálica?

De todo modo, para mim, houve um lugar, mas não um lugar de matemática. Um lugar de professora de matemática e, mais tarde, um lugar de pesquisadora no âmbito das ciências da educação.

Parafraseando Didier Anzieu, que não hesita em dizer para evocar sua "escolha" de ter-se tornado "analista": "Tornei-me psicanalista para cuidar de minha mãe... Quero dizer, cuidar de minha mãe em mim e nos outros, cuidar neles da mãe ameaçadora e ameaçada", eu poderia dizer: "Tornei-me pesquisadora em ciências da educação para cuidar do professor de matemática, do professor de matemática em mim e nos outros, cuidar neles desse professor de matemática ameaçador e ameaçado". A analogia indica com clareza que, se os professores de matemática devem ser objeto de cuidados, isso se dá nem mais nem menos como no caso das mães, que devem todas elas ser objeto de cuidados — ou nenhuma delas —, visto que é de fato na função que se deve buscar a ameaça para elas mesmas e para os outros.

Identificações

Com efeito, não me tornei matemática. Para compreender essa nova forma de interdito, é preciso entrar um pouco mais na compreensão do processo das identificações.

Insistamos um pouco mais sobre essa noção de identificação.

A identificação não é uma simples imitação, ela realiza um movimento de apropriação, ela obedece a um fim inconsciente, ela constitui um modo de expressão do fantasma inconsciente. "É um processo psicológico pelo qual o sujeito assimila um aspecto, uma propriedade, um atributo do outro e se transforma, total ou parcialmente, a partir do modelo daquele. A personalidade se constitui e se diferencia por uma série de identificações", confirma Laplanche e Pontalis. O que é aqui posto às claras é o valor estruturante do processo. Freud descreve o eu como uma cebola composta de camadas de identificações sucessivas. Mas não percamos de vista que se trata de um processo inconsciente e que, portanto, só é observável de maneira indireta ou que só "se torna consciente", como sublinha Octave Mannoni, "num movimento de desidentificação,

[...] esse momento em que o sujeito fica marcado — por toda a vida — por certa qualidade de caráter".

Identificações projetivas

Se seguirmos Melanie Klein, introduziremos aqui uma distinção entre identificação introjetiva e identificação projetiva. Essa dicotomia, esse duplo movimento, são constitutivos do mundo interior do sujeito no paradigma kleiniano. Para Melanie Klein, o bebê passa primeiro pela posição que ela chama de esquizoparanóide, na qual o objeto — essencialmente nos quatro primeiros meses de vida —, o seio, é clivado em objeto "bom" e objeto "mau". Essas duas partes do objeto adquirem uma autonomia relativa uma em relação à outra, o que permite ao sujeito projetar seu amor e seu ódio; mais tarde, essa posição cede lugar à chamada posição depressiva, em que se atenua a clivagem do objeto e em que a introjeção de um objeto total, ao mesmo tempo bom e mau, vem a constituir o ego do sujeito; a ambivalência vai sendo tolerada cada vez menos, e o recurso aos processos de clivagem e de proteção vai se tornando menos rígido e menos freqüente. Mas essas duas posições nunca são abandonadas por inteiro pelo sujeito adulto, podendo ser reativadas de acordo com os períodos da vida e os elementos exteriores que vêm abalar os equilíbrios. Esse jogo entre introjeção e projeção constitui desde o nascimento do sujeito "a respiração da vida psíquica", segundo a expressão de Florence Bégoin-Guignard (1985). Também é possível localizar alguns momentos-chave na evolução do indivíduo. A adolescência, por exemplo, é um desses momentos, na medida em que as identificações sexuais, ainda oscilantes, vêm então a se consolidar. E toda etapa da vida que comporte uma virtualidade de mudanças catastróficas, toda etapa que constitua uma ocasião de crescimento ou de regressão do espaço psíquico. As etapas de formação, e de modo particular de formação profissional, são assim momentos decisivos nos quais problemas de identificação voltam a aflorar.

Essa progressiva integração do ego pode evidentemente ter malogrado, o que leva ao surgimento de certas estruturas psíquicas; pode-se ter, por exemplo, uma estrutura em que as instâncias parentais introjetadas podem ser insuficientes e em que inúmeros pais exteriores devem vir completar e garantir o narcisismo; em que a precária unidade do ego é mantida graças ao recurso ao mecanismo de dissociação e de projeção de objetos persecutórios no exterior de si. Em outros casos, a coesão do ego pode ser garantida pela constituição de um ideal do ego estável que é no entanto acompanhado de um superego rígido e cruel, produto de identificações narcísicas consolidadas mas infiltradas de sadismo, para ficar em apenas alguns exemplos, e sabendo que em toda estrutura psíquica é possível desvelar elementos que trazem essa tonalidade.

São as identificações introjetivas o material do crescimento psíquico. É preciso porém não esquecer que a identificação pode dar-se com o objeto que foi o inimigo do desenvolvimento. De acordo com Jean Bégoin, "essa situação catastrófica se produz quando a criança foi objeto de um déficit de investimento objetal ou de um excesso de investimento narcísico da parte dos pais, podendo esses dois aspectos formar entre si inúmeras combinações".

Voltemos porém aos problemas específicos da adolescência, que, segundo Philippe Jeammet, "funciona como um interrogador e um revelador da qualidade de nossas identificações". De modo particular, trata-se do momento em que o sujeito tem forçosamente de assumir uma determinada identificação sexuada, bem como sua autonomia com relação aos pais.

Dessa maneira, quando se recupera o histórico de investimento de um sujeito num objeto do saber, como a matemática, é inevitável que se percorra toda a história de seus modelos identificatórios.

Interditos

É sobretudo possível descobrir na genealogia familiar os primeiros modelos identificatórios, em outras palavras, os homens e mulheres da família que puderam apropriar-se do saber matemático. Pode-se assim perceber de que forma, durante a adolescência, no momento de deixar a família, essas identificações podem reforçar-se ou, em vez disso, desaparecer em contato com certos encontros com os — ou transferências pedagógicas aos — professores. A questão crucial vem a ser: a escolha identificatória corre o risco de criar um conflito no nível das imagens feminina e masculina, ou seja, no nível das identificações sexuadas. Minha hipótese é que para nós, as mulheres de minha geração, na maioria das vezes, só é possível encontrar-nos numa situação de conflito, dada a falta de modelos femininos de pesquisadores em matemática. Sendo os portadores do saber matemático homens, ocupam-nos três questões: manter nosso investimento na matemática, e nesse caso correr o risco de ter alguns problemas no tocante à nossa identidade feminina, ou então desistir da matemática como preço a pagar para salvaguardar nossa identidade feminina, ou, com muita sorte, em alguns poucos casos, descobrir uma solução conciliatória quase aceitável. No que se refere ao ensino da matemática, e considerando-se sua feminização, isso é hoje um pouco menos problemático. Mas a conjuntura universitária, pesquisador em matemática e mulher, só pode, a meu ver, permanecer excepcional. Nos poucos exemplos de que tenho conhecimento, o caminho já tinha sido aberto pelas mulheres da família, pela mãe ou pela avó, e, assim, a escolha identificatória era menos comprometedora.

Se rememoro meu caso pessoal, no tocante a meus pais professores e a meus avós pertencentes a níveis sociais menos favorecidos, a profissão de pesquisadora não tinha nenhuma existência possível. Nem, por outro lado, a de professora universitária — mas, por extensão, esta era um pouco mais representável do que a de pesquisadora. Sendo a matemática considerada um atributo do masculino, pode-se compreender que eu não tenha podido me desatar desse conflito identificatório. Pude alcançar a condição de professora universitária de matemática, mas não a de matemática[3].

Coabitação entre o eu-aluno e o eu-professor

Todos esses elementos teóricos nos permitem fazer vários esclarecimentos. Já afirmei que não creio na possibilidade de articulá-los entre si. Destaquemos porém que a incompatibilidade entre teorias não as impede de ser igualmente pertinentes.

Para resumir, consideramos o eu uma instância global que traz em si partes mais ou menos ligadas entre si, mais ou menos presentes no interior desse invólucro, ou dispostas no exterior dele, seja depositadas no outro ou ao abrigo dele. Logo, quando nos tornamos professores, pode-se pensar que nos apressamos a nos "desembaraçar" de nosso eu de alunos. Ei-lo agora no outro, em todos os outros que se tornaram nossos alunos. Aí está, a meu ver, a questão essencial, especialmente quando passamos de professores a formadores de professores. Creio ser de nosso interesse reintegrar em nós mesmos essas partes, garantindo certa fluidez do jogo entre elas.

Relação com o saber matemático de futuros professores dos níveis elementar e médio

Essa maneira de pensar sobre isso adveio de uma experiência que tive ocasião de levar a efeito durante alguns anos (Blanchard-Laville, 1993). Tratava-se de participar daquilo que se chama de formação de "pré-profissionalização" de futuros professores de matemática dos níveis elementar e médio por

3. Sobre essas questões, ver Mosconi (1994).

meio de módulos de atividades matemáticas. Esses módulos ofereciam aos alunos uma dezena de sessões de três horas distribuídas por um semestre, no primeiro e no segundo ano do DEUG (Diplôme d'Études Universitaires Générales — Diploma de Estudos Universitários Gerais, não profissionalizante), ou seja, um total de trinta horas por ano para cada grupo de vinte alunos. Deve-se observar que esses módulos *centrados em atividades matemáticas* foram reformulados em função da instauração dos novos Instituts Universitaires de Formation des Maîtres (IUFM — Institutos Universitários de Formação de Professores).

Cada sessão oferecia, de um lado, uma seqüência de duas horas e quinze minutos em que eram propostas lições cujo conteúdo se referia a conhecimentos matemáticos ensinados na escola elementar e, do outro, ao final da sessão, uma seqüência de trinta minutos dedicada ao intercâmbio verbal acerca da seqüência didática que se acabara de percorrer.

O objetivo era sensibilizar os alunos para problemas relacionais inerentes a toda situação didática a partir de uma situação real de ensino em que eles mesmos eram os protagonistas. O objetivo prioritariamente visado nesse contexto era levar a um relativo descentramento do aluno com respeito ao seu lugar estrito de aluno.

Os intercâmbios verbais que tínhamos instituído no interior das próprias sessões instauravam para os alunos/as *um trabalho sobre sua relação com o saber matemático* e sua evolução no curso do tempo. Pensamos de fato que esses alunos/as, grande parte dos quais tinha tido "contas a ajustar" com a disciplina matemática quando freqüentaram os cursos elementar e médio, corriam o risco, ao se deparar com a responsabilidade, relativa a conteúdos matemáticos da escola elementar, de transmitir tanto seu conhecimento matemático como algo de seu profundo compromisso pessoal com esse tipo de saber e daquilo que esse saber tinha representado para eles. Apostávamos que, se lhes proporcionássemos o tempo e os recursos de distanciar-se desse seu percurso, eles poderiam elaborar uma relação com a disciplina menos contaminada por seus próprios fracassos e bloqueios, e teriam assim condições de acompanhar seus próprios alunos na instauração da relação destes com a disciplina com muito maior flexibilidade. Claro que nos situávamos num nível no qual a vontade pedagógica por si só, por mais bem-intencionada que fosse, não tinha muito efeito. Tratava-se de um trabalho psíquico no sentido de que a tomada de consciência sobre a relação desses alunos com uma atividade matemática podia ser um requisito necessário mas não suficiente no tocante aos nossos objetivos, e no qual devia ser executada uma reelaboração num intervalo de tempo bem adequado para que essa relação pudesse evoluir.

Julgávamos que esse trabalho se situava perfeitamente numa perspectiva de pré-profissionalização, no sentido de preparar o aluno para receber uma formação profissional no momento oportuno, quando isso o deixaria em condições favoráveis para criar expectativas razoáveis com respeito à formação. Para usar uma metáfora, tratava-se de derrubar a mata antes de nela construir estradas que a percorressem. Em outras palavras, tentávamos tornar mais plano o terreno para que nele se inscrevessem as questões propriamente didáticas e pedagógicas — a seu tempo.

No âmbito da pré-profissionalização, com o surgimento dos IUFM, dispúnhamos de uma ocasião única para que o aluno dedicasse um tempo não negligenciável a uma atividade matemática não sujeita ao fenômeno da pressão da seleção, tão pronunciado no curso médio, nem da pressão exercida pela necessidade de ter sucesso na promoção série a série voltada para a conclusão bem-sucedida do exame de conclusão do curso médio, evitando, dessa maneira, a possibilidade de ser "orientado". Com efeito, a relação com o tempo nas sessões se modificava por completo com relação à gestão do tempo a que antes o aluno se habituara. Sem renunciar à preocupação de levar o aluno à reconciliação com a disciplina, ao apresentar atividades diversas e variadas, oferecendo momentos de verdadeira pesquisa, tentando descontaminar sua atividade matemática do aspecto competitivo seletivo, bem como sem renunciar aos nossos objetivos de aquisição de conhecimentos, nossa meta primordial consistia em indicar ao aluno que sua relação com a atividade matemática se inscrevia no contexto específico do espaço didático em que, naquele momento, ele ainda dispunha de tempo disponível para tirar proveito de um lugar de aluno, ao passo que nós continuávamos a ocupar o lugar de professores. Mas pretendíamos indicar também que, com relação à sua "opção" de vir a ser instrutores do ensino elementar e médio, isto é, professores, a situação proposta lhes oferecia a oportunidade de entrar em contato direto com a maneira como esses dois lugares, o de professor e o de aluno, estruturam o espaço relacional, com todas as conseqüências disso decorrentes.

Diálogo intrapsíquico

A originalidade consistia essencialmente no fato de essa sensibilização ocorrer, *in vivo*, num contexto concreto de ensino, e a propósito de uma dada disciplina, a matemática, em que talvez menos se esperasse esse estilo de trabalho. No âmbito do dispositivo instaurado, ao mesmo tempo em que se beneficiava de um lugar efetivo de aluno, o/a estudante era levado/a a se descentrar desse lugar. Esse descentramento ocorria graças ao fato da troca de palavras instituída, o que permitia ao aluno lançar um olhar novo sobre seu lugar de professor/a, lugar que deveria ocupar ao final de sua formação, caso persistissem suas motivações de se tornar professor/a. Em outros termos, coabitavam tanto no/a professor/a como no/a estudante que pretendem vir a ser professores/as duas partes, o eu-aluno e o eu-professor. Dessa maneira, no espaço criado pelo referido dispositivo, havia algumas oportunidades para que o professor pudesse retomar o contato com seu eu-aluno. Por conseguinte, o aluno era incitado a deixar emergir em si o eu-professor, sem dúvida ainda balbuciante, mas que o aluno poderia permitir que vivesse em vez de continuar, como antes, a sempre projetá-lo no outro.

A instauração desse diálogo intrapsíquico para cada um dos parceiros se afigura a mim, portanto, uma das condições para que o diálogo efetivo entre o professor e os alunos não se reduza a uma partida de pingue-pongue em que cada um devolve a bola de sua responsabilidade num jogo de projeções que tanto satura como esteriliza o espaço didático.

Essa experiência que acabo de relatar tem uma ligação sobremodo estreita com o contexto da formação de professores. Mas pode não ser necessário esperar vir a ser formador de professores para reintegrar e deixar viver em si a parte aluno quando se vier a ser professor. Da perspectiva psíquica, esse sufocamento do eu-aluno não o impede de continuar a agir e, nesse caso, estritamente apesar de nós. Quantas situações em grupos de que fui animadora puderam ser assim esclarecidas fazendo-se reviver o eu-aluno do professor e trabalhando as projeções e os depósitos ou expulsões que ele ou ela tinha feito incidir sobre os alunos. Na formação inicial de professores, torna-se essencial a questão: como acompanhar de modo eficaz os futuros professores nessa passagem pela adolescência profissional se não nos permitirmos nos re-interrogar a nós mesmos sobre essa passagem cuja travessia nunca acaba?

Capítulo 5

Prazer e sofrimento na sala de aula

> A ação implica a atividade, e a redução da ação à atividade pode não resultar do excesso de trabalho, do embrutecimento ou do esgotamento, mas de uma estratégia defensiva contra o sofrimento na ação, estratégia defensiva que consiste em reduzir voluntariamente o campo da consciência à atividade [...] Não apenas ação e trabalho são indissociáveis como falta ainda um termo para chegar à tríade: o sofrimento; o sujeito, sem no entanto fugir à ação engajada, pode recorrer a estratégias defensivas. Estas passam com freqüência pelo truque de uma redução da ação à atividade. Agir é por conseguinte trabalhar, mas é igualmente sofrer.
>
> Christophe Dejours
> *Souffrance em France. La banalisation de l'injustice sociale*

Neste capítulo, começaremos a entrar, mesmo que ainda de maneira indireta, no espaço de ensino. Vamos pois entrar, sem no entanto permanecer nele, para entender os prazeres e os sofrimentos que esse teste da situação de ensino representa para um eu-professor, procedendo a uma espécie de arqueologia aérea, semelhante àquela feita pelos arqueólogos que usam a fotografia aérea para reconstituir de modo surpreendente vestígios antigos a partir das linhas que estes fazem aflorar nos campos e das mudanças de cores que provocam nas culturas, mas que só se pode distinguir observando-os do alto, do céu, alçando-se às alturas. Assim, por meio dos discursos dos professores acerca de sua prática de sala de aula, imediatamente depois do exercício dessa prática, pode-se demarcar os contornos e construções que não veríamos quando, munidos seja apenas de nossos olhos, seja mesmo de nossas gravações em vídeo, fôssemos ver e observar diretamente uma hora de aula.

O procedimento vai ser o seguinte: faremos a mesma espécie de parada sobre a imagem que fizemos nos capítulos anteriores, mas desta vez nos situaremos à altura dos olhos. A partir dessa posição, teremos condições de realizar nosso empreendimento arqueológico, e Jean vai nos ensinar que o eu-professor pode sempre evoluir um pouco mais e continuar a construir a si mesmo no teste da situação de ensino. Podemos ter construído um eu-profissional quase confortável, e mesmo assim não estar plenamente satisfeitos; podemos então despertar as partes de nós mesmos que "escolhemos" antes de adormecer, de congelar. Atenção: o despertar, o degelo, não acontece sem sofrimento, mas nem por isso acontece sem prazer.

Jean veio fazer parte de um grupo[1] no início de um ano escolar em que eu tivera algumas dificuldades para fazer o trabalho do luto da antiga composição do grupo. Em junho do ano precedente, seis das pessoas que eram membros do grupo tinham interrompido ao mesmo tempo sua participação, e só "uma antiga" servia de ligação às duas composições sucessivas desse grupo. Ora, eu sentira que a constituição do grupo no ano anterior tinha sido bem estimulante do ponto de vista do trabalho, dada a presença de certas personalidades que o compunham. Logo, eu passava por uma pequena dificuldade para investir com toda a serenidade no novo grupo. Devo dizer que Jean me ajudou nessa passagem: ele solicitou imediatamente

---

1. Foi na linha do método de formação inventado por Michaël Balint que animei meus primeiros grupos de análise da prática do ensino. Embora muito grata a esse autor pelos elementos decisivos que nos legou ao formalizar seu método de condução de grupos de médicos, eu gostaria de dizer que hoje, ainda que o dispositivo que utilizo continue a ser inspirado pelo método Balint, minha condução do grupo é fortemente influenciada pela formação clínica que segui a partir daí. Meu estilo de animação é notadamente alimentado pelo que aprendi e continuo a aprender no trabalho efetuado junto a Salomon Resnik, e pelo que sua clínica me permitiu apreender dos ensinamentos de W. R. Bion.

minha empatia e minha vontade de acompanhá-lo em seu trabalho. Na entrevista inicial, eu descobrira que Jean era uma pessoa muito tímida que não indicava nenhum grande problema com sua prática de ensino da matemática, mas que evocava uma primeira tentativa, que ocorrera havia um bom tempo e fora decepcionante para ele, de entrar num grupo de formação voltado para os aspectos psicológicos do ensino. Essa evocação indicava que Jean tinha uma demanda nesse aspecto, mas ele fornecia em seu discurso muito poucos elementos para me permitir analisar essa demanda. Havia de qualquer maneira uma pequena interrogação: "Por que ele tinha a sensação de não poder falar senão de matemática com seus alunos?" Falar com os alunos sobre matemática quando se é professor de matemática — haverá coisa mais natural? Mesmo assim, Jean sentia alguma espécie de insatisfação com respeito à sua fala.

Tomada da palavra

No decorrer do primeiro ano de participação no grupo, rara é a sessão em que Jean não é o primeiro a chegar. Bem no começo do ano, ele fala de uma aluna que escreveu um poema para ele a fim de dizer que não gostava de matemática. Esse episódio dá a Jean ocasião de exprimir perante o grupo suas inquietações com respeito ao falar. Não que haja um real problema na classe. Mas ele imagina que fora desse dispositivo da aula ele nada teria a dizer. Isso lhe dá a possibilidade de falar precisamente de sua dificuldade de tomar a palavra no grupo de trabalho. Com efeito, ele se mantém em silêncio durante momentos bem longos; quando Jean está nesses silêncios, percebo que ele parece estar emparedado, enrijecido pelo temor do momento em que terá de romper o silêncio. Identifico certos brilhos em seu olhar para convidá-lo a falar, o que ele faz imediatamente — demonstrando grande capacidade analítica, bem como senso de humor. Passados três anos de participação no grupo, ninguém reconhece Jean no tocante a isso. Salvo em raros momentos em que ressurge esse estado de inibição, sob a influência de uma perturbação passageira, no restante do tempo ocorre de ele passar grande parte da sessão falando de sua prática de professor com facilidade, bem como relatando com autenticidade "pequenas coisas" de que tomou consciência em suas aulas. Como essa autenticidade é comunicativa nesse tipo de trabalho, ele também facilita dessa maneira o trabalho dos outros membros. Ao final do primeiro ano, ele se dá conta, em voz alta, de que "é sem dúvida mais fácil falar de matemática do que explicar a si mesmo". Nos dois anos seguintes, Jean evoca sob vários pretextos suas dificuldades de falar nos conselhos de classe e, a partir da exploração de incidentes que nos relata, creio que o ajudamos a superar essa dificuldade, que ele considerava uma deficiência sua.

Despertar

A propósito de seu agir na sala de aula, Jean nos conta um dia o episódio de um aluno que o pega pela manga à sua passagem numa de suas freqüentes circulações entre as carteiras; esse aluno se queixa dele: "Professor, o senhor nunca me responde, nunca vem falar comigo". Jean evoca então o fato de que, desde criancinha, todos o censuram por não ouvir o que ele não quer ouvir. "Principalmente minha mulher me repreende por isso", diz ele. E, imediatamente, reconhece: "Deve de fato haver no fundo algo de verdadeiro nisso". Voltando a falar da situação de sala de aula, ele admite que com muita freqüência lhe acontece ter a impressão de despertar de súbito no meio de uma gritaria, como se saísse bruscamente de uma bolha. Creio que não se deve entender a chamada "gritaria" ao pé da letra. Nesse tipo de trabalho feito a partir do discurso sobre a prática, é impossível saber de modo objetivo o que significa essa "gritaria" identificada por Jean. Foi-me dado intuir muitas vezes que, entre os professores, as diferenças de avaliação do ruído em sala de aula são sem dúvida grandes, na medida do limiar de tolerância de cada um. O que importa aqui no relato de Jean é a sensação de despertar. No decorrer de sua participação no grupo, a consciência desse despertar vai sofrer constante evolução em Jean. O que não vai deixar de abalar seus hábitos de professor. Passar a ouvir aquilo que não se tinha o hábito de ouvir não é algo necessariamente agradável. Além disso, em diversas ocasiões Jean evoca com nostalgia seu antigo estado de torpor. Mas o percurso dificilmente permite que se volte atrás depois de se ter experimentado alguma coisa mais vívida, ao menos enquanto se der prosseguimento ao trabalho de exploração.

Medo de ser desmascarado

Dessa forma, o estado de torpor tem valor proporcional ao sofrimento que é evitado por seu intermédio. Traz consigo, porém, ao mesmo tempo, o prazer e a sensação de vida ligados às flutuações emocionais e psíquicas.

Ao longo do primeiro ano de trabalho, Jean nos comunica uma reflexão que fez e que qualifico nesse gênero de trabalho como um *insight*, uma intuição psíquica da pessoa acerca de si mesma. Ele diz: "Durante as primeiras sessões do grupo, uma coisa ficava martelando em minha cabeça, sobretudo quando eu entrava sozinho no carro. Descobri que não era tão liberal quanto queria crer. Caio demais em cima dos alunos". Podemos observar de passagem que essa verbalização testemunha o reconhecimento do trabalho executado no âmbito do grupo, que consiste justamente em desenvolver a capacidade de reconhecer certas características de nosso desempenho profissional concreto, distinto daquele que gostaríamos de ter ou que desejamos legitimamente ter por razões de convicção pedagógica ou didática, ou, mais do que isso, ideológica. Mas há uma notável diferença entre o que gostaríamos de fazer na sala de aula e o que nela fazemos de fato sob a pressão de determinantes íntimos que desconhecemos; o papel em termos de elaboração que cabe a um grupo de análise da prática com referencial clínico é tentar ter algumas intuições e revelações nesse nível.

No final do ano, Jean traz para o grupo o relato de um sonho. Um sonho clássico de "professor". Ele chega atrasado à aula, está sem saber o que fazer, não sabe mais coisa alguma. Perdeu as páginas do exercício. Em suas palavras, a aula vira uma "zona". Ele acentua imediatamente que esse tipo de coisa nunca acontece com ele na realidade. Isso lhe permite evocar um evento recente, este real: ele aceitara acompanhar uma classe de sétima série ao museu com a professora de física, que tivera a iniciativa de fazer a visita. Essa professora não julgara necessário marcar a visita. Ocorre que, na véspera do passeio, por volta das onze da noite, lendo a revista *Le Monde de L'éducation*, Jean "tropeça" num artigo que fala do museu em questão e se dá conta de que ele só abre às duas da tarde, ao passo que ele e a colega tinham combinado sair às nove da manhã. Ele nos diz: "Passei a noite em claro! Nem sonhava nem dormia, só imaginando o escândalo: o diretor, os pais dos alunos, todos vendo que não tínhamos preparado o passeio".

Não se tratava, dessa vez, de um sonho, mas, de todo modo, de uma espécie de sonho desperto que testemunhava o temor do desvelamento da incompetência fantasmática, suposta, o medo de ser desmascarado, desnudado. A profissão de professor é cheia de grandes pressões e expectativas da parte dos alunos, dos pais, da sociedade e, portanto, da instituição, e na qual, paradoxalmente, os recursos de avaliação da eficiência real do trabalho são insuficientes, por assim dizer nulos. Nessa clivagem se introduz facilmente o medo da incompetência, o temor de usurpar um lugar e de estar a todo momento sujeito a ver desmascarada essa usurpação.

No início do segundo ano, Jean ainda se refere à sua dificuldade de tomar a palavra, porém não mais para "explicar a si mesmo", mas para intervir quando alguma outra pessoa fala.

Ele diz que lhe custa muito se libertar dos "pequenos compartimentos mentais em que há juízos de valor" quando aqui, observa, "todo o trabalho é feito em termos de nuanças".

Visita do coordenador pedagógico

Outro dia, Jean chega ao grupo e nos diz: "Não sei como comunicar meu entusiasmo pelo grupo ao coordenador pedagógico!" Nesse tipo de trabalho, a evocação do coordenador pedagógico desencadeia de modo geral lembranças persecutórias, ou mesmo dramáticas, e são abundantes as associações individuais. Para Jean, naquele dia, a idéia era: "Ele vai cair em cima de mim, e eu não vou suportar". Observemos o emprego da expressão "cair em cima", vinculada à sua tomada de consciência de que caía em cima dos alunos bem mais do que acreditava. Ele traduz nestes termos seu problema com a visita do coordenador pedagógico: "Será que vou conseguir me manter ou ele me levará a fazer coisas que não costumo fazer?" Na sessão seguinte, tendo ocorrido a visita do coordenador pedagógico, ele nos diz: "Gostei e não gostei. O coordenador pedagógico não conseguiu responder às perguntas pedagógicas que lhe fiz". Na verdade, Jean está feliz da vida. Os participantes do grupo chamam sua atenção para esse fato: ele mal consegue ficar quieto na cadeira, tamanha é sua excitação.

Naquele momento me pareceu que uma imagem idealizada se desfazia, com tudo o que isso implica de decepção, decepção do "filho" que cresce ao preço da desilusão com respeito ao "saber dos pais'; mas é uma decepção que se combina com o júbilo de finalmente sentir que "cresceu". A destruição da idealização projetada no coordenador pedagógico foi forçosamente, de certo modo, um evento desinibidor, mas, ao mesmo tempo, é preciso fazer o trabalho do luto — a partir de agora, não há *ninguém* que saiba — e necessário aceitar a solidão dele decorrente.

"Estranheza inquietante"

Passamos por outro momento muito comovente em nosso trabalho com Jean. Isso ocorreu numa sessão a que ele chegou ansioso por nos contar alguma coisa e bastante emocionado. Antes das férias de Natal, ele participara de um estágio de formação que muito lhe despertara o interesse pela pedagogia diferenciada. Durante as férias, ele se dedicara a ler inúmeros textos a respeito, na esteira do estímulo trazido pelo estágio. Na volta às aulas, tem vontade de pôr isso em prática em suas classes. Ele ansiava muito, em termos específicos, por tentar instaurar principalmente o diálogo individualizado com os alunos acerca do funcionamento mental deles com respeito à matemática, diálogo que ele esperava que os ajudasse a descobrir esse funcionamento por si mesmos. Jean nos disse que, antes da sessão do grupo, fizera numa de suas aulas uma tentativa que, a seu ver, fora um fragoroso fracasso que o deixara arrasado. Isso ocorreu devido a um aluno que, diante do exercício corrigido que Jean lhe passara, lhe perguntou por que não obtivera o máximo de pontos numa dada pergunta do exercício. Jean julgou ser essa uma ocasião oportuna para fazer ver ao aluno aquilo que, em sua maneira de redigir, o levara a não obter a nota que esperava. Não obstante, Jean viu-se de súbito tomado de tal emoção que ficou com vontade de chorar — adiciono que essa emoção foi dramatizada no grupo no momento do relato, e muito nos tocou — e sentiu-se obrigado, para conter o fluxo emocional e ocultá-lo dos alunos, a se refugiar, assim nos disse ele, em seu comportamento rotineiro: um discurso bastante estereotipado, generalizador e moralizante.

Entre a rotina, conhecida e tranqüilizadora, e o avançar rumo a uma forma do desconhecido, as idas e vindas permitem que o percurso de Jean se realize. Pode-se ver aqui o hiato que aí pode existir, em termos de custo psíquico, entre a vontade deliberada de mudança promovida pela formação e a possibilidade efetiva de pôr em prática na sala de aula a mudança. Creio ser esta uma questão acerca da qual refletir nas propostas de formação que fazemos. Como ajudar os professores a integrar as mudanças à sua prática efetiva? Compreende-se que não se trata simplesmente de uma questão de vontade. Demonstraram-no com freqüência Jean e inúmeros outros professores, eu inclusive.

É esse o registro em que se situa a proposta do grupo de acompanhamento clínico para professores: avaliar os obstáculos à ação desejada ou ao modo como nossas intenções didáticas nos induzem a agir. E tentar remover um pouco esses obstáculos, cuja origem nos escapa na vida cotidiana e que nos trazem enorme aflição, mesmo contra a nossa vontade, em nossa atividade profissional.

O dispositivo do grupo de acompanhamento clínico

Esse dispositivo de fala se acha centrado nas implicações psicológicas da prática do professor. A partir de relatos dos participantes do grupo sobre incidentes ocorridos em sua prática magisterial, vai-se construindo uma exploração de acordo com a dinâmica dos encontros. Há necessidade de sessões regulares, bem como de um razoável período de trabalho. Cada sessão dura de duas a três horas, segundo as circunstâncias contextuais da instalação do dispositivo.

As pessoas vêm aos encontros do grupo sem um relato escrito, sem preparação. Nesse tipo de trabalho, os participantes sentem-se muito rapidamente vinculados entre si, o que implica a necessidade tanto de presença assídua como de participação. De certa maneira, cada participante se sente obrigado, a seu tempo e em seu ritmo, a alimentar o grupo trazendo materiais pessoais. Um dos participantes referiu-se à obrigação de alimentar o debate, de fornecer exemplos, de criticar ou de dizer: “Isso nunca tinha me passado pela cabeça”.

A presença às sessões do grupo se afigura mais necessária na medida em que o único trabalho executado de modo tangível, afora os percursos reflexivos pessoais fora da sessão, é esse entretecer de falas entre os participantes ao longo das sessões.

Com efeito, a repetição de sessões em data e hora fixas mobiliza os participantes quase que a despeito deles. São mobilizados simultaneamente seu desejo e sua apreensão, disso decorrendo a necessidade de inscrever o grupo num período bem longo de trabalho para ensejar os avanços, os recuos, os amadurecimentos, as evoluções.

Desprendimento

O objetivo perseguido não é transformar a relação pedagógica numa relação experiencial. Muito pelo contrário, a meta do trabalho é identificar os contornos do vínculo didático a fim de, na medida do possível, desprendê-lo das ligações imaginárias em que corre o risco de se perder. Tampouco se pretende transformar o professor de matemática em psicoterapeuta. Essa forma de trabalho não deve mesmo desembocar em psicologização do ensino, mas, antes, na medida em que esse trabalho leva o professor a desprender sua problemática profissional das malhas libidinais em que ela corre o risco de se ver presa, por menos que ele o deseje, o professor se vê mais livre, mais à vontade para exercer seu ofício magisterial, por meio do contato relacional complexo mas inevitável que constitui a relação pedagógica. Pode-se ainda enunciar um dos objetivos do trabalho constatando que o professor é um filtro com relação ao saber que transmite, bem como que ele aprende no grupo a reconhecer que tipo de filtro constitui.

Quanto à exposição do que acontece no trabalho, eis uma difícil tarefa a realizar. Tudo o que vou dizer a esse respeito resulta evidentemente de meu próprio trabalho de construção do material elaborado no âmbito do grupo; é preciso por outro lado acentuar que relatar o que se diz no âmbito do grupo é algo, guardadas as devidas proporções, um tanto semelhante a contar, no exterior do dispositivo analítico, o que é possível ser dito na relação entre analisando e analista. Retirado do dispositivo, isto é, do enquadre referencial, esse relato torna-se imediatamente esquemático, redutor, caricatural.

Em termos quantitativos, o que acontece no trabalho se resume a bem pouco, dado que, nos intercâmbios, repassamos de modo recorrente temas já abordados e não buscamos tratar de nenhuma questão de maneira profunda, linearmente, objetivando de alguma maneira nos livrar dela.

Em termos qualitativos, é difícil transmitir por escrito as cores e os sabores desse trabalho a pessoas que não passaram pela experiência.

Aprender em grupo

O essencial do trabalho reside naquilo que se diz, sessão após sessão, na dinâmica do grupo, entre os participantes e entre eles e o/a animador/a. Para ilustrar esse fenômeno, conto um episódio curioso: na última sessão de um grupo, um participante mostrou-se um tanto surpreso ao ter nas mãos o livro de Janine Filloux *Du contrat pédagogique* [O contrato pedagógico] (1974), pelo fato de "termos simplesmente resgatado cerca de 20% daquilo que havia muito fora dito neste livro"; isso acentua bem o fato de esse trabalho não se concentrar na aquisição de saberes intelectuais sobre os problemas relacionais que estão na base do vínculo didático, mas ser sobretudo um empreendimento de descoberta específico de cada participante.

Em conseqüência disso, essa abordagem articulada sobre as vivências, tanto conscientes como inconscientes, de cada participante, que é de resto a única que faz sentido para a pessoa, requer um bom tempo. Pode-se no entanto falar de aprendizagem no divã: "Porque não há duvida de que, no curso da análise, o analisando descobre coisas que de modo algum sabia" (Moser, 1978). Trata-se no entanto de uma aprendizagem sem ensino, porque o analista, no caso o/a animador/a do grupo, não ensina nada.

Observa-se que essa aprendizagem é medida em número de anos, que ela ocorre na duração... O tempo é aqui essencial à coisa, o tempo instituído das sessões, o tempo da repetição, o tempo da transferência.

Lugar do/a animador/a

Não é preciso dizer que o/a animador/a do grupo ocupa nele um lugar à parte; ele/a não pode ser um participante como os outros, sob pena de reproduzir no grupo o tipo de intercâmbio que poderia muito bem acontecer nos corredores da escola ou na sala de professores entre professores de uma mesma disciplina.

E é justamente pelo fato de o/a animador/a do grupo ocupar nele um lugar à parte que se vai poder criar o espaço de trabalho específico do grupo. Na qualidade de animadora, por exemplo, nunca me prevaleci de minha prática de professora de matemática, mesmo que essa prática pudesse, de meu ponto de vista, me ajudar a compreender o que se dizia, ou mesmo, algumas vezes, inversamente, me fazer cair na tentação de me identificar com o dizer deste ou daquele participante. Como o/a animador/a do grupo não se propõe como detentor(a) de alguma verdade nem de alguma resposta em forma de ideal pedagógico, cada participante se vê remetido à sua própria trajetória, à sua verdade particular de professor de matemática. Espera-se a vinda da boa palavra do mestre que detém, a propósito das interrogações relatadas, o conhecimento do que é conveniente fazer. Espera-se dele uma resposta às dúvidas, em termos de saber pedagógico *ad hoc*, oferecida no momento oportuno. E quando, além disso, o/a animador/a do grupo é também professor, como é o meu caso, sua resistência a essa pressão deve por força das circunstâncias ser ainda maior. Passado certo período de tempo, os participantes aceitam, ao menos formalmente, as regras do jogo. É evidente que o/a animador/a não dá, a propósito dos exemplos de incidentes que ocorrem nas salas de aula e relatados pelos participantes, opiniões sobre o que se deveria ou não fazer no caso. Além disso, ele nada diz a esse respeito. Do contrário, se instalaria numa posição de "superpedagogo" normativo, o que seria o fim do trabalho que se busca promover. Trata-se de nunca sufocar a busca da verdade com uma verdade qualquer.

O/A animador/a identifica no discurso dos participantes os significantes específicos usados, os lapsos, as associações pessoais de cada participante, nos limites de sua própria escuta, com a esperança de abrir ao outro novas pistas de sentido. Com esse propósito, ele/a deve evitar se deixar apanhar pela literalidade do discurso e por seu aspecto de realidade, como as referências ao fato de os programas serem puxados, de faltar tempo para desenvolvê-los, razões que por certo são verdadeiros e legítimos motivos de dificuldades objetivas mas que, no caso, servem tão-somente para mascarar as significações latentes que têm para cada participante.

É nesse espaço criado que vão poder se manifestar os movimentos psíquicos e o jogo de identificações projetivas dos participantes.

Qualidades do espaço grupal

Os professores vão então se tornando cada vez mais capazes de identificar seus modelos mais freqüentes de ação em situação profissional; não aqueles que adorariam ser os seus, ou que têm a intenção de que venham a ser, ou ainda que pensam ser os seus, mas seu real modo de agir na classe, agir que o trabalho de grupo tem chances de lhes revelar. Desde que eles estejam prontos a realizar um trabalho desse tipo, ou seja, desde que lhes seja possível aprender a se deixar conduzir ao menos um pouco por suas associações. Deve-se observar que o fato de o professor buscar voluntariamente esse questionamento constitui uma condição necessária, mas não suficiente. Porque, na verdade, entre a vontade do professor, sua decisão de "ir ver", e um trabalho efetivo de tomada de consciência e elaboração interpõe-se o inconsciente, com todo o peso dos recalques e das resistências que imporão diversas censuras e desconhecimentos. Pode-se contudo esperar que, com o tempo, um bom tempo, alguns *insights* possam surgir, como um véu rompido por um instante de lucidez, para que cada participante possa suportar sua verdadeira imagem de professor, cujos contornos vão se tornando progressivamente visíveis, em contraste com os outros professores do grupo. Para que isso ocorra, a atmosfera no grupo deve ser propícia, facilitadora, suficientemente calorosa e acolhedora, mas, ao mesmo tempo, mobilizadora e não complacente. Para além dos modelos de ação, os participantes do grupo tentam identificar os temores, as angústias incidentes ou as satisfações e benefícios buscados que determinam um dado modelo de ação. Essa busca os leva a refletir sobre sua própria relação com o saber ensinado, relação advinda de sua história pessoal e de sua formação, bem como da evolução dessa relação depois que começaram a lecionar. Como o objetivo nunca perde de vista o próprio ato didático, de que maneira se infiltra a relação pessoal dos professores com o saber matemático na situação didática? Que expectativas isso os leva a ter? O que eles projetam nos alunos? Que tipos de vínculos estabelecem com os alunos?

O eu-professor em situação

Essa modalidade de análise da prática profissional nos "obriga a entendê-los como profissionais [...] Limitamo-nos a entendê-los através de sua prática profissional. Ou, mais exatamente, por meio de suas falhas, de suas carências, de seus erros, daquilo de que se esquecem, das deformações da narrativa que relata essa prática" (GORI e MIOLLAN, 1980). Como afirmam esses autores, as dificuldades da prática profissional não se acham dissociadas dos outros fragmentos da vida e da estrutura intrapsíquica que os organiza; essas dificuldades são privilegiadas aqui por convenção estabelecida entre formado e formador, o "objetivo mediante o qual é autorizada a emergência dos processos subjetivos e intersubjetivos".

No fundo, cada professor/a fabrica para si, ao longo dos anos, modelos de comportamento que concretizam para ele/a um compromisso aceitável: uma espécie de comodidade, de cinto de segurança. Afetar esse equilíbrio de compromisso — e toda mudança didática, por mínima que seja, o afeta — é custoso para o professor. Isso o expõe a incômodos percursos, ainda que, com o passar do tempo, venha a conseguir cortar caminho. Por exemplo, economia de energia. Com efeito, enquanto esse pseudo-equilíbrio se mantém por meio de grandes reforços dos mecanismos de defesa ou ao preço de uma clivagem estrita entre o eu privado e o eu profissional, ou enquanto houver um imenso hiato separando a imagem ideal e a imagem refletida pelos alunos, gasta-se uma enorme quantidade de energias psíquicas para permanecer nesse estado (ABRAHAM, 1974). Nesse caso, desmontar o sistema defensivo, atenuar as clivagens são atitudes que liberam uma energia que é reposta em circulação para a realização de alguma outra coisa, por exemplo fazer mudanças didáticas bem-sucedidas. Quando uma certa fluidez, um certo caráter lúdico são recuperados, sobrevém ao sujeito um sentimento de liberdade, a despeito do peso do determinismo psíquico. A compulsão de repetição, de presença tão intensa na estrutura do ensino, tem reduzida sua incidência. Ao mesmo tempo, por paradoxal que pareça, o professor pode ter menores dificuldades para reconhecer os limites de sua ação e para admitir o fato de não ser todo-poderoso.

Formação e transformações

Em outras palavras, se de certo modo *sabe* coisas sobre sua própria maneira de agir, o professor não a *conhece* ou não deseja verdadeiramente conhecê-la. Seria demasiado custoso refletir sobre isso e, como conseqüência, imaginar modificar a situação. Não obstante, com a ajuda do grupo, o professor pode, vencendo as fases de resistência, aceitar começar a trabalhar essa questão. Em suas teorizações, W. R. Bion propõe a noção de "mudança catastrófica" (BION, 1974), que já evocamos, e remete a uma desorganização do sistema que corresponde a um fenômeno evolutivo de crescimento. A mudança que se produz "é catastrófica no sentido restrito de um evento que determina a subversão da ordem ou do sistema das coisas; é uma mudança catastrófica porque se manifesta de forma brusca e violenta, quase física". Para Bion, o ato de ensinar, cuja base é a experiência emocional (BLANCHARD-LAVILLE, 1996), se acha submetido à experiência da mudança catastrófica repetida. Logo, toda descoberta psíquica pode reatualizar essa sensação. Uma vez que uma associação de idéias realize a transição entre duas formas de realidade psíquica e uma vez que exista a ameaça de transformação, produz-se uma resistência movida pelo medo do doloroso sofrimento associado.

Diante dos temores de mudança catastrófica e do recuo diante da possibilidade de crescimento psíquico, minha posição de animadora consiste em tentar negociar, em cada caso, com a maior flexibilidade possível, em função da sensação que me vem da pessoa e dos limites que ela mesma instaura no trabalho. Sabendo de um lado que, se se deixar o participante confortavelmente instalado em sua versão do relato, nenhum trabalho verdadeiro será feito — afinal, ele é bem recebido no grupo a fim de que alguma coisa mude — e, do outro, que todo começo de trabalho, mesmo nas circunstâncias em que a própria pessoa deseja conscientemente realizar esse trabalho, envolve inevitavelmente resistências.

Essas resistências exprimem o fato de que os professores elaboraram formas de acomodação bastante necessárias, tanto com relação aos "ataques" externos como com respeito às fragilidades internas, que não deixam de atualizar as situações vividas na sala de aula, como veremos com Jean-Christophe no próximo capítulo. Notadamente para certos/as professores(as) experientes, isso se expressa, nos primeiros momentos do grupo, mediante uma demonstração de qualidades que os tornam inatacáveis. Não obstante, eles vêm voluntariamente fazer esse trabalho, o que indica, apesar de tudo, uma vontade consciente de retirar um pouco a "couraça defensiva". Uma parcela deles deseja de fato ser ajudada e uma outra faz tudo para impedir que o trabalho seja feito. Assim, quando o enquadre não se instaura por um forte envolvimento em termos da presença ao grupo, essas resistências podem muito facilmente se traduzir numa evitação das sessões. É isso o que acontece na maioria das vezes no âmbito institucional da formação contínua, em que todos os conselhos de classe, as reuniões institucionais, os encontros com membros da hierarquia servem de álibi à opção de não poder ir à sessão do estágio, o que exacerba o conflito entre as duas partes da pessoa, a que deseja ser ajudada e a que deseja sobretudo não o ser.

O espaço psíquico do trabalho

É uma sutil luta entre essas duas partes do eu do participante que o/a animador/a deve acompanhar, respeitando o sofrimento que ela envolve. Na posição de espelho, o/a animador/a tem de um lado empatia com esse sofrimento, devendo manter-se sob estrita vigilância para proteger o participante que se expõe, ao mesmo tempo em que outra parte sua entra em ressonância com o grupo, que se dá conta daquilo que o participante tenta em vão mascarar ao mesmo tempo que fala dele. Logo, o espaço de trabalho é ameaçado a todo momento, devendo por isso ser instaurado ou reinstaurado continuamente.

É o/a animador/a o(a) fiador(a) da continuidade da existência desse "espaço para pensar" (Resnik, 1994). Justamente um espaço em que os espaços mentais de uns e de outros são respeitados e não devem ser esmagados por intervenções demasiado intrusivas, assim como não devem ser contaminados por discursos proferidos sem um tempo precedente de elaboração.

O tempo é uma variável extremamente importante nesse estilo de trabalho. Tempo do grupo, tempo das sessões, ritmo do trabalho, tempo de repetição, tempo de elaboração; porque "sempre que intervém um novo elemento toda uma trama passada vem a ser simultaneamente recomposta", e porque se trata com efeito de "abrir um tempo instaurador de *passagens*, [...] um ritmo que dá ensejo a um conjunto de *ligações* e de *passagens*" (Le Poulichet, 1994).

Profissionalização

Quanto a mim, julgo que esse trabalho psíquico acompanha todo profissional à medida que ele se profissionaliza, ao separar, na medida do possível, o espaço profissional de questões estritamente pessoais. É bem freqüente que, por desconhecimento, o problema venha a ser elaborado ao contrário: os professores têm o louvável desejo de buscar a qualquer preço respostas profissionais em situações nas quais não se atrevem a reconhecer que são pessoalmente afetados. A meu ver, é, pelo contrário, começando pelo reconhecimento da ligação entre o pessoal e o profissional e aceitando acolher em si os próprios movimentos psíquicos que se pode instalar um trabalho que tenha como objeto essa infiltração do pessoal no profissional, a fim de se caminhar para um maior profissionalismo (Blanchard-Laville, 1997a). O foco é contudo uma reaprendizagem: os professores e os formadores de professores com freqüência perderam o contato com sua própria interioridade psíquica, tendo transformado numa espécie de dever a erradicação da dimensão pessoal de seu ato de ensino ou de formação. Ou ainda, se o espaço do grupo puder ser concebido num certo nível como um "espaço para se queixar" — como o diz Madeleine Natanson no título do livro em que testemunha sua experiência de uso desse dispositivo com assistentes sociais e professores —, deve-se sobretudo pensá-lo como um *lugar de transformação da queixa*. No tocante a isso, observo como é difícil falar desse tipo de experiência sem correr o risco de achatar, de transformar em caricatura ou de linearizar fenômenos que são no entanto bem reais, mas cuja textura dificilmente pode ser expressa por meio da linguagem fora do contexto transferencial grupal no qual ocorreram. Assim, por exemplo, parece-me importante impedir que se difunda o mal-entendido corrente, manifestado na solicitação explícita dos professores, de que o grupo de análise de práticas profissionais poderia se restringir ao intercâmbio sobre práticas entre pares. Embora esse papel de apoio mútuo seja com certeza bem satisfatório, gratificante e necessário nesse estilo de trabalho, não haverá verdadeiramente "trabalho", *trabalho de transformação*, se os fiadores do dispositivo não agirem de modo tal que os professores possam, ultrapassando o conforto narcísico de base, aceitar escutar e entender o que dizem, sem absolutamente saber que o dizem, e escutar e entender os outros com o mesmo estado de espírito, sem nenhum juízo de valor e, não obstante, sem complacência.

Sofrimento no trabalho

Nenhum de nós, professores, está livre de ver a reatualização em sua prática profissional de problemáticas interiores relativas a questões identitárias. Os mal-entendidos são inerentes ao vínculo didático, mas talvez não seja útil permitir que se cristalizem. Com respeito a isso, julgo que não é pertinente falar, com referência aos professores, de patologia, mas antes de *sofrimento profissional*, no sentido de se tratar de um ofício que envolve, na prática cotidiana, uma grande exposição no nível relacional e que põe em andamento a construção identitária profissional de cada professor, dia após dia.

Nesse nível, sigo as teses de Christophe Dejours (1993), que se esforça há vários anos por promover o que denomina *a psicodinâmica do trabalho*. Apesar da dureza de certas condições de trabalho, as pessoas de modo geral permanecem "normais". Elas na realidade sofrem, mas se defendem e encontram um equilíbrio de compromisso entre o sofrimento e as defesas mobilizadas. Nessa perspectiva, um trabalhador com "boa saúde" é aquele que labuta para manter esse estado de compromisso aceitável apesar das tentativas exteriores de desestabilização. A clínica do trabalho oferece, segundo esse autor, um extraordinário panorama da imaginação criadora defensiva. Christophe Dejours se interessa prioritariamente pelas defesas coletivas de que se valem os trabalhadores: as estratégias específicas de cada campo de trabalho para o qual é necessário cooperar a fim de construir alguma coisa que só funciona em conjunto. A teorização de Dejours está fundada na idéia de que o sofrimento vem em primeiro lugar. Ele de alguma maneira persegue o sujeito, mas também o mobiliza a encontrar soluções que amenizem esse sofrimento. A "saúde" no trabalho seria um ponto geométrico ideal, fora de alcance, ameaçado sem cessar pela descompensação. Nesse mesmo sentido, a identidade é a parcela nunca alcançada da pessoa, sempre ameaçada, mais ou menos abortada e em permanente reconstrução. Para Dejours, "a partida nunca é definitivamente jogada, mas é recomeçada no campo do trabalho". De fato, a identidade é fundamentalmente cativa do olhar do outro; ela se elabora na dinâmica intersubjetiva e na libertação de determinismos psíquicos, sociais e biológicos. Para se fazer isso, o sofrimento constitui uma protensão para a auto-realização. Se há dois grandes domínios nos quais a pessoa pode se auto-realizar, o campo privado do amor e o campo social, campos por outro lado não-independentes, essa realização de si passa eletivamente pelo trabalho. Ele indica assim que "nenhum ser humano pode jogar sua identidade inteiramente no campo da economia erótica, pois isso é colocar-se em situação de extremo perigo. Logo, cada um deles se empenha em criar substitutos por meio dos quais possa recuperar aquilo que não se realizou na esfera amorosa e jogar isso em outro campo, mediante o deslocamento que a teoria batizou como 'sublimação' e que se desenrola, nos termos de Freud, numa 'atividade socialmente valorizada'. Por conseguinte, e na melhor das hipóteses, os êxitos na esfera social e na esfera privada se alimentam mutuamente"[2].

Sendo trabalhadores, os professores se vêem às voltas com um sofrimento de ordem psíquica. Não é tanto que sua patologia individual lhes imponha esse sofrimento — pode ocorrer de seu próprio disfuncionamento ser reforçado no exercício do trabalho ou entrar em ressonância com a dificuldade específica dessa profissão — quanto, e é o que desejo mostrar, que esse sofrimento seja inerente à construção e manutenção do vínculo didático de que estão encarregados. Logo, nenhum de nós escapa a isso; todo professor se acomoda à situação à sua maneira e com um maior ou menor grau de conforto, tendo os professores de enfrentar o sofrimento psíquico profissional específico do ofício que exercem. Eles desenvolvem estratégias singulares, formas de defesa que é preciso apreender a fim de compreender a natureza desse sofrimento e para acompanhá-los numa prática de libertação.

2. Christophe Dejours, que teorizou sobretudo a partir de suas experiências no campo da empresa, apresentou uma metodologia específica em psicodinâmica do trabalho, ao lado de sua experiência de psicanalista, a partir da demanda de intervenção de coletivos de trabalhadores. Sua preocupação nessa metodologia se centra em especial na investigação referente à organização e ao sofrimento psíquico dos trabalhadores. Por intermédio de um coletivo de pesquisadores e de discussões com o grupo dos trabalhadores, trata-se de interpretar as defesas coletivas, evitando na verdade penetrar na psicopatologia individual. Ao que sei, com exceção de um trabalho de envergadura realizado no Québec a propósito dos professores, essa metodologia não foi posta em prática com professores franceses. O estado atual do ensino na França não me parece propício a levar um grande número de professores a formular exigências coletivas. Mesmo que, por via das solicitações dos planos de formação contínua, se comece a observar movimentos que caminhariam nesse sentido.

Parte profissional, parte pessoal

Com efeito, parece que se ensinou os professores a compreender ou então eles "acreditaram" compreender que deveriam responder profissionalmente às questões que surgem no exercício de seu ofício. Trata-se daquilo a que dou o nome de mal-entendidos da formação, a saber, que responder profissionalmente significa para eles erradicar toda uma parte de si mesmos, e principalmente as emoções e os movimentos psíquicos internos que as situações profissionais fazem surgir. Isso com muita freqüência os leva a uma ponderável clivagem entre a parte profissional e a parte pessoal de seu eu-professor. Eles pensam ser essa uma maneira de se livrar do problema, e não há dúvida de que uma certa clivagem "funcional" é necessária. Não obstante, toda a minha experiência de animação desses grupos nos últimos quinze anos me leva a pensar que essa é uma maneira não-pertinente de formular a questão da prática profissional do professor e do sofrimento inerente a essa prática. É em parte essa negação do sofrimento e o tabu que se impõe ao falar sobre o sofrimento profissional que os lançam em queixumes insistentes e repetitivos. Constato que os professores devem passar imediatamente por uma reaprendizagem da escuta de si mesmos, pois não podemos deixar fora da sala de aula tudo aquilo que somos, tudo aquilo que sentimos; pelo contrário, aceitar sentir o que se sente não equivale a deixar-se levar tranqüilamente pelas próprias inclinações naturais; trata-se em vez disso de tentar elaborar o que é sentido de modo a separar o espaço profissional dos próprios empreendimentos narcísicos e libidinais, na medida em que isso seja possível, em benefício dos alunos.

É possível sobreviver durante algum tempo usando com força total o mecanismo da clivagem, mas, de um lado, ocorre de isso não se sustentar num dado momento de crise (Condamin, 1997), e de outro, esse agir leva a uma forma de enredamento numa vivência profissional sem atrativos e principalmente mortífera. Em contrapartida, despertar desse estado leva necessariamente ao despertar do sofrimento, e, ao mesmo tempo, ao despertar de uma dinâmica criadora e viva.

Em suma, esse sofrimento profissional, em vez de ser evitado, recalcado ou denegado, deve ser acolhido e trabalhado dia após dia.

No tocante a isso, o dispositivo do grupo de acompanhamento clínico me parece muito interessante, principalmente para que se experiencie em seu âmbito um estilo de trabalho que põe em destaque a prioridade do respeito do enquadre a serviço da construção de um espaço de pensamento. Também na medida em que se pode proporcionar "condições de possibilidade sérias, mas não desumanas, dessa mudança que de modo algum deve se reduzir a uma violação das consciências ou a uma funesta reeducação" (Rosé, 1996), mas cujo "resultado é um incontestável apaziguamento, não obstante perpassado pela incerteza", o que permite a cada um refazer sua "bricolagem identitária" ao aceitar trabalhar seus ideais, suas decepções e suas desilusões profissionais.

Com Jean, compreendemos uma vez mais esse vínculo um tanto paradoxal que a relação com o saber matemático mantém com a palavra e com o silêncio. Lugar de uma palavra em vez de outra, lugar de um silêncio por vezes imposto pelo professor ou único lugar de autorização da palavra.

Vemos assim de novo, de maneira bastante comovente, o desenrolar dessa dialética entre o conhecido e o desconhecido. A rotina, que inclui uma certa rigidez psicológica, nos protege dessa irrupção do desconhecido. A opção por esse desconhecido requer de nós que toleremos certa ambigüidade reflexiva e nos aventuremos sem contar com muitos pontos de referência. O apoio de um grupo pode acompanhar os professores em sua assunção dos riscos da vida, a fim de que atravessem mais serenamente as vicissitudes da prova da sala de aula.

Capítulo 6

Mal-entendidos e ressonância no vínculo didático

> Trazer à luz aquilo que se acha velado, ou ajudar o outro a alcançar a luz, transferir sua própria experiência analítica de uma ou outra maneira ao abismo de outrem, a fim de poder realizar, por intermédio de uma "troca", um comércio de experiência, experiência do desconhecido. Cada busca vivida é árdua e dolorosa, mas igualmente prazerosa se se torna uma descoberta, um novo ponto de partida, uma nova perspectiva a partir da qual se pode "rever" a mesma coisa de uma outra maneira. Essa descoberta significa "ser surpreendido", ter uma imagem da coisa "des-velada"... Ver significa também adquirir uma nova perspectiva por meio da qual se pode "refletir" a "passagem" entre aquilo que aparece e aquilo que se acha oculto, recalcado ou negado.
>
> Salomon Resnik,
> *L'experience psychotique*

Ensinar matemática é tentar transformar, fazer evoluir a relação com o saber matemático dos alunos, dos estudantes, ou talvez apenas tentar colocá-los em contato, levá-los a estabelecer uma relação, com o saber matemático. Dispõe-se para isso de uma situação de ensino cuja didática teve certas de suas leis internas descritas com pertinência pelos matemáticos. Não obstante, a teorização construída nessa disciplina há cerca de trinta anos não levou em conta, e nem sempre tem levado em conta, os efeitos de inconsciente que se manifestam nesse cenário ou no primeiro plano desse cenário. É verdade que, como já tive a oportunidade de mostrar (Blanchard-Laville, 1989), a construção da orientação preponderantemente sistêmica e de inspiração experimentalista dessa disciplina não facilita a tarefa de retomada de conceitos para integrar essa nova dimensão. Porque a dimensão do inconsciente não se deixa apreender como uma "variável" no mesmo sentido que o permite outra, que viríamos a acrescentar à relação de variáveis relevantes para a situação já repertoriadas por essa teorização. Cerca de dez anos depois de escrever o texto de título "Questions à la didactique des mathématiques" [Interrogações sobre a didática da matemática], em que examinei criticamente os fundamentos epistemológicos da disciplina, constato que a pesquisa em didática evoluiu na direção de uma maior consideração do efeito-ensino em seus trabalhos de pesquisa, mas que as dimensões psíquicas inerentes aos parceiros da situação não são incluídas em suas preocupações em grau superior ao que o eram há dez anos.

De minha parte, estando cada vez mais convicta da importância desse registro no ato didático, não pude mais persistir em me reconhecer em tal disciplina. A partir da benfazeja assimilação das ciências da educação em minhas pesquisas, vim a desenvolver dois tipos de trabalho: uns me levam a uma investigação bastante especializada à luz da abordagem clínica de inspiração psicanalítica (Blanchard-Laville, 1999 b), enquanto outros me levam a inventar uma forma de trabalho interdisciplinar em que a abordagem didática encontra seu pleno e legitimo lugar, mas numa tentativa de sinergia com a abordagem clínica e a abordagem sociológica. Essa é hoje para mim a única maneira de, por um lado, fazer completa justiça às minhas próprias intuições e, por outro, reconhecer ao mesmo tempo que os conceitos trazidos pela didática da matemática são incontornáveis para compreender o que ocorre no espaço de ensino (Blanchard-Laville, 1998).

O vínculo didático, abordagem clínica

Se se preferir dizê-lo de outra maneira, é a meu ver necessário, num primeiro momento, realizar uma clivagem funcional para trabalhar a dimensão psíquica do vínculo didático com um esclarecimento específico, aquele que é proporcionado por uma abordagem clínica, e, num segundo momento, trabalhar com vistas a reconstituir o vínculo didático com toda a sua espessura no âmbito de um grupo co-disciplinar no qual o cognitivo, o psíquico e o sociológico são levados em consideração e retrabalhados conjuntamente.

Com efeito, no interior da situação de ensino, o professor de matemática é levado a trazer à cena sua própria relação com o saber matemático por meio do discurso que desenvolve quando coordena um curso tradicional ou através de atividades que propõe ou de palavras que não pode deixar de pronunciar para dar início a essas atividades, para efetuar sua "devolução" aos alunos, para catalisar o trabalho destes ou ainda para animar o grupo e, eventualmente, para institucionalizar os elementos de saber que vão emergir da seqüência.

Ora, essa *relação com o saber matemático* tem firmes raízes na história pessoal de cada um, seja aluno ou professor. Além disso, trata-se de um processo cuja existência só é identificável no interior da dinâmica relacional entre os sujeitos, e, chego a dizer, da dinâmica transferencial mantida pelos parceiros entre os quais ela tem de se manifestar. Nenhum professor o é em isolamento, definindo-se sempre, imaginariamente, pela presença dos alunos que vieram e dos alunos que virão, do mesmo modo como nenhum aluno existe em isolamento: ele está sempre na presença imaginária do professor que vai argüi-lo ou do examinador que vai controlá-lo. Eis o que veremos nos próximos capítulos.

Consideremos uma hora de aula de matemática na escola elementar ou no ensino médio, e constatemos que se acham ali presentes um profissional enviado pela instituição de ensino, que recebeu dela um mandato, e um público formado por alunos (mais ou menos cativos segundo o caso), enviados, por sua vez, pela família (ou, mais tarde, seja como for, pela sociedade): o enviado da instituição *deve* ensinar e os aprendizes *devem* aprender. O contexto dessa dupla injunção tem a ver com saberes "oficiais", mais ou menos didatizados, que devem ser difundidos. Com esse objetivo, o enviado da instituição foi — mais ou menos — legitimado por ela. E eis que estamos diante do triângulo didático dito restrito, imerso na instituição, ela mesma imersa na própria sociedade que a fabricou.

Sujeitos face a face

Enquanto isso, nossos protagonistas se acham localmente mergulhados, durante aquela hora de aula, num espaço-tempo delimitado, com um dispositivo na maioria das vezes frontal, apesar das repetidas recomendações de pesquisadores, inovadores, didaticistas e pedagogos, que se esforçam muito para fazer que esse dispositivo evolua, ressentindo-se de uma inércia muitíssimo forte da parte dos "enviados". É o evento que ali se desdobra, é aquilo que se passa nesse espaço-tempo, que constitui o objeto de inúmeras pesquisas minhas. É o "drama" que se desenrola nesse espaço fechado que me intriga.

Não podemos nos esquecer de que essas pessoas são *sujeitos* com uma história singular de sua relação com o saber, ainda que todas as aparências tendam a uma forma de normalização por meio da socialização profissional, que é a propósito delicada, e pelo jogo da institucionalização de currículos.

Trata-se de uma situação face a face bem específica, que não pode deixar de atualizar as circunstâncias pessoais, as angústias, os processos psíquicos nos professores e nos alunos, processos em parte interdependentes. Assim como não é possível, numa situação de interação, não se comunicar, eu diria que não é possível excluir da análise dessa situação a dimensão psíquica. Esta se acha presente faça-se o que se fizer; também é possível ignorá-la, descobrir que não interessa de modo algum do ponto de vista didático ou mesmo julgar que não se sabe bem como se dá sua intervenção. De fato, neste momento não temos um completo conhecimento de como funciona essa dimensão. Não obstante, hoje é possível estabelecer algumas pequenas marcas advindas de nossos anos de pesquisa e, seja como for, tornou-se quase claro que esse registro psíquico de modo algum independe daquilo que ocorre no nível cognitivo da aprendizagem dos alunos. Ao contrário do que desejam nos fazer crer os detratores desse gênero de abordagem, não se trata de pensar que basta regulamentar tudo antes de começar a se ocupar dessa dimensão psíquica, que constituiria uma espécie de luxo, um "aditivo" reservado a uns quantos *happy few* que teriam, por sua vez, tempo de sobra para se ocupar dessas fantasias. Toda a minha experiência me leva a negar essa concepção. Ela constitui uma má formulação do problema, um pouco como quando se pensa que profissionalizar os professores é ajudá-los a erradicar de seu agir profissional todo coeficiente pessoal. Isso significaria que os fatores que incidem sobre a situação didática são hierarquizados de acordo com uma relação de ordem. Ora, não é esse o caso; o modelo da relação de ordem é demasiado simplista para apreender esses fenômenos. Cumpre recorrer a modelos mais complexos, que reconheçam a presença de uma conjugação de forças, a existência potencial de conflitos, modelos capazes de dar conta de lógicas contraditórias e que possam permitir pensar em termos de resultantes inesperadas e de compromissos sempre provisórios.

Psiquismos em interação

Quanto ao professor, afirmo ser ele um sujeito que, embora submetido às restrições didáticas e institucionais, nem por isso deixa de estar menos submetido também a seu inconsciente. Ora, como vimos, o inconsciente cinde o sujeito: mediante a clivagem, uma parte de seu ego lhe escapa ao controle. E nem por isso essa parte se torna menos incidente sobre seus comportamentos, ainda que apesar dele mesmo. De modo particular, os efeitos de inconsciente se revelam em sua fala: o sujeito diz outra coisa ao dizer aquilo que diz. No próximo capítulo veremos esse aspecto com maiores detalhes. Esses efeitos de inconsciente se revelam também por meio de certas decisões que ele toma na situação específica em que está, movido por forças internas quase incontroláveis que podem por vezes levá-lo a fazer algo bem distinto daquilo que previra, e movido igualmente por "padrões de comportamento" (Ballint, 1960) que se repetem de uma situação didática para outra.

Mas o professor não está sozinho na sala de aula: ele se acha imerso numa situação grupal; os alunos também estão submetidos ao inconsciente e também têm todo um mundo interior fantasmático. Além disso, a situação grupal desperta temores atávicos que cada um tenta apaziguar à sua maneira. Essa situação grupal é também uma situação didática: o professor é convocado pela instituição de ensino a acompanhar os alunos na atividade de entrar numa relação com o saber matemático. Como decorrência, ele vai se ligar aos alunos do grupo — sendo a impossibilidade de se ligar uma modalidade do vínculo — e ao mesmo desvelar sua própria relação com o saber matemático.

A interação entre todos esses psiquismos cria uma atmosfera que qualifico como transferencial: cada um dos participantes poderia dizer, caso fosse treinado para explicitar o que de modo geral não é formulado, como sente essa atmosfera, ou seja, como se sente permeado pelos afetos que circulam nesse espaço. Poderia, por exemplo, pronunciar qualificativos como quente, frio, vívido, mecânico, agressivo, caloroso, aterrorizante, persecutório, inibidor, euforizante etc. Basta para isso que cada um de nós se deixe conduzir à evocação de alguma situação de sala de aula para apreender fenômenos dessa ordem.

Digo que o sujeito que ocupa o lugar do professor no espaço didático tem uma grande parcela de responsabilidade pela condição dessa atmosfera. Claro que essa condição não independe das reações que os alunos apresentarem àquilo que vier a se instaurar. E é contra o pano de fundo dessa atmosfera que o professor tenta ensinar, que vem instaurar-se a aventura dramática de ensinar.

É nesse sentido que apresento a seguinte hipótese: aquilo que o professor vai poder manifestar, atualizar, sua relação com o saber matemático na situação didática, está ligado à atmosfera transferencial que se instala com o concurso dos alunos.

De minha parte, posso facilmente convocar — e julgo que vocês também poderiam — lembranças relativas a isso. Momentos extremos que puderam manifestar-se em nossas salas de aula nos quais esse processo se evidenciou: por exemplo, quando nossa competência didática vem a se dilatar, e eu diria mesmo se inflar como um balão, e em que podemos nos sentir como que transportados por uma pequena nuvem; no outro extremo, momentos em que sentimos que nos tornamos progressivamente incompetentes e impotentes didaticamente falando. Essas duas situações extremas podem vir a aflorar com relação a elementos de saber equivalentes, porque, nesse caso, o que está em questão para o professor não é saber ou não saber, mas *poder manifestar publicamente sua relação com o saber no âmbito de um certo contexto transferencial.* No primeiro caso, as projeções idealizantes dos alunos quase fazem que nos elevemos acima da terra; no segundo, nossa incompetência didática se manifesta de modo crescente sob o efeito de projeções persecutórias que emanam dos alunos, e eu diria mesmo sob a influência de verdadeiras intrusões psíquicas da parte deles.

Esses dois estados extremos designam os dois pólos do eixo narcísico em torno do qual o professor é levado a oscilar. De um lado, ei-lo com uma sensação de poder, e mesmo de onipotência; de outro, ele se sente em déficit narcísico, podendo mesmo perder o equilíbrio e ser levado a uma passagem ao ato, a interromper bruscamente a ocupação do lugar de professor, abandonar a situação, sair da sala de aula por exemplo.

São fenômenos dessa ordem que desejo fazer apreender a partir de situações narradas por Jean-Christophe.

Mal-entendidos inerentes ao vínculo didático

Falarei agora de um dos participantes de um grupo, professor de matemática do ensino médio [5ª a 8ª series], que chamarei circunstancialmente de Jean-Christophe.

Jean-Christophe participou durante três anos do grupo de análise da prática dos professores que animo. Num dado momento do trabalho, Jean-Christophe pôde exprimir que, para ele, a matemática "permitiria que a pessoa se orientasse na vida", e pudemos compreender que, de seu ponto de vista, ensinar correspondia a uma opção identificatória que conseguira levá-lo a crer que o ambiente da sala de aula se acha distanciado dos afetos e das paixões. Ora, isso justamente o levaria, no decorrer de sua experiência profissional, à constatação de que, de um lado, nas salas de aula, as relações com os alunos não são isentas de afetos, nem assexuadas, e de que, por outro lado, a questão dos parâmetros para a vida não se restringem à matemática. As narrativas que ele foi levado a fazer na presença do grupo lhe propiciaram a descoberta de que não só a matemática não bastava para ajudá-lo a se orientar como também de que, não tendo ele trabalhado suficientemente essas questões "na vida", estas voltam ao próprio interior do espaço-sala de aula em decorrência da ressonância de sua problemática psíquica com a de determinados alunos. Assim, ele se sente bastante despreparado para se comportar como professor diante da provocação de certas alunas e diante de classes nas quais a prática da matemática não instaura um enquadre suficiente para canalizar os afetos que invadem o espaço no sentido próprio. A matemática não consegue mediar os conflitos, mesmo quando a prática da matemática leva os alunos a descobrir as virtudes da mediatriz.

Contudo, destaquemos que Jean-Christophe é um professor ativo no plano matemático e didático, um professor entusiasta que reflete no âmbito de associações dinâmicas sobre projetos de renovação do ensino, mas um professor que certas condições pedagógicas de difícil sustentação vêm desestabilizar em algumas circunstâncias. Trata-se de um professor bastante dinâmico, apaixonado por seu ofício. Parece bem criativo no plano didático, discutindo bastante com os colegas.

Jean-Christophe é uma pessoa que manifesta ostensivamente a estrutura de sua personalidade, sem dúvida tanto melhor porque se dedica, paralelamente ao trabalho no grupo, a um empreendimento pessoal de tipo psicanalítico. O que significa que seus problemas psíquicos já não se exprimem apenas na surdina e que ele já é dotado de certo grau de intuição com relação à sua problemática intrapsíquica. Jean-Christophe é um professor do ensino médio que tem dificuldades para administrar certas classes, particularmente as que apresentam problemas ou aquelas em que se acham misturados alunos de várias nacionalidades.

"Nós dois"

O primeiro episódio que vou contar é o caso "Manola", que Jean-Christophe leva ao grupo na terceira sessão do primeiro ano de sua participação. Eis que ele surpreende Manola lendo, em sua aula de matemática, um jornal "do estilo *Nós dois*" — diz ele. Esse não é o título exato do jornal, de que ele não se lembra, mas Jean-Christophe o repete várias vezes: "do estilo *Nós dois*". Ao pronunciar essa expressão, ele visivelmente não entende o que essas duas palavras evocam, isto é, que Manola buscava se fazer notar por seu professor e, quem sabe, iniciar um jogo de sedução. Do mesmo modo, não há dúvidas de que ele de certo modo respondeu a esse convite. Foi o grupo que, com suas observações e perguntas, levou Jean-Christophe a dizer que Manola, embora na 6ª série, tem um jeito de garota bonita e elegante. Ele confiscou o jornal em questão, jornal que, por outro lado, lhe "queimou as mãos", deixando-o sem saber o que fazer em seguida. Ele pensa em mandá-lo ao conselheiro e em fazer que Manola o vá reaver das mãos daquele. Nesse ínterim, sua indecisão permite que Manola mantenha com ele um diálogo face a face ao final da aula — "Professor, quando o senhor vai me devolver o jornal?" — e continue a partilhar com ele esse jornal "ardente".

Ao final de um período em que o grupo tenta levar Jean-Christophe a perceber que essa ligação poderia ser interpretada como parte do registro da sedução, ele diz: "Vocês acreditam mesmo que há algo disso envolvido na coisa?"

Somente ao final do terceiro ano de grupo, vem Jean-Christophe a anunciar: "Hoje sou menos sensível à provocação das alunas". A meu ver, ao exprimir isso, Jean-Christophe admite ao mesmo tempo *tanto* a existência de vínculos sexuados na sala de aula *como* o fato de sua maneira de ser, de não querer ver nem ouvir o que quer que seja dessa ordem, estar de alguma forma ligada à incitação à provocação sedutora; e, por fim, que essa tomada de consciência vai permitir que Jean-Christophe se afaste um pouco de comportamentos quase automáticos que esse fenômeno o levava a repetir, comportamentos que o deixariam prisioneiro do eixo provocação–repressão.

"Nada de paixão; só reflexão"

No decorrer do terceiro ano de trabalho no grupo, Jean-Christophe evoca seu professor de matemática do primeiro e do último ano de curso, professor que, diz ele, lhe deixou forte impressão. Jean-Christophe nos mostra aí um dos motivos de sua escolha profissional de ordem identificatória, o que é bastante freqüente na adolescência. Ele diz: "Ele ensinava de maneira bem fleumática". Quando instado a tornar preciso o que quer sugerir com isso, Jean-Christophe afirma: "Nada conseguia fazê-lo sair de sua reserva, ele era o próprio *self-control* em seu escrever, no tom de voz, no humor. Jamais respondia a provocações, a ponto de, digamos, não perder a calma nem que lhe atirassem uma bola de neve no rosto". "E também um pouco mágico: fazia sair do bolso da camisa alguns exercícios num pedaço de papel." Porém, o que mais afetou Jean-Christophe foi a frase recorrente que esse professor pronunciava: "Nada de paixão; só reflexão".

Jean-Christophe diz: "Evidentemente, não faço de modo algum isso hoje como professor; faço na verdade justamente o contrário". E acrescenta: "Mas já me consolei disso. Faço meu teatro de outro jeito".

Ao mesmo tempo, ele observa que, nele, o desejo de ensinar matemática correspondia a algo da ordem do "afastamento das paixões, afastamento dos afetos" — e acrescenta que foi só depois de entrar no grupo que começou a se dar conta de tudo o que acontece na sala de aula entre ele e os alunos, aspectos que antes não percebia.

Mediador e mediatriz

Contarei outro episódio que traz à cena, significativamente em minha opinião, esse núcleo. Ele representa de modo concreto, topograficamente, na sala de aula, os elementos dessa rede.

O exercício que Jean-Christophe propõe no dia a que se refere o mencionado episódio é o seguinte (para uma classe de 6ª série): dados dois pontos, A e B, diferentes, colorir de vermelho o que está mais perto de A e de azul o que está mais perto de B.

Jean-Christophe já aplicara o exercício a suas duas outras classes de 6ª série e tudo tinha corrido bem. Mas, nessa famosa classe de 6ª série que lhe traz alguns problemas, eis que ele nos relata uma cena muito vívida em termos visuais, cena que se desenrolou no lugar do exercício proposto, como uma espécie de passagem ao ato dos alunos e dele mesmo em substituição à atividade de simbolização prevista. Duas alunas, cada uma numa extremidade da sala de aula, Anita, que é portuguesa, e, na outra, Yasmina, originária da África do Norte, recusam-se a fazer o exercício. Elas então se levantam e, nas palavras de Jean-Christophe, "conduzem a dança". E ele fica agitado, dirigindo-se ora a uma delas, ora à outra, sem conseguir mediar adequadamente a situação, tendo deixado uma delas de "castigo" e não chegando a punir a outra. "Foi uma bagunça!" E ele diz: "Não sei o que aconteceu". Nessa classe, é de fato difícil canalizar os afetos e levar os alunos a metabolizá-los com a ajuda de um trabalho que tem por base uma representação codificada, e o agir veio nesse caso substituir o ato de pensamento.

Mas examinemos mais detidamente o enunciado do exercício, e demos livre curso às nossas associações.

Dois pontos separados, duas cores diferentes, azul e vermelho (quase azul e rosa), dois semiplanos e um elemento separador, mais precisamente mediador, justamente, próximo de, distante de, quanto mais perto de um tanto mais longe do outro. Onde está o limite? Surge então toda uma cornucópia de imagens: papai, mamãe, "de quem você gosta mais?", feminino, masculino, é preciso estar de um lado ou do outro. A reta que separa as duas regiões. Não se pode ficar restrito a isso. Seu valor é nulo. Os dois países, Portugal/África do Norte, a fronteira, o mar que os separa, os dois lugares: o professor, os alunos, o conflito Anita/Yasmina que é preciso regular, suprimir etc.

O problema é explosivo e, para Jean-Christophe, extremamente delicado, pois faz balançar precisamente as questões que ele ciosamente buscou afastar.

Claro que, no exercício matemático, isso é fácil: a mediatriz está lá para resolver a questão. Mas, na sala de aula, na vida, o que fazer? E certo dia Jean-Christophe nos diz, no âmbito do grupo: “Fui fazer matemática porque achei que isso iria permitir que eu me orientasse na vida”. E vemos como as coisas acabam: as modalidades subjacentes da relação de Jean-Christophe com o saber matemático, sua identidade de professor deslocado no espaço da sala de aula e a atmosfera transferencial que daí advém, de que percebemos um dos aspectos: o círculo vicioso provocação–repressão, ou, eu também poderia dizer, o retorno a Jean-Christophe, à feição de um bumerangue, de tudo o que ele esperara evitar enfrentar.

Conselho de classe

A sessão de que vou falar agora é a décima oitava e última do ano. Isso explica que se tenha estabelecido certa confiança entre os participantes e entre o grupo e eu, e que, desse modo, eu tenha podido falar ao grupo sobre a possibilidade de gravar a sessão para fins de pesquisa, *algo que habitualmente nunca faço*. Além disso, cada membro do grupo tinha aprendido a trabalhar no sentido proposto, uma vez que, para três dos participantes, se tratava do segundo ano de participação no trabalho. As quatro pessoas tinham adquirido o hábito de trabalhar juntas e cada uma tem certo conhecimento da problemática das três outras, sem dúvida um conhecimento melhor do que têm de sua própria problemática. É sempre mais fácil para o sujeito ver com clareza o que ocorre com os outros do que o que acontece consigo mesmo.

Escolhi dois momentos dessa sessão, dois momentos ao longo dos quais Jean-Christophe leva materiais e em que todo o grupo se une a ele a fim de ajudá-lo a “se orientar neles”.

Devo destacar que, para mim, Jean-Christophe é um professor “normal” e que o mesmo ocorre com todos os professores que têm passado por meus grupos. Não está em questão aqui descrever patologias comportamentais, mas simplesmente descrever configurações singulares, tendências, problemáticas que interessa decodificar para o próprio professor caso ele deseje evoluir em sua prática profissional.

Por volta da metade da sessão, percebo que Jean-Christophe tem algo a dizer e que foi interrompido pelos outros. Dirijo-me a ele:

— Cl. O que você queria dizer, Jean-Christophe?

— J.-C. Nada, nada, eu pensava num conselho de classe que ocorreu quando eu era o professor responsável, conselho em que fiquei totalmente "fora do ar", porque era a professora de francês que tomava a palavra a todo momento, e alguém me disse: "Ah, bom, ela não é o professor responsável; você é que é?" (*risos*)

A fim de levá-lo a tornar precisa sua narrativa, intervenho:

— Cl. Quando foi isso?

— J.-C. No primeiro trimestre. Mas ela, a professora de francês, estava bem à vontade, e eu certamente nem um pouco. Enfim, bem, nesse conselho de classe, na mesma classe, com a mesma professora de francês, não deixei que ela ocupasse o centro da cena, e, enfim, quero dizer que, quando havia um problema com algum aluno, considerei uma questão de honra apresentá-lo em poucas palavras.

A discussão no grupo se concentrou naquele final de ano na *questão da tomada da palavra* em conselhos de classe quando se é ou não se é o professor responsável. Esta remete a outra que é uma das que se repetem nesse trabalho: a relação com a tomada da palavra e, de modo mais geral, a relação com a palavra. Trata-se de uma questão que, paradoxalmente, é com freqüência problemática para um professor de matemática; porque uma coisa é, evidentemente, praticar a matemática sozinho e por escrito, e outra ensiná-la comunicando-se por meio da palavra, além disso diante de um grupo; ou ainda: uma coisa é falar na sala de aula, quando se ocupa o lugar de professor, e portanto se é legitimado, se não obrigado, a falar, e falar em outro lugar, nos corredores da escola, no conselho de classe e aqui no grupo, ou em situações gerais da vida.

Percebe-se que a escolha de um lugar em que se é obrigado a falar, como o de professor, pode de alguma maneira mascarar uma grande dificuldade de tomar a palavra em outros ambientes: para falar de si mesmo, como no âmbito do grupo, falar *de verdade* em vez de fazer *intervenções* como na classe, ou se arriscar entre *pares* como no conselho de classe. Vimos isso com Jean.

Tem-se o direito à palavra? Pode-se correr o risco de pedi-la ou de tomá-la? Tem-se algo a dizer quando não se está desenvolvendo o discurso pedagógico? Que risco se corre em falar "de verdade"? De que catástrofe(s) fantasiamos o retorno?

Voltando ao conselho de classe, que parece com freqüência uma espécie de duplicata da sala de aula, é em geral grande a dificuldade de tomar a palavra quando se está nele, seja quando "se espera tudo de você, se espera que o professor de matemática decida", seja quando nada se espera de você: "Os colegas nem sequer dirigem a palavra ao professor de música", seja ainda quando é preciso "desculpar-se por ter uma opinião divergente da dos outros", e, nesse caso, se atrever a enunciar essa opinião, nos termos da ordem casual de quem está à mesa, ou então quando o problema de um dado aluno foi examinado com demasiada rapidez e não se deu atenção ou não se teve o tempo (a coragem) de tomar a palavra. E há além disso professores que vão ao conselho de classe "apenas para se irritar". E depois se terminaria por duvidar de suas próprias opiniões!

Voltando a Jean-Christophe, constatemos que, nesse episódio, ele deixou que seu lugar fosse tomado por uma mulher, professora de francês que nem era o professor responsável e que lhe subtraiu a palavra, "cortou" sua palavra. Observemos a inversão de papéis, de sexos e de disciplinas, um homem substituído por uma mulher, homem que deixou uma mulher autoritária ocupar seu lugar de professor responsável por meio da tomada da palavra. Observemos a dificuldade de Jean-Christophe em manter esse lugar, semelhante à sua dificuldade de ocupar o lugar de professor diante de alunos que não ficam em seu lugar próprio.

Ambivalência

Prossigamos. Jean-Christophe continua a falar de seu mal-estar com relação ao problema do conselho de classe. Dessa vez ele ocupou seu lugar de professor responsável, mas, paralelamente, meteu-se em dificuldades com os alunos:

> Bem, então, acho que vou ter alunos descontentes, eu não lhes disse que passariam, mas na verdade que não sabia nada do que iria ocorrer, mas, na verdade, a meu ver, iam de qualquer modo passar de ano. Isso vai ser para os alunos, para alguns deles, isso vai lhes causar uma surpresa... desagradável. E mais, como eu, nesse trimestre, lhes ensinei álgebra, e a maioria teve de modo geral bons resultados, não percebi que, bem, que, como eles não foram mal em matemática, não percebi que nas outras matérias a situação não foi na realidade tão boa assim. Eu não lhes dei a entender que de fato corriam o risco de ser reprovados, vejam só...

E, pouco depois:

> Depois de tudo, não tenho idéia do que vai acontecer, é o conselho que decide, ora, não sou eu, eles devem ter entendido bem, não sou eu que decido. Bem, não sei que impressão isso lhes causa, mas, nessas classes em que o conselho na verdade dá um parecer, mas em que na verdade são os pais que decidem, o parecer que o conselho dá é simbólico.

E, pouco adiante:

> O que me afetou é que não percebi até que ponto, bem, não, é também porque eu, como dizer, não sou muito rigoroso com eles, mas, vejam, eles não são bons em geometria, não ensinei geometria no terceiro trimestre ou praticamente porque eu acho que castigá-los não tem nenhuma utilidade. Enfatizei o máximo possível a álgebra, matéria em que eles têm chances de se sair bem, e assim, para que tivessem essa chance, em vez de desestimulá-los. Pode ser que eu não os tenha advertido bastante, não tenha ficado dizendo que eles não se esforçam o suficiente, bem, eu com certeza não os adverti o suficiente, eu me sentiria melhor se lhes tivesse dito durante todo o semestre: "vocês não se esforçam o suficiente, vocês vão ver, isso vai ser ruim na hora das avaliações", quem sabe assim a surpresa deles não fosse tanta...

Função materna e função paterna combinadas

Vou arriscar aqui algumas hipóteses a propósito da realidade psíquica da função de professor em situação didática.

Eu não tinha essas hipóteses formuladas explicitamente na cabeça durante a sessão do grupo; elas surgiram de um trabalho posterior com o conjunto do percurso de Jean-Christophe, de seus três anos de participação no trabalho do grupo, tendo sua formalização sido facilitada pelo distanciamento que tenho hoje da relação com ele, pois Jean-Christophe deixou o grupo pouco tempo depois. Na época, eu não as poderia exprimir como faço hoje; mesmo assim, eu tinha, assim como ele, uma certa compreensão da problemática que ele dramatizava em suas classes difíceis. Minhas anotações feitas logo depois das sessões são o testemunho disso. Além disso, nesse estilo de trabalho, a exemplo do que acontece na situação psicanalítica, "Não é a compreensão do analisando ou do analista que se desnuda, mas o dizer, escutado porém não necessariamente entendido" — como escreve Jacques Durandeaux; ou ainda, "Se há alguma cura, esta não é senão *efeito de fala*, não *projeto de fala*"; ou então: "Não responder a uma pergunta e deixar que produza seus efeitos no tempo é antes escutar essa pergunta e respeitá-la do que lhe dar uma resposta, pois a resposta se torna com facilidade um modo de se livrar da pergunta para tentar lançá-la ao esquecimento".

Voltando a Jean-Christophe, e isso é confirmado pela seqüência da sessão, vejo-o às voltas com uma posição de ordem materna quando seu desejo seria assumir uma posição de ordem paterna, posição que ele não pode assumir devido ao peso do temor imaginário de "castrar" os alunos; o resultado é que sua ambivalência o deixa em má situação, pois provoca o desejo de represália dos alunos.

Digo posição de ordem materna porque ele protege a todo custo "os pobres aluninhos": sob o pretexto de uma opção didática, ele faz que estudem apenas álgebra, em que têm algum êxito, eliminando a geometria, para evitar colocá-los diante de suas incapacidades. Eis uma função materna bastante mal compreendida, porque protege os alunos a tal ponto que os induz a uma ilusão de onipotência, com o desprezo do princípio de realidade, e porque Jean-Christophe se fecha com eles nessa bolha ilusória, a ponto de se deixar surpreender pelo julgamento do conselho de classe, que o faz recordar bruscamente a realidade. Isso será uma surpresa desagradável para os alunos, mas também para ele, que é despertado em sobressalto dessas confortáveis águas em que nadava com eles. Disso advém o sentimento de culpa forçosamente desencadeado por tê-los de certo modo enganado e o arrependimento por não ter assumido... o quê? O lugar do pai? Mas também aí, em seu imaginário, reina o mal-entendido sobre a função paterna. Para Jean-Christophe, o pai só pode ser falho, impotente, o que ele dramatiza repetitivamente, classe após classe, para evitar ser um pai demasiadamente severo, ameaçador, em suma, castrador.

Podemos observar os termos usados: "rigoroso", "advertido", "não se esforçam o suficiente", "correr o risco de castigá-los, de desestimulá-los".

Jean-Christophe prefere delegar essa função repressiva ao conselho de classe: "Não sou eu que corto" — insiste ele. Na verdade, essas duas imagens parentais que ele representa em seu lugar de professor são personagens de seu mundo interior, em particular o pai falho, de que ele se regozija de modo compulsivo e que induz nos alunos uma reação agressiva; não há dúvida de que sua história pessoal o induziu a interiorizar esse mal-entendido: o pai, para evitar ser castrador, só pode ser falho, e a mãe só pode ser superprotetora.

Ora, no lugar do professor, tem-se de um lado de assumir ora uma função de ordem materna, ora uma função de ordem paterna e, de qualquer forma, de combinar de maneira equilibrada essas duas funções, mas tendo-as "bem entendidas":

— a função materna, por certo portadora de segurança, de tranqüilidade, de apoio, porém ao mesmo tempo que ajuda e acompanha o aluno rumo à autonomia, ou, de qualquer forma, que proporciona um enquadre protetor para que o aluno faça experiências de autonomização sem correr demasiados riscos;

— a função paterna, estruturante, vertebrante, para instituir parâmetros e limites, o que como decorrência facilita o movimento de afastamento do espaço materno, *sem no entanto cair em excessos repressivos.*

Nas sessões do grupo, assistimos à dramatização de mal-entendidos acerca dessas duas funções da parte de Jean-Christophe. A maneira como isso vem a ocorrer, como se constroem esse enquadre e essa matriz da situação de ensino no nível psíquico, é o que tentaremos esclarecer nos próximos capítulos. Por ora, continuemos a acompanhar Jean-Christophe, que nos faz compreender tão bem as formas de ressonância de todos esses mal-entendidos na classe, assim como a dificuldade de adquirir suficiente flexibilidade psíquica para "manter" as coisas em andamento sem deixar que venham a explodir.

Parâmetros e limites

A seqüência do material da sessão tem por objeto precisamente a questão dos *parâmetros* e *limites*, e Jean-Christophe revela ao grupo que tem justamente grandes problemas com essas questões dos parâmetros e limites. A questão dos "parâmetros" se destaca para ele como problema muito sensível.

No decorrer da sessão, eis o que ele é levado a nos dizer quando Ghislaine diz "Há professores que agem de outro jeito, mas se não se puder usar as notas como critério que critério se vai seguir?", e, dirigindo-se diretamente a Jean-Christophe: "Você não tem esses parâmetros?"

Passado certo tempo:

J.-C.: Acho que fui fazer matemática porque achei que isso iria permitir que a pessoa se orientasse na vida... Ela de modo algum permite que a pessoa se oriente na vida. Então, não tem lá muita utilidade.

G.: E no espaço...

J.-C.: Sim, no espaço, no tempo, em tudo isso, é tudo muito misturado para mim. Não são esses parâmetros que nos orientam.

E o intercâmbio no grupo passa então à questão dos parâmetros:

G.: Na matemática, um parâmetro é uma coisa que a gente escolhe. Na vida é a mesma coisa, um parâmetro é algo que a gente estabelece para si mesmo. Não é uma coisa determinada pelos outros.

J.-C.: Então, eu com certeza tenho dificuldades de estabelecer para mim mesmo.

G.: Porque, afinal, quanto a mim, é assim que vejo; com relação a certas coisas, tenho parâmetros. São os meus, não os do outro.

J.-C.: Como?

G.: Não é uma coisa fixa; um parâmetro é uma coisa que a gente altera. Você pode mudar de parâmetro.

Vem depois um período de bom humor:

G.: A escolha é sua: por translação, por rotação...

J.: Eu me lembro que no dia 11 de maio de 1981 escrevi na lousa "mudança de parâmetros". Todos deram um riso irônico por trás de mim... Não entendi na hora o motivo. Depois entendi.

J.-C.: Você acha que sua opção foi totalmente independente?

J.: Ah, sim, sim. De todo modo, eu não me referia no caso à mudança de parâmetros naquele sentido!

E a discussão volta às notas, e, a partir disso, Jean-Christophe fala de um episódio que ocorreu numa de suas classes difíceis, e que seria objeto de um trabalho no qual todo o grupo iria "se concentrar":

L.: Na verdade, a escolha já está determinada por todo o contexto cultural. No final, todos temos os mesmos. Você diz: escolhemos nossos próprios parâmetros, tem-se toda liberdade.

G.: Uma escala de notas não é mais do que um parâmetro numa dimensão.

L.: Sim, mas os critérios...

J.-C.: Como não temos todos os mesmos, e como não se anunciam os que se têm, como vamos nos orientar quanto a isso? Isso me fez de repente lembrar de um aluno da 7ª série que me disse, quando falei da abscissa e da ordenada, "mas por que funciona assim?". Ora, não há motivo para escolher isso no lugar daquilo. Simplesmente todo mundo trabalha assim. E ele: "E se eu quiser trabalhar de outro jeito?" Isso de fato me deixou fora de mim. E eu lhe disse: "Olha, escuta, se você fizer o que quiser, ninguém vai entender, e além disso você vai tirar zero na sétima série".

Pouco a pouco, solicitado por nós, Jean-Christophe acaba por revelar o que na verdade está sendo encoberto para ele por esse episódio.

Com efeito, todos no grupo sentiram a desproporção entre o tom e a raiva de Jean-Christophe e o conteúdo concreto da pergunta do aluno, pergunta a que um professor de matemática está habituado a responder e que ao ver de alguns professores pode inclusive ser uma boa ocasião de tornar precisas as convenções necessárias a que temos de nos submeter se queremos praticar uma atividade matemática reconhecida pelos outros.

Mas nos faltava o contexto, que Jean-Christophe vai progressivamente desvelando: o contexto que recoloca a questão na boca de *um* aluno específico; trata-se precisamente do "tipo de aluno que não pára de fazer coisas erradas, que faz tudo o que há de pior...", o que portanto vai levar Jean-Christophe a não compreender imediatamente a pergunta do mencionado aluno como uma pergunta que de fato se faz, pergunta que merece uma resposta, tendo-a em vez disso considerado da seguinte maneira:

J.-C.: Acho que certamente havia nisso um pouco de "opa, achei uma pergunta que vai atrapalhar o professor", eu ao menos a senti assim, quer dizer, uma coisa que viesse confundir a classe.

Observemos de passagem que nesse tipo de trabalho, no qual não se tem por foco, antes pelo contrário, a transformação em "terapeuta dos alunos", deslizamento que é bem mais fácil do que se autoquestionar e permanecer no lugar de professor de matemática, aquilo que vamos reter não é a pergunta do aluno em si mesma, mas o que ela "faz" ao professor, ao lhe propor, por contraste, versões diferentes de uma outra escuta possível dessa mesma pergunta.

Por exemplo, Ghislaine propõe que se pode escutar essa pergunta do aluno com uma atitude extremamente positiva:

G.: Além disso, é ao mesmo tempo bastante salutar. Isso quer dizer que ele não quer se conformar com as normas.

E Louise reforça:

L.: É, quero dizer que, no nível do raciocínio, é interessante que esse aluno tenha vontade de escolher, que lhe venham ao espírito opções que não tenham caráter estritamente escolar. Isso na verdade não tem nada de mal.

E Jean-Christophe vai então poder dizer que, para ele, "Há tantas coisas não-escolares que entram na classe... que... ah".

E ele vai poder ir mais longe no tocante ao que isso revela profundamente nele:

J.-C.: Eu adoraria que esses alunos aceitassem um pouco mais as normas, porque isso lhes faz falta. Mesmo quando você disse eu escolho meus próprios parâmetros, bem, esse é também um de meus problemas. Vejam, eu me imponho limites: 8:20. Às 8:25, eu me digo, ora, isso não é grave; ainda tenho tempo. É justamente a maneira, o trabalho que faço com os parâmetros, é justamente me dizer que não os escolho. Eles são exteriores a mim, ou, pelo menos, uma vez escolhidos, não se pode, eu não vou mudá-los, como dizer, isso é para mim um fator que causa angústia. É também por isso que reagi tão violentamente diante do aluno que disse "Por que não mudar?".

Mais claro impossível. Eis uma pergunta de aluno que afetou com grande impacto uma interrogação ainda atual para Jean-Christophe. E a sessão continua com a evocação de novos elementos sobre o referido aluno:

J.-C.: Tenho quase certeza que é o tipo de aluno que, quando cria algum problema, recebe o apoio da irmã mais velha. Quer dizer, por exemplo, há uns três dias ele se ausentou da sala de aula, e a diretora tinha decidido que os alunos que se ausentassem, e que, chegando às 8 da manhã, às 9 tivessem desaparecido no ar, seriam mandados de volta para casa, com, bem, que eles só seriam aceitos no ano seguinte se os pais fossem matriculá-los e que, bem, os encarregados da segurança geral ligaram para os pais, como é que seu filho não está na escola? E depois do meio-dia foi o diabinho, acompanhado da irmã e da mãe. A mãe não fala francês, ou fala bem pouco, mas de qualquer forma chegou com a irmã para defender o queridinho da casa. E é muito comum que ele faça das suas e seja punido, e os pais depois digam em seu apoio: "A punição é injusta ou rigorosa demais".

Tem-se a impressão de ver a cena de um filme: eis um menino insubmisso, apoiado pelas mulheres em suas transgressões, vindo contestar a lei proposta por Jean-Christophe. Ora, em sua fantasia, Jean-Christophe gostaria de ser um pai para seus alunos. Estão aí reunidos todos os ingredientes para que ele seja afetado no mais profundo de seu ser por esse incidente aparentemente tão banal.

Sentindo a emoção aflorar no relato, digo a Jean-Christophe: "E o que isso reatualiza para você?"

J.-C.: Bem, na verdade, como dizer... é, sabe... Há aqui um limite, mas é como se na verdade não houvesse, porque, se a instituição diz que não se pode fazer tal coisa e, se se fizer, vai haver uma punição, e se alguém da família vem em apoio e diz que não, não é preciso punir, então isso quer dizer na verdade...

L.: Isso funciona. Se funciona, o pessoal faz muito bem em se aproveitar disso.

J.-C.: Bem, funciona, sim, um pouco, de fato. Funciona um pouco, e é isso o mais escandaloso.

G.: Então, veja, pelo que você disse, há limites mas na verdade não há. Isso me faz pensar no que você disse agora há pouco. Bem, faço isso até as 8h20min. O que você disse agora me fez lembrar disso.

J.-C.: Isso, exatamente a mesma coisa.

G.: Então por que isso choca você no caso do garoto?

J.-C.: Nos outros?

G.: Isso mesmo. Porque isso é uma coisa que você faz. Você devia, pelo contrário, ficar contente por ter encontrado alguma coisa semelhante.

J.-C.: Isso é justamente algo que tento esclarecer ou de parar de me deixar sufocar por isso. Bem, sei lá, reagi nesse sentido.

[...]

J.: Quando você diz "Não quero me deixar sufocar por isso", é que, no fundo, o fato de não respeitar os limites é sentido por você como uma coisa que o sufoca. Podemos pensar que essa é uma liberdade que você dá a si mesmo.

J.-C.: É, bem, com certeza.

J.: E isso tem aspectos que restringem.

J.-C. É justamente o contrário. Não se pode fazer nada sério nem constante.

L.: [...]

J.-C.: É, mas nada permanece, nada que se tenha construído, quer dizer, estou exagerando, isso quer dizer que tudo se equivale, na verdade, que tanto faz vir ou não vir... Não é de modo algum liberdade. Na verdade, a liberdade faz sentido somente com relação à não-liberdade. Ora, sem dúvida, quando a gente não tem regras, está o tempo todo e em todo lugar em liberdade. E aí não pode sentir essa liberdade.

Constatemos aqui que o espaço de diálogo entre o professor e os alunos se acha repleto de projeções, de mal-entendidos que entram em ressonância uns com os outros; que uma pergunta banal sobre o objeto do ensino, num dado contexto, é entendida pelo professor como provocação e que essa pergunta-provocação, ao atingir em cheio uma problemática candente para o professor, desencadeia uma reação da parte do professor cuja intensidade está em forte contraste com a aparente banalidade da pergunta. Os alunos-limite levam o exercício da função do professor ao limite.

A fantasia do Zorro, ou as "forças fracas"

Parte do material trazido por Jean-Christophe, ao longo de três anos, gira em torno da fantasia de ser "um pai para seus alunos", mas dramatiza repetitivamente nas sessões do grupo um pai fraco, manipulado pelos alunos. Na verdade, ao final de um certo período de trabalho com o grupo, por volta da metade de seu percurso, Jean-Christophe trouxe uma nova fantasia. Dessa vez, ele vê a si mesmo como Zorro ao chegar à sala de aula, ou Zorro é uma personagem de dupla face: de um lado, à luz do dia, o filho submetido a um pai relativamente impotente para ajudar os fracos; do outro, ao preço da máscara, o vingador, o justiceiro. Na verdade, Zorro assume algo do pai poderoso mas só o pode fazer encoberto pela noite; à luz do dia, deve continuar a representar o papel de filho submisso para evitar revelar a impotência do pai.

Eis um novo ideal para Jean-Christophe: ser Zorro quando chega à sala de aula. É possível que o surgimento dessa nova fantasia testemunhe um progresso na evolução de Jean-

Christophe. Contudo, ainda há trabalho a efetuar para reduzir a distância entre essa nova imagem ideal e a imagem de professor fraco, que, segundo ele, lhe é remetida pelos alunos.

Levemos em conta que o trabalho no grupo permitiu que Jean-Christophe tivesse algum esclarecimento com relação a essa fantasmática nele dominante e, por isso, contribuiu para uma evolução de sua relação com os alunos, ao passo que todos os conselhos pedagógicos que ele reconhece ter de vez em quando pedido lhe indicavam como agir tecnicamente para "controlar" os alunos, mas, quando ele aplicava esses conselhos, "não dava certo".

Hoje sabemos um pouco mais que *havia nele alguma coisa mais forte que o impedia de agir de acordo com as indicações que lhe eram dadas.*

Disfarce

Pode-se pensar que a identidade de professor de matemática ainda constitui para Jean-Christophe um disfarce que lhe serve para o mascaramento de questões cruciais da existência, como, por exemplo, as referentes às relações sexuadas entre pessoas.

Por isso, esse disfarce não o protege suficientemente de questões identitárias fundamentais que têm de ser retomadas por ele no âmbito profissional caso não deseje continuar a se sentir repetidamente maltratado por certos alunos sem que algum conselho pedagógico ou projeto didático possa bastar para resolver seus problemas com as classes difíceis. Trata-se de classes nas quais os alunos, em decorrência de seu desenvolvimento psíquico próprio correspondente ao período da adolescência, assim como devido a razões ligadas a posições sociais e culturais que não lhes conferem uma segurança suficiente, têm identificações sexuadas ainda oscilantes, indecisas. Diante dessa instabilidade e dessa insegurança identitárias, constata-se que os professores são chamados a oferecer um enquadre que contenha um invólucro psíquico tranqüilizador. Ora, isso ainda não pode ser proporcionado por Jean-Christophe, para quem o vínculo didático se acha assentado demais sobre uma série de mal-entendidos. Mal-entendido quanto à relação com os alunos, que é justamente o que ele inconscientemente esperava que fosse isento de qualquer mal-entendido, mal/entendido, no sentido próprio, com respeito às perguntas dos alunos, e mal-entendido fundamental no tocante à sua ligação com a matemática.

Será necessário retocar o disfarce, e o trabalho no grupo ajuda Jean-Christophe nesse sentido, auxilia-o a suportar o fato de não ser nem pai nem Zorro, mas simplesmente Jean-Christophe, professor de matemática, nem todo-poderoso nem, em contrapartida, indigno, apenas professor no momento certo.

Os mal-entendidos estão no cerne da vida, e, por conseguinte, também no âmago da vida profissional; isso não constitui em si um problema, salvo se, na situação específica de ensino, esses mal-entendidos, como veremos, entrarem em ressonância com as questões problemáticas dos alunos. É com efeito o fenômeno da ressonância, no sentido da física, que está envolvido aqui; a amplificação pode chegar a tal intensidade que leve aos limites a possibilidade do exercício da função de professor. Ela pode mesmo ser um catalisador da passagem ao ato e, em todas as situações, transforma o encontro professor–aluno num campo em que se pode desencadear todo tipo de violência. Não são exortações exteriores em forma de conselhos que podem atenuar esses irrupções e desfazer as relações de forças instauradas. Para mim, somente um trabalho psíquico do professor tem condições de ajudar a elucidar uma parte desses mal-entendidos para que ele possa se deixar surpreender menos pelo fenômeno da ressonância.

No próximo capítulo, vamos recorrer à modelização de Bion para melhor imaginar como o grupo-classe constitui uma caixa de ressonância e quais as capacidades a ser desenvolvidas pelos professores para que tenham condições de conter esses fenômenos.

Capítulo 7

Saber ou aprender a conhecer

> Nosso jovem investigador simplesmente fez na hora certa a descoberta de que todo saber é fragmentário e de que em cada grau de conhecimento alcançado permanece um resíduo não resolvido.
>
> Sigmund Freud, "O pequeno Hans".

No período imediatamente pós-Freud, pelo menos na França, pode-se constatar que poucos analistas se preocupavam com os mecanismos do pensamento, ao passo que, no decorrer dos últimos dez anos, multiplicam-se as edições de revistas e os livros sobre esse tema. André Green (1993*a*) faz uma sofisticada análise dessa questão na obra de Freud, em seguida a submete ao crivo da evolução filosófica contemporânea, e, por fim, retoma as teorias de dois autores que constituem, a seu ver, a fonte da ressurreição do pensamento na psicanálise, Jacques Lacan e Wilfred R. Bion: "Diz-se ser fato inegável ter sido necessário esperar Bion e Lacan, cada qual chegando aí por caminhos distintos, para que finalmente as coisas fossem designadas pelo nome. Ocorre a partir de então uma explosão, como numa proliferante eflorescência, das menções, sob as mais diversas formas, ao pensamento: lógica ou lingüística da parte de Lacan, didática e com freqüência dogmática da parte dos kleinianos, independente e original da parte de Piera Aulagnier e Didier Anzieu".

Além disso, no tocante à compreensão dessas questões, constata-se que, dos anos 1960 aos anos 1980, os interesses dos analistas se concentram nos mecanismos do tipo neurótico, na linha do trabalho de Freud, notadamente da obra *Inibi-*

ção, sintoma e angústia (1925) e *Leonardo da Vinci e uma lembrança da sua infância* (1910), ao passo que, a partir da década de 1980, o interesse começa a se deslocar preponderantemente para problemas do pensamento advindos de mecanismos de ordem psicótica. Terão os pacientes mudado? Terão passado a ser *borderline*, ou seja, estados limítrofes? Não será sobretudo a teoria que orienta cada vez mais seu olhar, na esteira das descobertas de Melanie Klein e de seus sucessores, para a análise das psicoses, ou ao menos para a consideração da parte psicótica dos pacientes?

André Green, por sua vez, afirma em seu texto "La double limite" [O duplo limite]: "Parece-me que, hoje, os analistas, que têm de lidar cada vez mais com pacientes ditos difíceis se vêem obrigados a abordar o problema do pensamento por considerações práticas. Porque, mesmo quando não são psicóticos, os pacientes que constituem a população analítica nem por isso são mais neuróticos. E também nos casos em que não se apresentam em seus consultórios, os problemas do pensamento impõem sem dúvida ao analista um esforço de pensamento, o que deixa entrever neles a existência mais ou menos latente de uma problemática desse tipo".

Ao longo do período recente, parece-me igualmente importante recuperar no campo psicanalítico francês uma evolução de outro tipo no nível epistemológico. Certo número de analistas aceita transcender em seus escritos teórico-clínicos as clivagens teóricas entre as diferentes correntes de pensamento. Não há dúvida de que a dissolução da escola freudiana e o falecimento de Lacan marcam uma virada decisiva nessa evolução; a riqueza dos desenvolvimentos das correntes psicanalíticas anglo-saxãs não deixa indiferente nenhum analista francês. Podemos fazer nossa a observação de François Duparc num artigo intitulado "D'un manque à l'autre ou les vertus d'un couple théorique" [De uma falta à outra, ou as virtudes de um par teórico]: "Uma única teoria equivale à relação fusional com um só genitor; temporariamente aceitável, como o é a regressão, mas a longo prazo sufocante, psicotizante, interminável". No que se refere mais particularmente às contribuições de Bion, deve-se observar que só tardiamente vieram a ser levadas ao conhecimento do público francês, que de algum modo "compensa" isso hoje citando-as profusamente.

Com efeito, vimos a sucessão de três modelos fundamentais, o modelo freudiano, o modelo kleiniano e o modelo inspirado por Bion. No primeiro modelo, atribui-se aos fatos um elevado quociente de referencialidade histórica; eles são reconstruídos se resgatados do recalque, e a dinâmica intrapsíquica remete a personagens que a pessoa conheceu e a sentimentos que viveu. Ao lutar contra os mecanismos de defesa, pode-se exumar fatos ocultos, como numa camada arqueológica. No modelo kleiniano, as angústias mais primitivas ocupam o primeiro plano, "aquelas que se vinculam com a agressividade, com o instinto de morte, a destrutividade, o sadismo, a ganância, a inveja, assim como as retaliações fantasmáticas do objeto agredido" (Ferro, 1997). A geografia da psique se vê modificada, tornando-se a arena de um mundo interior, o das fantasias inconscientes, sendo por meio do mecanismo de identificação projetiva que o analista pode ter acesso a esse mundo. A transferência se torna o "radar pré-instalado para interceptar identificações projetivas. O analista assume o papel de intérprete capaz de esclarecer o funcionamento desse mundo interior" (Ferro, 1997). No modelo bioniano, os afetos e os pensamentos nascem na inter-relação e esperam um continente que os trate. É o encontro de psiques que ocupa o primeiro plano na interatividade permanente atual. A identificação projetiva muda de perspectiva. Esse mecanismo se torna geral, constituindo a atividade de base da psique para os fins da comunicação das emoções. Trata-se de uma modalidade normal de que dispõem os seres humanos para comunicar-se. Atribui-se importância ao par analista–paciente, ou ao grupo, e àquilo que podem fazer juntos no trabalho psíquico do encontro. O analista deve desenvolver capacidades de acolher os elementos psíquicos primitivos e de renunciar às interpretações saturantes.

Desse modo, em meus trabalhos houve uma sucessão de influências e foi possível recuperar uma espécie de estratificação produtiva dessas diferentes contribuições em minha evolução teórica.

Em nosso campo, nem todos os alunos se tornaram *borderline*, mas ainda assim assistimos a consideráveis mudanças no público escolar e na maneira de concebê-lo. Muitos alunos se acham em situações-limite, transformando-se assim em alunos-limite pelos quais também os professores são levados aos limites de suas capacidades. Logo, a evolução teórica de que fiz um breve sumário nos leva, notadamente com Bion, a poder esclarecer de uma nova maneira esses comportamentos dos alunos, bem como a apreender que capacidades devem ser desenvolvidas em nós para termos condições de enfrentar esses comportamentos de maneira construtiva.

Foi nesse ambiente que travei conhecimento com Wilfred R. Bion e pus esse conhecimento a serviço de minhas preocupações de pesquisadora na área das ciências da educação. São os elementos que conservei para mim como essenciais que desejo partilhar com o leitor neste capítulo[1].

O que aprendi com W. R. Bion[2]

Nas obras em que aborda a atividade do pensamento (1962), Bion nos oferece um modelo operante para compreen-

1. Numa primeira leitura, esses elementos podem parecer difíceis de apreender; é o momento de recorrer à própria sensibilidade e pôr em prática a capacidade negativa cara a Bion de tolerar a não-compreensão e aceitar que isso emerge mais tarde no campo emocional provocado pelo encontro com os relatos clínicos.

2. Devo dizer que, sem a transmissão clínica que recebi de Salomon Resnik, essa aventura teria permanecido puramente intelectual; pude, graças ao "espaço mental" que ele me ajudou a recriar, elaborar os vínculos necessários para apreender, no sentido de sentir e de pensar, a teorização de W. R. Bion.

der uma possível construção primeira do aparelho psíquico de aprendizagem do sujeito. Essa conceptualização permite entrever ao mesmo tempo como esse desenvolvimento primeiro, quando afetado por empecilhos, deixa o sujeito amplamente prejudicado para construir em seguida as capacidades secundárias de aprendizagem e, por conseguinte, para construir as capacidades de aprendizagem escolar. Isso nos dá pistas para a compreensão do subsolo psíquico no qual se funda a relação do sujeito com a aprendizagem, ou ao menos indica as condições de possibilidade de construção da relação com o saber.

Esse modelo, como veremos, está vinculado às capacidades próprias do ambiente materno, sendo nesse sentido bem próximo da conceptualização de Winnicott. Para além da compreensão do desenvolvimento de um sujeito singular, pareceu-nos que o modelo pode sugerir um quadro teórico pertinente para abordar metaforicamente certos tipos de interação pedagógica, em situação de sala de aula, que poderíamos caracterizar como da ordem de uma "reação pedagógica negativa".

Mas voltemos ao assunto em pauta e tentemos tornar legível, sem demasiada perda de profundidade, essa modelização. No fundo, as noções mais importantes que estão na base dos trabalhos de Bion acerca do pensamento são as de *capacidade de aprendizagem* e *capacidade de pensar*. Para ele, o essencial é, no cômputo geral, preservar a capacidade de aprendizagem quando houve condições de adquiri-la no começo da vida, no transcurso do desenvolvimento normal da personalidade, ou, depois disso, a partir dos remanejamentos obtidos ao longo de uma cura psicanalítica, e então desenvolver a capacidade de pensar por si mesmo, como nos aconselha Bion: "É muito importante ousar pensar e sentir aquilo que se pensa ou se sente, pouco importando quão pouco científico seja". Assimilemos esse conselho malicioso e um tanto provocador, sabendo que não podemos segui-lo ao pé da letra, mas que, se se instaurar profundamente em nós, essa inspiração não deixará de ter algum efeito. Um pouco como quando usei a fórmula chocante "sem memória e sem desejo", enunciada a propósito dos analistas, ao propô-la aos professores: "Vá a cada aula sem memória e sem desejo". Num primeiro momento, é evidente que isso lhes pareceu absurdo; como não ter um programa, objetivos de uma aula a outra para ensinar, um projeto para os alunos, nem o desejo de que compreendam, aprendam, sejam bem-sucedidos? Não obstante, se meditarmos sobre essa injunção, ela nos trará a mudança imperceptível de postura interior que já evoquei em várias ocasiões e que me parece a fonte de um desprendimento favorável, tanto para o próprio professor como para os alunos com que ele lida.

O vínculo C de conhecimento

Para Bion, a meta é *o conhecimento*, mas no sentido bem preciso de que *a atividade de "conhecer" significa aprender a conhecer alguma coisa e não "possuir um conhecimento"*, e no sentido de que a única coisa que interessa verdadeiramente é a realidade incognoscível, a realidade última ou original que ele designa por *o*, o desconhecido, e que também representa para ele a verdade absoluta, a divindade ou ainda o infinito. Ele usa para esse vínculo de conhecimento a notação (C). Para Bion, "C representa um vínculo ativo e permite pensar que, se *x* C *y*, então *x* faz alguma coisa a *y* [...] C não significa que *x* está de posse de um conhecimento nomeado *y*, mas antes que x *está em vias de conhecer* y *e* y *em vias de ser conhecido por* x".

Ele isola assim três vínculos de base: os vínculos A (de amor), O (de ódio) e C (de conhecimento)[3]. Enquanto para Freud a curiosidade é situada com relação à curiosidade das origens, e não vem espontaneamente à criança, sendo antes suscitada pela chegada de outro bebê, aquilo que Florence Bégoin-Guignard (1981) chama de a versão genital vinculada com o

3. Em inglês, trata-se dos vínculos L, H e K, correspondentes aos termos Love, Hate e Knowledge.

Édipo (a única considerada por Freud), para Bion *a curiosidade reside na alvorada da vida pré-genital.* "O amor e o ódio foram sempre reconhecidos", diz-nos Green (1993*a*), "como ocupantes de um lugar de destaque nos diferentes contextos das teorias que têm se sucedido na psicanálise. Mas nunca antes de Bion um psicanalista pensara em adicionar a eles um terceiro termo, o conhecimento, constituindo a reunião dos três um conjunto coerente e necessário".

A função alfa

Para Bion, *o vínculo C tem relação direta com a aprendizagem pela experiência, com o fato de tirar proveito da experiência emocional.*

Como se estabelece esse vínculo C e de que forma é a experiência fonte de crescimento? Bion concebe um mito explicativo, bastante inspirado no modelo do aparelho digestivo, apoiando-se nas funções de base de Melanie Klein, a das posições esquizoparanóide e depressiva (que recebem no texto as notações Sp e D) e no conceito de identificação projetiva. Lembremos, com a ajuda de H. Rosenfeld (1987), que "a identificação projetiva se acha em primeiro lugar vinculada a um processo de clivagem do ego primitivo: as partes boas ou más do eu são expulsas do ego e depois, num segundo momento, projetadas em objetos externos na forma de amor ou de ódio. Esse processo leva a uma fusão das partes projetadas do ego com os objetos externos; o indivíduo se identifica a tal ponto com o aspecto pertinente do objeto externo que se torna esse objeto. Uma importante conseqüência de tal identificação projetiva é suscitar angústias paranóides. Os objetos, sentidos como detentores das partes agressivas do ego, tornam-se persecutórios e são vividos pelo paciente como fonte de ameaças de represálias. Os pacientes sentem que os objetos vão tentar voltar à força para seu interior com as partes más do eu que contêm". O mito que

Bion vai construir a partir disso cumpre uma função heurística que nos permite apreender uma espécie de gênese da capacidade psíquica de aprender e do aparelho do pensar.

O estabelecimento do vínculo C e da capacidade de aprendizagem funda-se no funcionamento daquilo que Bion denomina *função alfa*: trata-se de uma das funções da personalidade que permitem apreender e registrar dados dos sentidos e depois transformá-los naquilo que ele chama de *elementos alfa, constituídos por imagens visuais, por esquemas auditivos e olfativos*. Esses elementos alfa têm a capacidade de se agregar à medida que proliferam. A função alfa incide sobre todas as impressões dos sentidos e sobre todas as emoções, e a aprendizagem mediante a experiência supõe que essa função possa operar. Em última análise, pode-se praticamente confundir a função de aprendizagem mediante a experiência com a função alfa.

A "capacidade de devaneio"

Os elementos alfa são por conseguinte *fatos advindos da experiência emocional* que foram "digeridos" pelo bebê. Ao contrário dos elementos alfa, os elementos que Bion chama de *elementos beta*, constituídos por fatos "não digeridos", "não podem unir-se entre si". Podem apenas ser *expulsos*. E é nesse momento que a função alfa da mãe intervém, caso funcione corretamente, para tratar esses elementos e, uma vez transformados, fornecê-los ao bebê.

Quando o desenvolvimento mental segue seu curso normal, assiste-se ao *crescimento do aparelho de aprendizagem pela experiência*; cada realização emocional associada à aprendizagem se complexifica à medida que se repete no curso do desenvolvimento mental.

Nesse processo, vemos que a mãe não é apenas um receptáculo passivo de elementos beta expulsos pelo bebê, mas desempenha um papel ativo na recepção e no tratamento dessas identificações projetivas; essa função da mãe recebe de Bion a denominação "capacidade de devaneio materno". Trata-se do modo de a mãe "sonhar seu filho". Trata-se para ela de não se deixar destruir sob o peso dessas expulsões, mas, pelo contrário, de poder acolhê-las, desintoxicá-las e torná-las toleráveis para o bebê. É o canal da identificação projetiva que é assim posto no primeiro plano nessa construção e nessa troca de elementos psíquicos brutos.

Os pensamentos, o aparelho de pensar

Quando aos pensamentos e ao aparelho de pensar, para Bion o esquema é o seguinte: haveria uma preconcepção inata da espera do seio para satisfazer a natureza incompleta do bebê, o que remete ao pensamento de Melanie Klein. "Quando essa preconcepção entra em contato com uma realização favorável, o dado psíquico de saída é uma concepção". Quando a preconcepção encontra uma frustração, a realização de uma ausência do seio, por exemplo, o bebê pode tanto fugir à frustração como modificá-la. Se sua capacidade de tolerar a frustração for suficiente, o não-seio interior se tornará um pensamento, e assim se desenvolverá um aparelho para pensar esse pensamento. Se isso não ocorrer, o não-seio interior mau vai impelir o sujeito à fuga. O pensamento que deveria resultar da conjunção entre a preconcepção e uma realização emocional negativa vai se tornar um objeto mau e terá de ser evacuado. *Em lugar do desenvolvimento do pensamento e do aparelho de pensar para tratar esses pensamentos que nascem, vai-se então assistir a um desenvolvimento hipertrófico do aparelho de identificação projetiva.* Nesse resultado patológico, os pensamentos não se distinguem dos maus objetos interiores de que é preciso se livrar. O excesso de identificação projetiva é excesso ao mesmo tempo quanto à freqüência de utilização do mecanismo e quanto à crença na onipotência de seu emprego.

Entre os dois extremos, se uma preconcepção encontra uma realização insuficientemente favorável para sua satisfação, são possíveis dois caminhos: ou a frustração é tolerada e se assiste ao nascimento de um processo de aprendizagem pela experiência, ou há intolerância à frustração e o surgimento do mecanismo de onipotência e de onisciência que substitui a aprendizagem.

Para Wilfred R. Bion, são os pensamentos que requerem um aparelho de pensar para transpor a distância entre o conhecimento da falta e a ação destinada a modificar essa falta. Esse aparelho desempenha um papel análogo ao da função alfa, que, por sua vez, transpõe a distância entre, de um lado, os dados dos sentidos, e, de outro, a percepção de qualidades psíquicas e sua avaliação. "É sob a pressão dos pensamentos, e não ao contrário, que se desenvolve o aparelho de tratamento dos pensamentos" (Bion, 1974).

Vínculos e ataques à função de vínculo

O protótipo de todos esses vínculos é para Bion o vínculo ao seio, e os ataques fantasmáticos ao seio são para ele o protótipo de todos os ataques lançados aos objetos que servem de vínculo.

Esses ataques aos vínculos têm dupla origem: no sujeito, quando este apresenta uma disposição a uma inveja e a uma raiva destrutivas excessivas, ou na mãe, se esta é não-receptiva ou não consegue manter-se equilibrada sob o fogo das projeções-projéteis, isto é, quando a própria mãe não é dotada de uma função alfa suficientemente operante para suportar as projeções do bebê e para lhe permitir transformar essas projeções e, assim, torná-las mais digeríveis.

O que Bion descreve é que esses "objetos" aos quais o sujeito se vincula são ou objetos concretos do ambiente ou então objetos internos, os sentimentos do sujeito, suas emoções, seus pensamentos, aí incluídas suas funções. Disso decorrem os *possíveis ataques à própria função de vínculo.*

Como já sugeri, para Bion, com efeito, *a aquisição* de um saber, no sentido de posse desse saber, se opõe ao amadurecimento da personalidade, ao crescimento psíquico. O que se privilegia é o crescimento. A aquisição, a posse de um conhecimento não são buscadas; o que se busca é um *vir-a-ser*. Além disso, *crer saber se opõe a aprender*. A fantasia onipotente e onisciente se opõe à capacidade de aprendizagem. E Bion adverte os pesquisadores quanto à seguinte distorção sempre possível: "Se não tolerar a frustração inerente a toda aprendizagem, o pesquisador vai se comprazer com as fantasias de onisciência e com a crença numa condição em que todas as coisas seriam conhecidas. Conhecer algo equivaleria então a 'possuir' um conhecimento e não ao que chamo de C".

O sofrimento e o vínculo – C

Outra dimensão importante nessa maneira de ver as coisas é que a experiência induz um *sofrimento psíquico* no sujeito, e talvez seja para suprimir a dor que este prefira fugir à experiência de aprendizagem em benefício da crença de ser detentor de um conhecimento.

Nessa tentativa de fugir das experiências dolorosas, para Bion, o vínculo C se torna vínculo (– C) ou C –, em in-compreensão (*NOT-understanding*), equívoco (*MIS-understanding*), e Bion faz referência a casos de pacientes que "se equivocam com respeito à interpretação com o fim exclusivo de demonstrar (ao analista) que a aptidão para equivocar-se é superior à [aptidão] para compreender", assim como de provar desse modo sua superioridade ao deixar o analista no impasse. André Green (1993) nos recorda que "Bion preocupou-se em atribuir um duplo valor, positivo e negativo (C + e C –), ao conhecimento [...]. Há portanto um desdobramento específico do símbolo do conhecimento que devemos entender como revelação do poder próprio do negativo", e também que "cada um compreende que o equívoco (o mal-entendido) traz uma ambigüidade cujas conseqüências estão longe de ser sempre lastimáveis, abrigando a possibilidade de uma agradável surpresa no tocante à descoberta de um outro sentido tanto não-esperado como "não-entendido" — ao passo que a in-compreensão põe um fim em todo o desenvolvimento do processo de compreensão"[4].

Conseqüências

Na medida em que definimos a relação com o saber como um processo criador de saber para um sujeito-autor, necessário ao agir e ao pensar (Beillerot, 1989), Bion nos fornece um esclarecimento das próprias condições de possibilidade de estabelecimento dessa relação com o saber para um sujeito e pistas de compreensão quando essas condições foram insuficientes ou insatisfatórias, prejudicando seu desenvolvimento; de igual forma, se se considera que essa relação com o saber se constrói no âmbito de interações dinâmicas entre dois psiquismos, o da mãe e o do bebê, âmbito do qual Bion nos fornece um paradigma de compreensão, pode-se imaginar que essa modelização tenha condições de nos ajudar a compreender o âmbito em que se desenrola toda mediação ulterior que afeta a relação de um sujeito com o saber, e, de modo particular, a mediação didática de um professor ou formador de professores.

4. Por outro lado, André Green cita um livro póstumo de Bion, *Cogitations*, publicado em 1992, e nos indica que essas notas pessoais de Bion "mostram de maneira ainda mais patente do que em seus outros livros a presença de um pensamento do negativo, impelido à possibilidade de um paralelismo do raciocínio matemático e do trabalho do sonho".

Do lado dos alunos

Essa modelização permite compreender melhor os alunos que têm vontade de saber, que desejam ter acesso ao conhecimento e que "estão prontos a fazer bastante para chegar a ele, com exceção de uma coisa, com exceção de aprender". *Saber, sim; aprender e pensar, não*, de acordo com a proposta de Serge Boimare (1999). De acordo com esse autor, psicopedagogo e psicoterapeuta, essas crianças têm um comportamento de evitação do pensamento, porque esse caminho as amedronta e desestabiliza seu equilíbrio psíquico. Para essas crianças, aí onde uma leve ansiedade normal proporcionada pelo fato de não saber os impeliria a buscar o saber, aí eles se vêem submersos por uma intensa frustração que reativa temores muito arcaicos: o abandono, a fragmentação, a castração, a penetração e a devoração são os exemplos mais freqüentes. Para proteger seu equilíbrio, essas crianças, diz-nos Boimare, "cortam o fio do pensamento". Além disso, projetam tudo o que tanto os amedronta nos exercícios, nos dirigentes ou na pessoa do professor.

Na realidade, se quisermos realmente ver de perto essas crianças, nós, pesquisadores, suscitaremos nelas em certos momentos uma impressão de estranheza. Talvez também não seja impossível pensar nesses termos a posição psíquica de certos alunos. O que não significa que se possa utilizar o dispositivo da sala de aula sem maiores reflexões para acompanhar esses alunos, nos termos do dispositivo psicopedagógico. Nossa hipótese é, pelo contrário, a de que, quando nossa sensibilidade consegue alcançar uma forma de apreensão desses fenômenos, o enquadre didático que vamos instaurar vai adquirir mais flexibilidade e maleabilidade.

No outro extremo, a proposição de Bion nos faz compreender que o sujeito que sabe tudo nada mais tem a aprender. Em outras palavras, pode-se compreender o desastroso impacto causado pela manutenção da posição de onipotência narcísica do *Eu sei tudo* da criança. Não obstante, essa é uma etapa necessária no decorrer do desenvolvimento, um passo que deveria levá-la ao desejo de saber e de aprender. Mas o luto da ilusão de que existiria alguém que sabe tudo, ilusão que alimenta outra, a de que há algo de oculto que temos de descobrir, é um difícil trabalho. Num desenvolvimento sem demasiados obstáculos, o desejo de saber sempre mais permanece vivo, nossa curiosidade nunca entra em repouso. Porém nosso desejo de saber já não se funda na magia da fórmula *Eu sei tudo*. Deixamos de acreditar que o saber é dado e podemos então fazer o esforço de aprender. Cumpre reconhecer que "esse caminho, que passa pela frustração, pela separação dos primeiros objetos de amor idealizados, é árduo, e alguns tropeçam e se detêm" (Méry, 1981).

Do lado do espaço de ensino e de formação

A teorização de Winnicott em termos de ambiente "suficientemente bom" e de espaço potencial pode nos esclarecer uma possível metaforização do espaço de ensino no sentido de que o professor, assim como cria um equivalente da zona intermediária entre a mãe e a criança que Winnicott descreve, pode apresentar o objeto-saber, em determinados momentos, como um objeto transicional que suscita a partilha paradoxal e a criatividade, permitindo assim que o aluno passe do *playing* ao *game*. Já abordamos de passagem essa possibilidade no capítulo 2 e a retomaremos no final do livro. Sem negar essa metaforização, que tem sua utilidade, mas colocando-nos desta vez na perspectiva de Bion, ganhamos em termos de compreensão no tocante a certos fenômenos de agressividade e de violência, fenômenos ligados a reações de rejeição do saber ou da experiência de aprendizagem que chegam mesmo a provocar em certos casos, da parte dos alunos, "ataques" ao professor ou ao formador de professores.

Se na situação comum — a que mais ocorre — são os mal-entendidos que predominam e agem no espaço de ensino ou de formação, em certas outras situações os parceiros podem ser levados seja ao impasse, seja ao ponto de ruptura, quando o negativo assume a preponderância. Os mal-entendidos são inerentes a toda forma de vínculo, estando pois também na base do vínculo didático, mas, como nos sugere André Green, podem abrigar felizes surpresas que desvelam o não-esperado ou o "não-entendido", desde que não os deixemos se cristalizar. Em contraste com isso, quando é colocado numa situação em que tem de suportar um excesso de identificação projetiva da parte dos alunos, o professor se sairá melhor se tiver desenvolvido em si uma função de contenção suficientemente elástica para se deixar distender e deformar, mas que seja ao mesmo tempo suficientemente firme para resistir a esses ataques. Observemos de passagem que essa função de contenção apresenta desse modo dois aspectos, um aspecto preponderantemente paternal e um aspecto preponderantemente maternal, de que voltaremos a tratar.

Com efeito, diante da vontade do professor ou do formador de acompanhar o aluno ou o professor em formação numa modificação de sua relação com o saber, estes últimos podem adotar vários tipos de posição, que, embora sejam despertados neles pela situação presente, se acham vinculados a sua própria configuração psíquica diante de experiências de aprendizagem. Podem, por exemplo, tentar ocupar um lugar de dependência parasitária, não podendo prescindir do ego auxiliar do professor para compreender, posição que pode ser difícil de alterar; ou, quando a frustração do compreender imposta pela situação é sentida como demasiado importante, seja por haver uma distância excessiva com respeito à aprendizagem proposta, seja porque o limiar de tolerância do sujeito é pequeno, este pode então rejeitar essa situação expulsando e projetando no professor os elementos não digeridos, espécies de elementos beta, pondo assim à prova a função alfa de recuperação do professor. Se nesse momento o professor, por motivos pessoais ou situacionais, não tiver a força ou a capacidade de realizar a conversão necessária, o equilíbrio dinâmico do espaço pode vir a se romper por meio de uma passagem ao ato vinda de um ou do outro lado. Ou ainda, se for mais importante para o aluno adotar uma posição de reivindicação, para dizer em altos brados ao mundo inteiro que o professor não o ajuda o suficiente ou então que ainda não nasceu o professor capaz de ajudá-lo, vemo-nos diante de algo que pode evocar uma reação pedagógica negativa, reação que só pode desembocar num impasse, a exemplo da reação terapêutica negativa. É essa a maneira pela qual podemos compreender algumas reações de desânimo dos professores, que podem se ver por momentos reduzidos a uma insuportável impotência ou mesmo à incapacidade de pensar, bem como atacados em seu vínculo mesmo com o objeto de saber, que sofre assim um efeito de desvitalização bastante difícil de vivenciar (PRADEL-LANSON e DANON-BOILEAU, 1991).

Acho que, se fizermos o esforço de nos colocar pelo pensamento em contato com as nossas experiências profissionais de professores ou formadores de professores, poderemos recordar com facilidade momentos em que sentimos a força desses movimentos negativos de ruptura do vínculo, bem como, por outro lado, de outros momentos, totalmente opostos, de fruição narcísica quando as forças do vínculo funcionam de modo pleno.

Esses mecanismos da ordem do negativo têm a nosso ver alguma chance de ser mais profícuos atualmente do que no passado nas situações de ensino e de formação; não há dúvida de que a evolução de nossa sociedade caminha nesse sentido. O mundo circundante projeta em cada um de nós uma sobrecarga de excitações — pensemos em particular na proliferação de informações que nos assediam através dos meios de comunicação de massa — sem que, por outro lado, se desenvolvam os lugares nos quais uma função de contenção faça sentir seus efeitos; ocorre justamente o contrário, bastando pensar, por exemplo, na ruptura cada vez mais freqüente do ambiente familiar; e isso acontece na medida mesma em que as novas formas de educação têm exibido a tendência de desenvolver paralelamente uma maior intolerância à frustração. Nessas condições, pode-se apostar que, como exprime Francis Imbert (1994), as "crianças-bólido" se multipliquem nas sala de aula e que se façam ouvir cada vez mais alto os adolescentes e adultos em formação portadores de reivindicações destrutivas. Diante do desenvolvimento desses processos, é nossa avaliação que os professores e formadores se beneficiariam mais voltando-se para dispositivos de elaboração de suas práticas do que imaginando poder se livrar do problema por um mero reforço de seus mecanismos de defesa habituais; de fato, nesses casos, os mecanismos de defesa usuais são totalmente ineficazes como proteção de ataques contra os vínculos, ao passo que podiam sê-lo diante de situações em que "bastasse" aos alunos ou às pessoas em formação não querer saber nada disso.

Para ilustrá-lo, vou apresentar duas situações interpretáveis em termos desse registro e que puderam ser trabalhadas num grupo.

"A senhora é uma nulidade"

Na primeira situação, uma professora de matemática é colocada em péssima situação por um grupo de alunos: ela está substituindo a professora habitual do grupo apenas por algumas aulas. Trata-se de levar a classe a compreender elementos referentes a uma lei de probabilidade bem específica. A tensão é grande já desde a aula anterior. Nesta, o mal-estar reside no fato de essa professora fazer gráficos na lousa para recorrer à intuição dos alunos; ela espera assim oferecer uma melhor compreensão da mensagem, enquanto a professora habitual do grupo não usaria gráficos nesse caso. Vários alunos então assumem uma agressiva posição reivindicatória e, de repente, a professora escuta, vinda de uma garotinha que se pusera no meio da sala e que antes já manifestara ruidosamente sua incompreensão, uma pequena frase que diz: "A senhora é uma nulidade!" A professora conta que largou imediatamente o giz, juntou suas coisas e saiu da sala sem dizer uma palavra, sem que a aula tivesse chegado ao fim, tendo cedido sob o peso desse "projétil", sem possibilidade de pensar nem de prosseguir. Do "não compreendo" ao "não compreendo nada disso", passando pelo "não é contudo que eu seja uma nulidade" da aluna, a, nessas condições, o "*a senhora* é uma nulidade" dirigido à professora, podemos seguir aqui de modo quase concreto o trajeto da identificação projetiva e da expulsão de elementos não elaborados, recorrendo à força de contenção ou metabolizante da professora, que, nessas circunstâncias, não conseguiu suportar o ataque. A passagem ao ato ocorreu de sua parte, ainda que o enunciado da pequena frase já possa de certo modo ser uma espécie de passagem ao ato por parte da aluna. O que me interessa aqui não é mostrar como essa situação pôde ser trabalhada, nem como as condições de emergência desse momento de ruptura puderam ser reconstituídas e compreendidas mais tarde na análise, mas acentuar que a compreensão de episódios como esses pode ser esclarecida com proveito por aquilo que aprendemos com Bion, tanto no nível de sua interpretação como no da ajuda a dar aos professores.

É igualmente importante enfatizar que os professores têm de aprender em nossos dias a reconhecer, a fim de contê-los e transformá-los, os equivalentes dos elementos beta que os vão assediar.

"A senhora nos trata como crianças"

A segunda situação a que farei referência ocorreu num estágio de formação contínua de professores, cerca de uma hora e meia depois do começo do estágio, quando a formadora ainda está começando a expor seus objetivos e os métodos que propõe. Um professor participante exclama de repente: "A senhora vai nos tratar aqui como alunos ou como adultos?" A formadora, violentamente agredida por essa interrogação, viu-se durante alguns instantes num estado de profunda confusão interior, perguntando a si mesma como iria reagir. Ela "optou", se é que a urgência das decisões nesses casos podem permitir o tempo para que se faça uma opção, por explicar outra vez, calmamente, seus objetivos. Sua escolha não podia senão agravar a situação, porque ela não abordou diretamente o que fora expresso e porque seu comportamento se inscrevia num reforço da situação denunciada; a pessoa em formação, a partir das novas explicações recebidas, não pôde evitar ver-se reduzida à condição de aluno, e de um aluno que não entendeu bem, e portanto passível de receber uma segunda explicação. Quiseram as circunstâncias que esse estagiário voltasse a violência contra si mesmo, sem arrebatar o grupo, e que se excluísse da formação saindo do estágio durante o intervalo, momentos depois, sem outra forma de verbalização. Evidentemente, como na primeira situação, apesar do curto período de tempo que separa o início do estágio do acontecimento relatado, foi possível analisar, no ao-depois, as condições de encaminhamento da manhã de estágio que tinham de alguma maneira preparado aquela explosão. No entanto, em condições idênticas, esta teria podido igualmente não se produzir se não houvesse no grupo um sujeito porta-voz que — ao que parece — tinha razões pessoais para provocar uma posição de reivindicação daquele tipo.

Eu poderia apresentar inúmeros exemplos dessa espécie de manifestações. O que desejei enfatizar é que a modelização de Bion nos permite compreender esses fenômenos, mas também suscita em nós a inspiração para inventar maneiras de ordenar a receptividade a esses movimentos por parte dos professores. Isso supõe sem dúvida que os professores ou os formadores aceitem fazer um trabalho de elaboração de sua prática. Um trabalho que exige tempo — não basta familiarizar-se intelectualmente com a localização dessas perturbações por vezes violentas e *a priori* destrutivas, mas é preciso aprimorar a própria sensibilidade para aprender progressivamente a ter condições de poder melhor acolhê-las e contê-las, sabendo que essa capacidade continente será sempre testada e, em virtude disso, deverá sem cessar ser desenvolvida e trabalhada.

Capítulo 8

O duplo mal-entendido

Os mal-entendidos na relação pedagógica ocorrem tanto por parte dos alunos como por parte do professor — em virtude disso, falarei de *duplo mal-entendido.*

Uma parte desse duplo mal-entendido repousa nas flutuações transferenciais entre os parceiros da situação, que a psicanálise nos ajudou a reconhecer.

A questão da transferência

O primeiro sentido de "transferência" é de fato transporte, deslocamento de objetos, de pessoas — mas também de valores, de investimentos. Desse modo, fala-se em termos econômicos de "transferência de fundos". Em psicologia experimental, fala-se de transferência de aprendizagem, querendo exprimir que os progressos obtidos na aprendizagem de certa atividade interferem, positiva ou negativamente, em outra aprendizagem.

Na origem, quando Freud começa a considerar esses deslocamentos da realidade psíquica infantil no quadro da cura para a pessoa do analista, isso não passa de um sintoma localizado que deve ser tratado como tal. A evolução de sua concepção leva-o a ampliar consideravelmente a significação do conceito. Ele chega a designar a transferência como o processo que estrutura o conjunto da cura analítica com base no protótipo dos conflitos infantis e, sobretudo, a fazer dela uma das alavancas terapêuticas essenciais do tratamento analítico. Para o

Vocabulário de Laplanche e Pontalis, "de modo amplo, a transferência designa hoje a repetição da cura das emoções, dos afetos, das fantasias inconscientes da infância, com deslocamento para o analista", ao passo que a contratransferência "designa habitualmente os sentimentos, as emoções, as atitudes do analista em resposta à transferência do paciente".

Em Lacan, o conceito ainda passa por uma evolução. Lacan centra sua teoria no que denomina o suposto saber do analista, ou o analista como "sujeito que supostamente sabe". Para ele, a partir do momento em que há um indivíduo que pode representar para o outro esse suposto saber, está fundada a tranferêcia. "Desde que existe em algum lugar o sujeito que supostamente sabe, S.s.S, há transferência", escreve ele no *Séminaire*. Ou ainda: "sempre que essa função pode ser, para o sujeito, encarnada em alguém, analista ou não, daí resulta [...] que a transferência já se acha fundada".

No âmbito dessa abordagem, examinemos do que se trata no espaço pedagógico. Em minha opinião, o quadro existe para que, embora não seja esse o objetivo buscado, os efeitos de transferência se desenvolvam.

De um lado — chega-se a dizer: deste lado da barreira, ainda que a barreira não esteja inscrita topograficamente, ela o estava mais ou menos quando os estrados ainda tinham sentido —, eis um sujeito, o professor, especialmente encarregado pela instituição de que depende de representar o saber aos olhos do outro diante de si, do outro lado da barreira, ou sobretudo de todos esses outros, vindos na posição de alunos, isto é, de sujeitos na expectativa de saber.

O professor vem prestar-se ao jogo da demanda, demanda de saber, é óbvio; mas ele sabe de modo bastante confuso que, para além dessa demanda de saber, lhe é atribuída na mesma ocasião toda uma série de outras demandas imaginárias; todas essas demandas — ele também o sabe, sem o saber de fato — não são realmente dirigidas a ele, mas dirigidas através dele ao sujeito na medida em que ocupa este o lugar do "sujeito que supostamente sabe"; ele sabe igualmente que essas demandas dizem respeito ao aluno enquanto sujeito que reatualiza no espaço pedagógico demandas torneadas, à sua maneira, por seu passado e, em particular, estruturadas de acordo com o esquema prototípico de suas antigas demandas às imagos parentais.

Embora pressentindo isso, ele se esforçará para responder; ele é pago para isso. Vai restituir tudo o que sabe da melhor maneira possível; chegará a dizer às vezes que "se mata" a serviço dessa tarefa de restituição, mas, fazendo-o, se beneficiará por sua vez para insinuar sub-reptícia e implicitamente um "já que lhes dou tudo, tudo o que tenho, vocês me compensarão amando-me, todos, vocês vão me amar e se deixar seduzir por mim". E eis que, ao mesmo tempo, um pouco a despeito de si, ele encerra o outro-aluno num contrato imaginário muito complexo, em que não se sabe mais de modo claro ao final quem demanda o que e a quem...

Além disso, não podendo nunca satisfazer de fato a demanda do outro, que se viu ser exorbitante, de querer preencher todas as faltas deixadas por todas as demandas anteriores insatisfeitas, ele se deixará encarregar imaginariamente de um saber que ultrapassa em ampla medida seu saber real e que, tanto como os outros, ele não possui: trata-se do saber a ele atribuído. Será esse saber que alicerçará sua autoridade, enquanto seu saber real lhe dá justamente, tal como o exprime Octave Mannoni, "um poder definido", poder de avaliar, por exemplo, de sancionar, de selecionar. Paralelamente, começa para ele a insuportável situação de incompletude narcísica: vai deixar-se invadir pela dúvida — dúvida acerca de si, de seu saber, de sua imagem —, pela dúvida de não saber o bastante, de não possuir o saber que com certeza os outros professores não deixam de ter; os da classe ao lado, ou melhor, da classe acima, ou ainda melhor, do ciclo acima. Eis os colegas, por sua vez, encarregados imaginariamente de possuir esse algo mais que falta a todo mundo. E eis iniciado o indefinido jogo da bola que percorre de mão em mão uma roda imaginária.

Somos assim transportados da cena pedagógica a outra cena, a cena do inconsciente, na qual, como exprime Janine Filloux, se deve "buscar a verdade do ato pedagógico e de seus avatares" (Filloux, 1983); a cena em que o imaginário se dilata, a cena em que os parceiros do jogo pedagógico se alienam reciprocamente num contrato imaginário.

Nessa cena se desenrolará um combate de vida ou morte das demandas e expectativas respectivas. Não creio estar exagerando as coisas: as fantasias homicidas e as angústias de morte com muita freqüência expressas pelos professores estão aí para dar testemunho disso.

A troca das demandas

O imaginário desse contrato implícito entre o professor e o aluno é saborosamente descrito por Roland Barthes num texto intitulado *Écrivains, intellectuels, professeurs*, do qual citarei um longo trecho:

> Eis confusamente (visto que não há na ordem imaginária um móvel fundador) o que o professor demanda ao aluno: 1) reconhecer algum "papel", seja lá qual for; de autoridade, de benevolência, de contestação, de saber etc. (todo visitante de quem não se vê a imagem solicitada fica inquieto); 2) ressaltar, difundir, levar suas idéias, seu estilo a outros lugares; 3) deixar-se seduzir, prestar-se a uma relação amorosa (recordemos todas as sublimações, todos os distanciamentos, todos os respeitos em conformidade com a realidade social e com o pressentido caráter precário dessa relação); 4) por fim, permitir-lhe honrar o contrato que ele próprio estabeleceu com seu empregador, isto é, com a sociedade: o aluno é a peça de uma prática (retribuída), o objeto de uma profissão, a matéria de uma produção (ainda que de delicada definição).

De seu lado, eis confusamente o que o aluno demanda do professor: 1) conduzi-lo a uma boa integração profissional; 2) desempenhar os papéis tradicionalmente destinados ao professor (autoridade científica, transmissão de um capital de saber etc.); 3) fornecer os segredos de uma técnica (de pesquisa, de exame etc.); 4) sob o estandarte desse santo leigo, o Método, ser um iniciador de asceses, um guru; 5) representar um "movimento de idéias", uma Escola, uma Causa, ser o porta-voz destas; 6) admiti-lo, a ele, aluno, na cumplicidade de uma linguagem particular; 7) para aqueles que têm a fantasia da tese (tímida prática de escritura, ao mesmo tempo desfigurada e protegida por sua finalidade institucional), garantir a realidade dessa fantasia; 8) por fim, demanda-se do professor que seja um provedor de serviços: ele assina inscrições, atestados etc.

Isso é simplesmente uma Tópica, uma reserva de escolhas, nem todas necessariamente atualizadas ao mesmo tempo num indivíduo.

O "duplo" do professor

Para ilustrar alguns dos pontos formulados até aqui, darei alguns exemplos, sem procurar contudo esgotar o espaço das questões, o que equivaleria a uma última tentativa de dominação racional.

Em primeiro lugar, para ilustrar o fato de que a estrutura tópica por si mesma, na medida em que há um lugar ocupado por um sujeito supostamente sábio aos olhos dos outros, cria o espaço da transferência, farei uso de um texto que me parece exemplar desse ponto de vista. Trata-se de um relato escrito por um romancista, Alain Jaubert, e intitulado "L'énigmatique M. Poirier" [O enigmático Sr. Poirier]. Verifica-se que o citado senhor Poirier, professor de história e geografia, por volta de 1955, no Liceu Claude-Bernard, onde Alain Jaubert era aluno, é justamente o célebre romancista Julien Gracq, prêmio

Goncourt de 1951, amigo de André Breton e autor de *Rivage des Syrtes* e de *Un beau ténébreux*. Quanto a essa identidade, Alain Jaubert e alguns outros alunos da classe do senhor Poirier a conheciam; alguns chegaram mesmo a ler seus romances, entre os quais Alain Jaubert. Esse texto de lembranças é revolucionário por suas manifestações vivas, que remontam diretamente à adolescência do liceu daquela época.

No que nos diz respeito, trata-se sem dúvida de uma situação extrema, raramente encontrada na realidade, mas que permite justamente ver o funcionamento dos efeitos da transferência para as expectativas e as representações imaginárias do aluno. O senhor Poirier, tal como descrito por Alain Jaubert, era um professor inteiramente comum na aparência. Mostrava uma notável pontualidade, surgindo "não se sabe de onde" à hora certa, e organizando-se para sempre terminar sua aula no horário marcado. Ele não tardava a desaparecer, tal como viera, e nunca se comprometia com os alunos, nem nos corredores do liceu nem nos cafés da esquina, como podiam fazê-lo outros professores que praticavam o jogo da camaradagem com seus alunos. Ele nunca aludia à sua vida particular. A tal ponto que os alunos que sabiam que o senhor Poirier era também Julien Gracq começavam a duvidar da existência desse outro lado do espelho. Não obstante, os testemunhos dos ex-alunos davam provas, eram irrefutáveis: "Poirier era de fato Gracq".

Nesse momento, as intrigadas interrogações dos alunos chegavam ao máximo. Eles tentavam segui-lo, à saída da aula, na rua. Tentavam, através das frases banais do curso e do semblante comum do professor Poirier, conhecer o segredo. Daí decorreu uma extraordinária mobilização das fantasias de cada um, uma reduplicação da imaginação: "Formulamos mil hipóteses sobre sua vida particular". Os alunos tentavam representar o banal senhor Poirier nas situações mais eróticas dos heróis de seus romances. A única vez em que Poirier-Gracq se permitiu narrar uma banal história de relato de viagem pessoal, para Alain Jaubert, foi "como uma obscena confidência acerca de sua vida particular".

O mencionado professor nunca teve necessidade de elevar a voz e nunca passou por nenhuma balbúrdia por parte dos alunos. Enfim, Alain Jaubert narra um insignificante incidente com relação ao senhor Poirier. Certa noite, ele encontrou Poirier na cinemateca. Isso se assemelha por completo à circunstância em que um paciente encontra fortuitamente seu analista na rua.

"Ele nada disse, e eu fingi não vê-lo", comenta Alain Jaubert. Maneira de preservar a outra cena. Mas os efeitos não se fazem esperar. No dia seguinte, o senhor Poirier pergunta a Alain Jaubert sobre seu curso de história. O aluno nada sabe, e o senhor Poirier lhe dirige uma severa reflexão sobre sua falta de trabalho. Para o professor, parece-me que isso era uma maneira de voltar a limitar seu lugar de professor de história e geografia aos olhos do aluno que o surpreendeu em outro lugar. Mas o interessante a observar é o modo pelo qual o aluno interpreta o incidente: "Vi ali uma espécie de mensagem de simpatia, o sinal de que ele sabia que tínhamos compartilhado o mesmo filme".

Creio que, sem fazer a exegese desse texto, sente-se que esse espaço de silêncio sobre o duplo do professor permite um jogo da imaginação, ainda mais desabrido aqui, visto que o imaginário do professor se acha escrito, de alguma maneira, preto no branco em seus livros. O duplo privado é na verdade público (ou publicado), e as miragens da transferência encontram nos romances de Gracq, *aliás* Poirier, uma maravilhosa matéria de que se nutrir.

A desilusão do texto de Alain Jaubert é admirável: "Mais tarde, mas muito mais tarde, compreendemos que aquela depravação secreta era a literatura, nada mais do que a literatura".

Nas situações cotidianas, pode-se constatar que os alunos procuram às vezes estabelecer uma cumplicidade com a pessoa do professor para além de seu papel profissional, mostrando o desejo de conhecer seu nome, suas origens geográficas. Como se tivessem desejo de sentir como o professor vive fora da sala de aula; podemos perguntar-nos, segundo minha experiência, se a curiosidade não é tanto mais aguçada na medida em que o professor tenta dissimular esses elementos por meio de uma clivagem estrita.

A dupla transferência

Na verdade, no espaço pedagógico, há de certo modo uma resposta à demanda do aluno, por meio do acréscimo de saber, pseudo-resposta, sem dúvida, quando se considera a demanda imaginária, mas ainda assim resposta. O espaço é aparentemente preenchido; isso porém não impede, de forma latente, o desenvolvimento das fantasias respectivas, com algumas complicações suplementares. Isso porque o professor, garantido pela instituição que lhe paga como o detentor do saber, é posto, na situação pedagógica, na situação de comunicar esse saber; por conseguinte, o professor deseja que o aluno "engula" esse saber que ele deve dar-lhe, e eis-nos em meio à complicação, pois "o desejo do saber do aluno é paradoxalmente deslocado pelo desejo ambíguo do professor de que o aluno saiba. Assim, seu desejo de saber lhe é raptado", tal como indica Octave Mannoni (1980).

O professor não apenas rapta o desejo de saber do aluno, como sobretudo lhe impõe fidelidade.

Com efeito, o professor também transfere. Ele próprio dirige certo número de demandas aos alunos, que não são estritamente de ordem didática. Suas expectativas imaginárias podem ser frustradas, quando mostram demasiada defasagem com relação à situação vivida, ou demasiadamente intensas. Daremos um exemplo relatado num grupo, situação que ouvi contar diversas vezes com variantes diversas, mas que testemunha com clareza esses movimentos transferenciais que vão do professor aos alunos e não pertencem apenas à ordem da contratransferência, isto é, de seus movimentos reacionais à transferência dos alunos. Dessa maneira, falaremos antes de dupla transferência. E veremos além disso que essa conceptualização diretamente importada do dispositivo da cura psicanalítica é, em certo sentido, levemente inadequada com referência à situação didática.

"Vocês não podem prescindir de mim"

Este incidente ocorreu numa aula de primeiro ano do ensino médio. Por ocasião de um curso em que a diretora do liceu fora falar com os alunos sobre o problema da orientação, depois da abertura da diretora, enquanto a professora sentia confusamente que os alunos desejavam o prosseguimento do tema abordado pela diretora, ela se julgava obrigada a retomar seu curso a qualquer preço, pretextando, como de costume, o famoso programa a manter: "Já estou tão atrasada com relação aos outros colegas!" Ora, os alunos não a escutavam; "além disso", diz ela, "nesta classe eles interrompem sem cessar minha fala, não me deixando terminar as frases; eles querem compreender tudo de imediato, sem fazer esforços e sem sequer escutar o que tenho a dizer".

É aí que se situa o incidente de que desejo falar: em lugar de ficar, como das outras vezes, em ameaças orais, a professora parou bruscamente de falar e mandou os alunos trabalhar sozinhos, com o livro, o pior dos castigos, visto que todo professor avalia, em seu íntimo, que o aluno não consegue fazer nada sozinho com o livro sem que tenha "mastigado" o trabalho previamente. A professora senta-se então na escrivaninha, logo, ainda no lugar de professor, geograficamente falando.

Ao final de um momento, uma das "boas alunas" da classe se oferece para ir ao quadro negro para dar uma explicação aos outros; ela começa, segundo suas palavras, a olhar o que se passa, como a partir do exterior. Não sem certo prazer, a professora constata que os alunos têm com a aluna que tomou seu lugar o mesmo comportamento que com ela. Eles a interrompem continuamente, não a escutam.

É difícil levar à apreensão, fora do contexto grupal, de como, progressivamente, na seqüência da verbalização no grupo dessa passagem ao ato que dá testemunho de uma relação passional, a professora que oferecera ao grupo esse material pôde perceber que seu ato se assemelhava a um capricho infantil, podendo ter havido naquele âmbito outras saídas além do "tudo ou nada": ou vocês me escutam, sem nunca interromper-me, ou me retiro e vocês se viram sem mim, com a secreta esperança de que vocês não conseguirão, de que não podem prescindir de mim, de que vão perceber como faço falta e de que talvez (suprema gratificação) venham a me procurar novamente.

Essa professora observara que haveria um vazio no caderno dos alunos, a marca perpétua de sua ausência, um branco para todo um caderno em negro.

Essa situação marcou muito o trabalho do grupo. E várias vezes, depois, a professora que relatara o incidente teve condições de exprimir que lhe parecia ter flexibilizado seu comportamento, espantadíssima por perceber que, ao fazê-lo, em lugar da temível catástrofe, sobreveio um clima mais favorável entre ela e os alunos. De acordo com suas palavras, ela sentiu que sua relação com os alunos deixava de dramatizar-se, de acalorar-se; que, aceitando "perder alguns poderes, em lugar de mantê-los a qualquer preço, para sua surpresa, em vez de os alunos se aproveitarem disso, são adoráveis depois, como que mostrando seu reconhecimento".

Na realidade, se aprendemos a reconhecer a natureza desse contrato imaginário na situação didática, isso decorre de nossa compreensão do que está em jogo no dispositivo analítico. No entanto, esses dois *settings* têm interesse em ser cuidadosamente distintos. Tentemos pôr em perspectiva suas características essenciais, às vezes com certa ênfase para fazer surgirem de modo mais claro as diferenças fundamentais.

Situação didática, *setting* analítico

Numa situação didática clássica, trata-se de um face a face entre um professor e um grupo de alunos, e isso seja qual for a disposição topográfica real da sala de aula. No plano manifesto, o objetivo é levar os alunos a adquirir elementos do saber vigente. Em outros termos, o professor se propõe como repetidor para ajudar o aluno a inscrever-se no campo cultural. Com isso, ele é legitimado em sua fala professoral. O professor é contratado pela instituição para ocupar o lugar daquele que assegura a transmissão. Essa situação pressupõe que o aluno esteja "sadio"; considera-se que ele esteja pronto para receber de um professor, daquele professor específico, elementos do saber — que é o saber da comunidade científica do momento — para deles se apropriar.

O tempo é contado para o professor com cada grupo de alunos. Isso se traduz em prescrições programáticas às quais ele deve se submeter. E, por conseguinte, o professor é com muita freqüência levado a antecipar respostas a perguntas que os alunos não fizeram a si mesmos, por falta de tempo.

Na situação analítica clássica, divã-poltrona, a relação é dual. Ela evita o face a face. No plano manifesto, não se trata de um projeto que vise à transmissão de um saber. Muito pelo contrário, trata-se da descoberta do saber que o paciente tem, sem seu conhecimento. E na medida em que, segundo o modelo da didática, o paciente poderia esperar que o analista lhe oferecesse o saber que não pode deixar de ter sobre ele, este descobre no decorrer do tempo que esse saber não está no analista, mas inteiramente em si, sob a condição de que o outro-analista o ajude a recuperar o acesso a ele.

A situação analítica pressupõe um paciente que sofre e pede ajuda; ela visa à cura.

Na situação analítica, o paciente não deixa de formular perguntas candentes para si. Ele tem o desejo de saber.

O analista tem todo o seu tempo. Ele pode não responder às perguntas do paciente ou, de todo modo, adiar suas respostas até o momento em que julgue oportuno dá-las. O analista, em princípio, não julga o paciente. A retórica ligeiramente caricatural que acabamos de utilizar em nossos enunciados nos permitiu acentuar as oposições entre esses dois dispositivos. Evidentemente, é sempre possível, radicalizando seu ponto de vista, julgar que esses dispositivos não sustentam em nenhum caso a comparação. A nosso ver, essa posição não é muito fecunda, em particular para o que se refere ao campo da psicopedagogia. Vale a pena tentar a aproximação, na medida em que abre toda uma gama de questões que nos parecem pertinentes.

Afirmamos que, na situação didática, se tratava de um face a face, o que a opõe ao *setting* tradicional da situação analítica. Ora, quem pode pretender hoje que não é possível conduzir uma trajetória de tipo analítico num dispositivo que faça uso do face a face, seja em relação dual (psicoterapia analítica) ou em grupo (análise de grupo)? Obviamente, essa modificação do *setting* envolve certa reviravolta no nível das trocas transferenciais. Quando tem de assumir o face a face, o analista é menos protegido. Os processos transferenciais se manifestam em diferentes registros, não somente num registro verbal, mas também através dos gestos, das posições corporais e, em particular, dos olhares. Pode-se imaginar o que alicerça um professor no face a face grupal, mesmo que ele nem sempre tenha consciência disso e ainda que esses processos de ordem transferencial não ocupem o lugar principal da cena didática, visto que nesse caso sua elaboração não constitui o objetivo.

A propósito da questão do saber, aprendemos com Lacan que o analista ocupa para o paciente o lugar do sujeito que supostamente sabe, mas que deve esforçar-se por conduzir aquele a uma desidealização que o desloca desse lugar. Na situação didática, como evitar que o professor não ocupe igualmente esse lugar aos olhos dos alunos? Através da dinâmica transferencial existente na classe, como evitar que os alunos lhe atribuam, transcendendo o saber que ele legitimamente veicula, um saber em conformidade com seu próprio desejo? Sem dúvida, o saber efetivo do professor é inteiramente diverso: trata-se talvez da matemática, mas a ambigüidade permanece. Ainda mais que o professor pode facilmente se deixar apanhar por esse jogo em virtude das razões referentes à sua economia pessoal e participar dessa fantasia por meio de seu compartilhamento. Sob o pretexto de ser o sujeito que sabe, ele mantém a ilusão de ser o sujeito que supostamente sabe.

É de fato necessário reconhecer que faço uso da polissemia do termo "saber". Para o analista, é indispensável certo saber teórico, ao menos a título de ponto de referência. Embora por certo seu objetivo não seja a transmissão desse saber, exceto em caso de análise didática, quem pode afirmar que de passagem ele não transmita algo dele? E como ser analista se não se dispõe de um modelo, talvez implícito, do que significa "existir" para um ser humano, ou seja, do que pode constituir a diferença entre viver e não viver? E, nesse sentido, o analista não se propõe ao paciente como substituto para sua inscrição na ordem simbólica?

No que diz respeito à questão da função de avaliação, é claro que o professor, enquanto garantia da verdade científica e representante da comunidade científica aos olhos dos alunos, é legitimado para pronunciar suas avaliações das respostas dos alunos: "Está certo, está errado", no caso do ensino de matemática, por exemplo. Fazendo-o, ele corre o risco de identificar-se com a verdade científica do momento e, enrijecido pelo hábito da dicotomia, pode perder de vista que todas as respostas dos alunos, inclusive as erradas, remetem à verdade singular do sujeito que as enuncia. Independentemente de seu grau de verdade, essas respostas podem testemunhar certa justeza com relação à lógica do inconsciente do sujeito (Bettelheim, 1981).

Na perspectiva do sistema de ensino e no espaço didático, o aluno está supostamente isento de todo sofrimento referente ao saber. Essa suposição não tarda a transformar-se numa ficção claramente partilhada pelo conjunto do sistema. A existência do sujeito didático advém de uma clivagem: como se o aluno não tivesse nem família, nem história pessoal, e não possuísse "saberes precedentes" [*déjà-savoirs*], no sentido de Stella Baruk. Ora, é bem claro que não existe nenhum momento na vida do sujeito em que esse estado remeta a alguma realidade, qualquer que seja. Cada professor lida com alunos "sempre-já" traumatizados em sua relação com o saber e para os quais se trata tanto de reparar, de restaurar essa relação como de fundá-la. É óbvio que essa demanda não é expressa explicitamente pelo aluno sob essa forma. Não esqueçamos que ele não chega aí por sua plena vontade.

Quanto à questão do tempo, ela nos parece crucial para os professores; pode-se perguntar se seu papel não os impele a reforçar suas inclinações obsessivas e, em virtude disso, a aliar restrições ditadas por seu imaginário às restrições de tempo objetivamente existentes. De imediato, ei-los arrebatados num movimento irreversível de corrida rumo ao fim do programa, movimento no qual é deixado ao aluno pouco espaço para expressar seu desejo de saber. Já vimos com Octave Mannoni que seu desejo de saber é raptado. Assim como para o analista, se "há cura, ela não passa de efeito da fala, e não de projeto de fala. Curiosamente, é freqüente, na medida em que se renuncia à cura, que ela se torne possível, mas basta por vezes procurá-la, ainda que em pequena escala, para torná-la definitivamente impossível" (DURANDEAUX, 1982).

Quanto ao paciente, paradoxalmente, é enfim quando compreende que o analista nada tem a ensinar que ele entra verdadeiramente em processo de aprendizagem. E trata-se com efeito de uma aprendizagem mesmo quando não se trata de ensinamento (cf. o título da obra de T. Moser, *Années d'apprentissage sur le divan*), o que não deixa de questionar-nos acerca das condições de uma real aprendizagem.

Assim, se não nos pronunciamos *a priori* sobre a não-pertinência de pôr em perspectiva esses dois dispositivos, surpreendemo-nos com a extrema complexidade, mas também com o interesse das questões que essa ação suscita; de todo modo, pensamos que nossa reflexão ganhou muito mais por aderir a um questionamento desse tipo.

Sem invalidar todos os aspectos pertinentes relacionados à dinâmica transferencial da parte do aluno que foram induzidos por uma transposição direta dos conhecimentos psicanalíticos, na atualidade, desejo enfatizar uma espécie de inversão (Blanchard-Laville e Berdot, 1990). Em nossas pesquisas atuais, consideramos sobretudo que o clima transferencial é instaurado pelo(a) professor(a) e que os efeitos contratransferenciais devem ser buscados da parte dos alunos. Além disso, se sempre nos é possível localizar a fantasmática pessoal que impele o(a) professor(a) a configurar a transferência desta ou daquela maneira, somos levados a pensar que a identificação das fantasias em ação no professor é insuficiente para compreender o cenário que ele projeta no espaço da sala de aula e que se conecta em parte não apenas com o modo de vínculo que instala com os alunos, mas sobretudo com a relação com o saber que manifesta na situação, e, em especial, com a distância que estabeleceu com o objeto do saber.

Consideraremos esses elementos nos próximos capítulos e examinaremos a transferência não só como repetição e fantasmatização, mas também no nível emocional profundo, que é tecido pelas identificações projetivas vigentes no espaço de ensino.

Capítulo 9

Para além do sujeito didático

> *Désiré:* Mas são engraçados, não é, os patrões... Eles a fazem vir diante deles, olham-na de todos os lados, formulam-lhe cinqüenta perguntas, respondemos-lhes o desejável, e eis-nos imediatamente contratadas. No que diz respeito a nós, sabemos em que casa entramos, e eles, eles não sabem quem admitiram.
> *Madeleine:* Então é verdade o que se diz. Em sua opinião, por que acontece isso?
> *Désiré*: Porque as perguntas que eles nos fazem têm... como direi, mais importância do que as respostas dadas.
> *Adèle*: Não entendo muito bem o que você quer dizer...
> *Désiré*: Tampouco eu, infelizmente. É tão difícil dizer as coisas como as sentimos! Quero dizer que aquele que faz uma pergunta... bem... abre um pouco seu coração, desvela-se... sim... ao passo que aquele que responde pode permanecer fechado. Ele vê vir. E depois escuta, enquanto o outro, o outro fala, é isso, principalmente.
>
> Sacha Guitry,
> *Désiré* (filme de 1937, fim do primeiro ato).

Depois de nosso trabalho de "arqueologia aérea", iniciamos agora uma espécie de movimento de *zoom* dirigido aos espaços de ensino. Entraremos na sala de aula com um instrumento de registro, um gravador. De maneira mais particular, vamos nos interessar neste capítulo, mediante sua fala, pelo sujeito-professor em ação.

Na situação didática, se há de fato, para além de seu papel de exposição de um conteúdo de saber, um sujeito presente, um sujeito sujeitado a seu conflito inconsciente de ser sofredor, desejoso, numa palavra vívida, um sujeito que, tendo atribuído a si o lugar da palavra, intimado de alguma maneira a falar durante um tempo mínimo, alguém que vai expor-se através de sua fala tanto quanto exporá o ensinamento, é o sujeito-professor, tal como notavelmente percebeu Roland Barthes em seu texto sobre a relação de ensino: "Como se pode identificar o professor com o psicanalista? É exatamente o contrário que acontece: é ele o psicanalizado. Imaginemos que sou professor: falo, interminavelmente, diante e para qualquer um que nada fala. Sou aquele que diz eu (nada importando os desvios do *se*, do *nós* ou da frase impessoal), sou aquele que, sob o abrigo de expor um saber, propõe um discurso, que nunca sei como é recebido, de tal forma que jamais posso me reassegurar com uma imagem definitiva, mesmo ofensiva, que me constituiria: no exposto, melhor denominado do que se crê, não é o saber que se expõe, é o sujeito".

Do sujeito do enunciado ao sujeito da enunciação

A própria estruturação do espaço didático reafirma que o sujeito-professor e os sujeitos-alunos são de fato sujeitos didáticos. Não resta dúvida de que num nível latente se desenrola um "drama" que põe em cena os sujeitos no sentido psicanalítico do termo, ao passo que o ato didático no sentido estrito se manifesta na cena principal. Há "um sujeito" da parte do professor, sujeito que se expõe através de seu discurso didático, e que se interpõe entre a própria vontade didática e o que faz efetivamente em cena.

Quando se é ao mesmo tempo professor e pesquisador, como ocorre comigo, creio que é preciso renunciar à tentação de olhar apenas para o exterior de si, para o lado do saber, por exemplo, ou para o lado dos alunos. Julgo que o famoso "sempre em frente" que costumo ouvir evocado para provocar a ruptura necessária entre o eu-professor e o eu-pesquisador, é possível efetuá-lo sem com isso cortar as raízes vivas da própria subjetividade. É possível encontrar a distância necessária à posição de pesquisa sem renunciar a beneficiar-nos de nossa *experiência*, no sentido anglo-saxão do termo, e alicerçando-nos em nossos próprios *insights*, esses clarões de intuição que nosso ouvido interior nos proporciona. Essa disposição acarreta a implantação de dispositivos de observação a partir dos quais o pesquisador não oculta nem seu passado de sujeito didático nem seu cotidiano de professor, mas sobretudo trabalha seus efeitos a cada instante, de maneira a elucidar a parte projetiva que sua presença implicada suscita; em outras palavras, trabalha aquilo que Georges Devereux (1980) denomina sua contratransferência teórica de pesquisador. Parece-me ter sido o que tentei fazer escolhendo-me primordialmente como "sujeito" de análise e me levando a "suportar" as restrições de observação que em seguida pedi a outros que gentilmente quisessem aceitar, depois trabalhando o material recolhido junto a outros professores numa dialética sustentada pela análise de minhas próprias reações psíquicas, reações que comportavam elementos defensivos mas que também permitiam conter e elaborar as mensagens inconscientes veiculadas pelo material. A abordagem clínica constrangeu a essa tensão permanente da distância entre o pesquisador e seu "objeto/sujeito(s)" de investigação.

Uma das restrições didáticas fundamentais consiste no fato de que, em dado instante, no início do primeiro curso, diante de uma classe, o professor é obrigado a apresentar-se em carne e osso, bem como a falar; seu próprio silêncio fala. Em reação, os sujeitos-alunos entrarão em ressonância com esse sujeito, o sujeito-professor que está prestes a expor-se. Em outros termos, na situação didática, há parceiros humanos que, por mais sujeitados que se achem às restrições didáticas, não o estão menos aos sujeitos, isto é, aos sujeitos dotados de um psiquismo que pesa em seus comportamentos, aos sujeitos levados a agir contra a vontade por seus próprios cenários fantasmáticos, aqueles que despertaram, se atualizaram, se mobilizaram pela situação didática particular e pela dinâmica transferencial específica que se desenvolve no espaço criado por essa situação (BLANCHARD-LAVILLE, 1992).

A alienação do sujeito em seu discurso

Eis-nos novamente confrontados com o conceito de "sujeito": o sujeito no sentido psicanalítico. À primeira vista, como observamos, pode-se dizer que o sujeito psicanalítico é o sujeito do inconsciente, no sentido de que "o ego não é senhor em sua própria casa". Assim Freud, para tentar sugerir que os processos psíquicos são inconscientes, se lança a um diálogo com o ego: "A psicanálise pode dizer ao ego: 'Não há nada de estranho que tenha se introduzido em você; é uma parte de sua própria vida psíquica que se subtraiu a seu conhecimento e ao domínio de seu querer'"; ou ainda: "O psíquico não coincide em você com o consciente". O sujeito freudiano é clivado por seu inconsciente e, desse ponto de vista, a psicanálise surge como uma teoria da clivagem no sujeito.

Na obra de Freud, o sujeito enquanto tal não tem realmente o estatuto de conceito, embora, como já lembramos, em virtude da divisão criada pelo inconsciente o sujeito freudiano se distinga radicalmente do sujeito do *cogito* cartesiano. É a Lacan que se deve o advento do conceito de sujeito. Lacan alicerça todo o eixo de sua releitura de Freud nessa idéia de divisão psíquica da qual o inconsciente é o ator e o motor. O sujeito lacaniano visa o foco da palavra do paciente e, de modo mais geral, do discurso humano, radicalmente diferente das formações imaginárias do ego. Distinto do sujeito do *cogito*, ele se constitui a partir da descentração do significado com relação ao significante. Ou ainda, segundo Joël Dor, "o sujeito na verdade de seu desejo é mascarado a si mesmo pela dimensão da linguagem. Inversamente, isso fala dele em seu discurso sem que ele o saiba". É essa alienação do sujeito em seu próprio discurso que Lacan denomina a "refenda" do sujeito. Com efeito, o sujeito no nível de seu discurso está ausente em seu ser, ele se encontra aí tão-somente representado. O sujeito não se apreende através de sua linguagem senão na espécie de uma representação, de uma máscara, que o aliena dissimulando-o a si mesmo. É isso o que leva a localizar no discurso duas vertentes, a do enunciado e a da enunciação.

Com efeito, "um mesmo enunciado é suscetível de receber significações muito diferentes, até opostas, segundo a situação de fala na qual as pessoas o pronunciam e o entendem, de acordo com a entonação, a mímica gestual, o cenário. [...] Toda fala é pronunciada em função de vários elementos que a obrigam a assumir estas ou aquelas formas, entonação ou valor: essencialmente, o alocutário ou destinatário, o referente, o código. Seria cômodo imaginar que esses elementos são fixos, mas algumas dúvidas vêm colocar empecilhos a essa estabilidade: é certo que uma frase se dirige de fato àquele que a escuta, ou se tem aí apenas o representante de um outro? É seguro que o código em função do qual um enunciado é produzido seja garantido no momento em que falo, e por quem?" ("Énonciation", in *Encyclopaedia Universalis*).

O discurso do professor de matemática

No discurso do professor de matemática, por exemplo, pode-se justamente distinguir enunciados didáticos nos quais são encaixados enunciados matemáticos. O sujeito da enunciação, neste caso, é o professor que pronuncia essa seqüência de enunciados. Em geral, o professor se representa em seus enunciados didáticos por um "eu", um "nós" ou um "se", mas, para além dos pontos de referência que os pronomes pessoais constituem, alguns métodos de análise dos discursos nos indicam como se manifesta esse sujeito da enunciação e os indícios ou lugares estratégicos do discurso em que é possível descobri-lo. Assim, alguns registros de passagens de discursos didáticos de professores e de professoras de matemática nos permitiram surpreender de alguma maneira o sujeito-professor no próprio lugar de sua enunciação.

Observemos que a tarefa do professor de matemática não é simples. Sua vocação é comunicar aos alunos os enunciados do discurso matemático. Ora, em matemática, se seguimos Daniel Sibony (1974), o sujeito da enunciação "não fala senão calando-se, de certo modo barrando-se". Ele é oprimido, não deixa nenhum vestígio senão o de sua ausência. Se a matemática precisa de um sujeito que a pronuncie ou que a escreva, uma vez que é dita ou escrita ela não tem mais necessidade de ser dita ou escrita por uma voz humana, ela está nesse contexto como se sempre tivesse estado, o que é, evidentemente, uma espécie de ilusão lógica, tal como há ilusões de ótica. Outro pesquisador, na esteira de Daniel Sibony, desenvolve esse tema; trata-se de Gilbert Dumas (1973), que escreve: "Enquanto no discurso espontâneo o problema é sempre saber *quem* fala, reconhecer o sujeito da enunciação [...], no discurso matemático sempre é possível estabelecer a distinção entre enunciador e enunciado [...] a fala do sujeito só pode surgir no discurso que ele mantém *sobre* o discurso matemático, sobre o enunciado". Octave Mannoni, em *Um commencement qui n'en finit pas* (1980), leva-nos também a observar que "uma fala que se torna verdade científica, como a tabela de multiplicação, não tem mais sujeito", mas que, em compensação, "a palavra 'falsa', por seu turno, tem um, assim como uma falta tem um culpado".

No que diz respeito a esse estado de coisas, o professor costuma sentir-se obrigado a "acrescentar o sujeito" ao discurso que cerca os enunciados matemáticos que pronuncia, isto é, ao discurso didático. Poderíamos afirmar que quanto mais se preocupa em ser didático, tanto mais o professor de matemática fala. Na realidade, como pressentimos, "isso" fala dele, e ele não "sabe" por completo o que diz. Vejam o paradoxo em que desembocamos. E o que ele então transmite, tanto quanto à verdade matemática, remete a algo da ordem de sua própria verdade de sujeito.

Assim, na perspectiva dos *métodos de análise do discurso*, advindos do campo da enunciação em lingüística e, mais amplamente, do campo da pragmática, cada seqüência do curso pode ser considerada um *ato de linguagem* que "define necessariamente *uma relação de lugares de uma parte e de outra*, uma demanda de reconhecimento do lugar que cada um vê a si atribuído [...]. Em última instância, é *a questão da identidade* que se acha aqui envolvida" (Maingueneau, 1994). Com efeito, tal como observa François Flahaut (1978), "fazer da transmissão a função essencial da linguagem é ignorar, para além do que o enunciado permite *conhecer*, aquilo que se dá a *reconhecer* como relação intersubjetiva. A fala é mista, *intermediária* entre esses dois registros: por mais cativa que seja do discurso que a determina e da referência a alguma coisa de que se falou, ela nem por isso deixa de operar na ordem do 'quem sou eu para você, quem você é para mim'". Enfatizemos ainda que, se nos atemos a considerar somente o registro verbal da comunicação didática, falar é comunicar, "mas também comunicar o fato que se comunica, *integrar à enunciação a maneira pela qual esta deve ser apreendida pelo destinatário*", pois "o enunciado é de alguma forma duplicado por uma espécie de comentário da enunciação sobre sua própria enunciação". No processo da enunciação didática, o professor não se contenta em transmitir enunciados que se relacionam com um conteúdo de saber; "ele se dedica constantemente a posicionar-se através do que diz, a afirmar-se afirmando, a negociar sua própria emergência no discurso", esforçando-se além disso para controlar as interpretações dos alunos-alocutários[1].

Esse tipo de análise permite assim tentar situar a distância que o professor instala com o saber matemático que planeja transmitir. Essa noção de distância deve ser entendida com uma significação próxima da do conceito de distância em lingüística, conceito que enfoca a relação entre o sujeito e o mundo por

1. Os destaques em todas as citações são meus.

intermédio do enunciado. "No caso de distância máxima, o sujeito considera seu enunciado parte integrante de um mundo distinto dele mesmo; a distância mínima advém do enunciado totalmente assumido pelo locutor", como indica o *Dictionnaire de linguistique Larousse* (1973). Com efeito, todos os tipos de distância são possíveis, da mais reduzida, quando o sujeito está em total colusão, como que identificado, com o objeto de saber, à máxima distância possível, quando o sujeito assume o único papel de porta-voz de um saber-objeto completamente exterior a ele — passando-se por todos os graus possíveis nesse afastamento. Pode-se também localizar o lugar atribuído aos sujeitos-alunos pelo discurso: são eles tidos por espectadores passivos, sujeitos absorventes estritos, ou co-locutores, co-responsáveis pela reconstrução do discurso matemático? Qual o verdadeiro alocutário do discurso didático? Quem o professor procura convencer? Na realidade, o professor, embora falando de matemática, fala de fato de si através de sua matemática privada. Ele evoca seu espaço matemático próprio: pode tratar-se de um espaço de liberdade no qual ele se movimenta à vontade, com amplidão, ou, ao contrário, de um espaço em que se acha limitado, obrigado a não se distanciar sob pena de ameaça, de qualquer maneira um espaço de bom comportamento.

O último ato da transposição didática

É assim que, por meio da elucidação de indícios objetiváveis, mediante uma análise da gramática enunciativa do discurso estabelecido pelo professor, se tornou possível para nós localizar o modo pelo qual este último revela sua própria relação com o saber matemático vinculado com o tipo de dinâmica relacional que ele instaura no espaço didático. É evidente que, para realizar esse projeto, é necessário não se deixar aprisionar pelas características manifestas do discurso pedagógico. É preciso poder libertar-se dos efeitos do empreendimento pedagógico e dos efeitos de racionalização ainda bastante presentes nos traços escritos desse discurso, a partir do momento em que se trata de identificar *o que é entendido pelos alunos, até à revelia da vontade do professor, através das palavras que este pronuncia*. É nesse nível de trabalho que se mostra indispensável e frutuosa a aliança entre as intuições fornecidas pela abordagem clínica, subjetiva por natureza, e os elementos de objetivação trazidos pelo uso das técnicas de análise do discurso. Hoje, por meio de um trabalho profundo e minucioso sobre cada *corpus*, somos capazes de caracterizar os lugares que o professor atribui aos alunos, assim como o lugar que se atribui a si mesmo nesse intercâmbio e as modalidades de vínculos que ele põe em prática; somos igualmente capazes de caracterizar de fato as relações que estabelece com os diferentes objetos da situação, quer se trate do trabalho matemático, dos alunos ou, de modo mais amplo, da situação de ensino, num plano a uma só vez espaciotemporal e dinâmico.

O professor "à mão"

Acabamos de recordá-lo: no encontro com os alunos, o professor é de alguma forma obrigado a falar e, mais ainda, a ser o primeiro a falar. Falar: é inconcebível pensar numa situação de ensino, e sobretudo de início de ensino, na ocasião do primeiro encontro, em que o professor não diga uma primeira palavra. Em última análise, essa primeira fala pode versar praticamente apenas sobre o saber. Por exemplo, um universitário entra na sala de uma universidade científica para sua primeira intervenção de início de ano junto a um grupo de estudantes e enuncia: "É aqui a sala do TD nº X?"; depois, sem mais palavras, volta-se para a lousa e pronuncia, ainda escrevendo: "Seja uma seqüência" etc. Em outros termos, suas palavras de apresentação e de comentários são reduzidas ao mínimo estrito, como se o sujeito enunciador tentasse eclipsar-se à imagem da do discurso matemático propriamente dito. Algumas tentativas ainda mais extremas foram tomadas deliberadamente nos anos seguintes a 1968, na parte mais intensa do período dito "não-diretivo", tentativas no decorrer das quais o professor tentava não pronunciar nenhuma palavra durante toda uma hora de ensino — mas é preciso reconhecer que elas não tardaram a ser tidas como insustentáveis no sentido próprio.

De fato, fora dessas situações-limite, o que costuma ocorrer é que os alunos esperem, na sala de aula ou diante desta, a chegada do professor; eles esperam vê-lo e ouvi-lo falar. Julgamos ser o professor que "se tem à mão". É ele que instaura certo clima com relação ao qual os alunos terão de determinar-se. Eles retroagirão, ajustarão reacionalmente seu comportamento e, em virtude disso, influenciarão por sua vez o clima do espaço didático, clima que resulta da ecologia dessa troca. A meu ver, essa maneira de considerar as coisas é também válida quer se trate de um professor que exibe uma fala magistral ou de um professor que "devolve" um problema e instala "uma situação didática", no sentido da didática da matemática, ou ainda se se trata de um professor que emprega uma seqüência didática preparada de forma experimental. Seja qual for o caso, o professor pronuncia palavras, exibe seu corpo, faz mímicas e gestos, move-se e é olhado pelos alunos, falando e movendo-se. Ele se expõe em seu ser. Além disso, não é uma pessoa qualquer que entra na sala: ele foi habilitado a ser o representante da comunidade de eruditos, e é obrigado pela instituição de ensino que o emprega a ser o fiador do saber a ser ensinado. Por conseguinte, é ele obrigado a tornar público certo tipo de relação com o saber. Mas sua maneira de atualizar e de manifestar sua relação com o saber na cena didática é interdependente do clima instaurado. Em outros termos, em situação didática, o que vamos perceber não é que o professor *sabe mas o que faz com aquilo que sabe*, nesse dia, nessa hora, com esse grupo. O que aparece numa sessão de ensino é o resultante de várias dimensões: as modalidades pessoais de sua relação com o saber submetidas às restrições da situação de ensino, que remetem ao mesmo tempo às restrições didáticas estritamente falando, às obrigações institucionais, às restrições relacionais e às suas próprias "restrições interiores" de sujeito, no sentido de sujeito do inconsciente (Berdot, Blanchard-Laville e Bronner, 2000).

A assinatura do professor

Tive assim condições de mostrar que cada professor de matemática, através desse ato de fala singular que constitui uma aula, impõe ao aluno *um cenário pessoal implícito*. Trata-se de uma construção que identifica o professor, quase da mesma maneira que uma assinatura. Esse cenário revela sua própria relação com o saber matemático, ao menos o que ele chega a manifestar no contexto relacional específico da situação de ensino, num momento dado. Sem análise, essa construção, no momento do próprio ato didático, permanece mascarada aos olhos do aluno pelos fenômenos de domínio e de captação pedagógicos, e apenas numa análise ao-depois pode ser desvelada. Daí a necessidade do dispositivo utilizado para identificá-la: registro, retranscrição por escrito, distanciamento pelo uso das técnicas de análise do discurso, e interpretações clínicas para conferir-lhe sentido. Trata-se então de esboçar a tópica singular de cada uma das seqüências estudadas no que diz respeito à relação com o saber matemático do professor, que transparece em seu discurso vinculado com o modo de relação com os alunos que instala. Julgamos que esse cenário localizável na ocasião de uma seqüência, ainda que sofra algumas flutuações de uma seqüência para outra, possui uma espécie de estabilidade estrutural. Eis o motivo pelo qual poderíamos também denominar essa organização *a marca digital do professor*.

O professor de matemática tomado pelas palavras

Antes de ilustrar essas hipóteses sobre seqüências particulares, gostaria de chamar a atenção do leitor para algumas constatações gerais que fui levada a fazer no decorrer de análises deste tipo. O que surpreende prioritariamente é a forma global do discurso enunciado pelo professor de matemática em situação didática. É muito espantoso constatar a fraca parte (proporcionalmente) dos enunciados de tipo estritamente matemático nesse discurso oral. Tal resultado é geral, seja qual for o nível de ensino a que o professor se dirija; o processo de oralização impõe uma proporção muito grande de discurso para- ou peri-matemático (com muita freqüência da ordem de 15 para 1).

Sabemos que a matemática é trabalhada essencialmente por escrito; a importância do quadro-negro para os professores dessa disciplina, apenas pelo registro auditivo não temos acesso ao que se acha escrito na lousa. Entretanto, não resta dúvida de que um discurso retranscrito que analisamos é um discurso que é *pronunciado e ouvido pelos alunos*, paralelamente ao fato de que o professor escreve algumas coisas no quadro-negro e de que os alunos escrevem também em seus cadernos. Aconteça o que acontecer, *as palavras do professor invadem o espaço sonoro dos alunos*, que têm o encargo de decifrar no conjunto de seus traços orais, não-verbais e escritos o que remete ao enunciado matemático propriamente dito e o que é considerado uma ajuda à sua compreensão. Eis o último ato da "transposição didática" (CHEVALLARD, 1985). Voltaremos a isto num capítulo posterior.

Outra constatação se impõe: de certa maneira, os enunciados matemáticos são auto-suficientes; situam-se sobretudo num registro denotativo, ou seja, constituem elementos estáveis do discurso, não-subjetivos, por oposição ao discurso de comentário que, por sua vez, se situa principalmente num registro conotativo. Este é constituído de elementos subjetivos e variáveis segundo os contextos. Ora, os dois tipos de discurso estão muito imbricados um no outro, e é a penetração entre essas duas formas que é espantoso entre os enunciados matemáticos para os quais o sujeito da enunciação se apagou, e os enunciados-comentários advindos de um ato de enunciação, aqui e agora, efetuado por um sujeito bastante presente, o sujeito-professor. O professor de matemática está particularmente submetido a esse paradoxo de dever, sob o pretexto de fazer os alunos compreenderem enunciados denotativos, "chafurdar" no discurso conotativo. Qualquer seqüência registrada poderia fornecer uma ilustração desse fenômeno.

Ainda uma observação. Este modo de apreender a comunicação em situação didática, centrando-se unicamente na dimensão verbal, oferece inevitavelmente uma visão bastante parcial do que entra em jogo numa seqüência de ensino. Entretanto, é pelo próprio fato da seleção operada num material de imensa complexidade que se torna possível esclarecer os fenômenos que acabam de ser abordados. Com o risco, em seguida, de articular esses resultados com resultados que emanam de outras abordagens que, por seu turno, selecionam de modo diferente o material. Essa articulação ulterior permitirá situar os fenômenos que identificamos na globalidade da situação didática, o que nos levará, ao que parece, a ponderar mais ou menos seus efeitos. Já indiquei várias vezes que considero minha perspectiva de abordagem bastante parcial. No entanto, estou convencida de que é privilegiando-a e explorando-a o máximo possível — nunca esquecendo que se trata de uma abordagem parcial das situações e perseguindo o trabalho de reconstrução com outros pesquisadores em seguida — que temos alguma chance de apreender elementos que só a abordagem clínica permite captar.

As seqüências cuja análise apresentarei para ilustrar essa afirmação não são seqüências preparadas experimentalmente, mas de aulas "comuns". São "pedaços escolhidos", no sentido de que esses registros foram efetuados sem a presença do observador externo e de que a escolha do momento do registro foi feita pelo professor que aceitara fornecer-nos esse material. Foi ele mesmo, ou ela mesma, que ligou o gravador. A única instrução dada foi que ele(a) escolhesse sobretudo um momento em que "dava a aula, e não uma ocasião de trabalhos dirigidos".

Graciela e Marc

As seqüências analisadas procedem de dois professores de liceu. Ambos, Graciela e Marc, escolheram gravar seu discurso em aulas de segunda série[2].

Cada um à sua maneira, os dois professores têm uma posição segura com relação ao saber matemático.

Para Graciela, ainda que ela privilegie sobretudo seu papel pedagógico, seu modo de agir sugere que a matemática, embora sendo bastante idealizada, é perigosa para os alunos, tal como o é para ela. Em seu discurso, a matemática se mostra como o lugar das evidências enganadoras e das armadilhas, sendo conotada como um universo de não-liberdade, em que seria preciso respeitar ao pé da letra o texto dos teoremas sob pena de expor-se a graves perturbações. Ela espera o fim completo da seqüência de aula para justificar a importância do conteúdo transmitido — o estudo da tabela de variação de uma função — e de sua utilidade na matemática aplicada (no âmbito da economia, em particular). É de fato sob a forma de "queda", no sentido da queda do pano numa peça de teatro, que ela faz essa afirmação. Como se sua presença, por si só, tivesse sido suficiente para justificar tudo, ela acrescenta bem no fim:

2. Escolhi mostrar a análise dessas duas seqüências na medida em que os dois professores que gravaram essas seqüências aceitaram trabalhar conosco, os pesquisadores, a partir de nossas análises e no período posterior. Não tecerei aqui elogios a esse trabalho experimental; desejo simplesmente dar testemunho do fato de que suas associações em torno das hipóteses de análise que lhes propusemos vieram fundar essas hipóteses, ainda que aprofundando-as numa vertente mais pessoal.

"E, além de tudo, isso pode servir!" De resto, ela dita os teoremas e as definições de maneira bastante impessoal, sem envolver-se com eles, distancia-se dos enunciados matemáticos, ao passo que seu discurso sobre os exemplos e os exercícios é muito modalizado e personalizado. Graciela responsabiliza-se por completo por seu papel pedagógico: dizer o que é importante, os riscos envolvidos, as armadilhas, o que é evidente e o que não o é, os lugares em que é preciso ter "atenção" e não cometer "tolices".

Eis um extrato do início dessa seqüência gravada. Obviamente, é necessário lembrar que esse trecho só reflete a comunicação verbal; numa seqüência de aula, intervêm também o que é escrito na lousa, a entonação, as mímicas e a gestualidade do professor, de que nos ocuparemos mais tarde. Isso relativiza a dificuldade de localização quando se dispõe tão-somente da transcrição das trocas verbais.

(*giz*) indica um ruído de giz.

(*a*) indica a intervenção inaudível de um aluno.

"... bem, então por que me coloquei num intervalo e não no conjunto de definição da função? (*Ela bate as mãos na escrivaninha, ao que parece para deter o ruído de fundo que havia um momento tinha começado*)... ... (*isoladamente*: é preciso utilizar a última propriedade)... ... por que me coloquei num intervalo e não no conjunto de definição?... ... porque como se faz para estudar as variações de uma função?... ...(*a*)... é certo que se ela é derivável, pode-se utilizar esse teorema, mas se começa por... de fato se corta o conjunto de definição em intervalos quando vocês estudam o conjunto de variação... hein... portanto, vamos... ... (*giz*) ... ... escrever a definição... ... ... (*a*) ... ... (*giz*) ... segunda definição ... ... definição ... creio que isto é importante vocês vão ver... estudar as variações de uma função *f* (*ela dita*) é dividir, é dividir seu conjunto de definição, é dividir seu conjunto de definição D*f* em intervalos ... ... em intervalos em que ela... mantém um sinal constante... isso são também coisas que vocês viram no ano passado, mas a gente vai assim mesmo dar um exemplo ... ... (*giz*) ... ... um exemplo que lhes mostrará o que eu queria dizer com pontos isolados agora há pouco hein... ... ... portanto vamos estudar as variações de *f* ... ... (*giz*) ... ... estudar as variações de *f* definida com base no R maiúsculo por... ... (*giz*) ... definida com base no R maiúsculo por *f* de *x* igual $3x^4 + 4x^3 - 6x^2 - 12x + 2$. Calculem rapidamente a derivada ... ... e faremos na tabela de variação desta função ... ... (*a*) ... ... o conjunto de definição sendo bem entendido ... (*aluno: R*) ... R ... ... portanto vocês calculam rapidamente a derivada ... ... (*a*) ... ... sim ... ... e então não é muito preciso como vocabulário ... ... uma raiz evidente vocês derivam, vocês encontram um polinômio de terceiro grau vocês fatorizam ... ... a fatorização há cinqüenta formas de fazê-la ... ... (*a*) ... ... bom, então (*giz*) ... ... penso que todo mundo teve tempo para calcular a derivada... vocês têm um 12 como fator ... 12 fator de *x* ao cubo mais *x* ao quadrado menos *x* menos 1 ... ... (*Giz*) ... ... (*e: x – 1*)... sim... então, em outras palavras ... (*a*) ... sim, então, ou vocês dizem que há uma raiz evidente e vocês adivinham o polinômio depois ou então vocês observam que aí vocês têm *x* ao quadrado – 1 e aí vocês têm, vocês vêem quando vocês agrupam os termos como vocês têm isso aqui vocês têm *x* vezes ao quadrado – 1 e aqui vocês têm *x* ao quadrado – 1... portanto vocês podem pôr *x* ao quadrado – 1 restará como fator *x* = 1. Portanto de todo modo se encontra sim Pierre? (*ele responde*) (*ela escreve*) sim (*a*) (*x* – 1) (*x* + 1) o sinal depende de *x* – 1 ... claro, isso é ... ... *x* ao quadrado – 1 vez *x* + 1 *x* – 1 vez *x* + 1 ao quadrado, então, quando vocês têm esse resultado, o que perguntarão que se deve fazer é apesar de tudo ... inserir realmente na tabela de variação... de realmente fazer aparecer o valor – 1 ... ... (*a*) ... ... é claro que ela não vai mudar o sentido de variação, hein, ... mas vamos explicar por que a gente a faz aparecer a todo momento ... ... portanto *f'* de *x* ... ... uma tabela de variação, isso comporta sempre em primeiro lugar uma tabela de sinais hein para *f'* de *x* e em seguida, então aí é simples, portanto a derivada tem o mesmo sinal que *x* – 1, ela se anula em – 1 , ela é negativa antes de positiva depois... ... ... (*a*) ... mas ela se anula também para *x* igual 1... bem, vocês vêem para *x* igual 1 ela se anula sem mudar de sinal ela permanece positiva para *x* igual – 1 ela se anula ao mudar de sinal... certo? Então sobre o intervalo menos o infinito – 1 *f'* é negativo, portanto a função é decrescente... ... (*aluno: não estou de acordo, ... um outro aluno: não, é falso... uma algazarra se segue a isso*) ... ... (*aluno: psiu, psiu*) menos forte ... ... sim, sim eu me enganei aí ... vocês têm aqui *x* – 1, portanto isso muda de sinal para *x* igual 1 então o que quero mostrar a vocês está nesta parte aí... ... ... portanto sobre o intervalo 1 mais o infinito a derivada é positiva, a função é crescente mas o que me interessa de fato é que esse intervalo sobre o intervalo menos o infinito o que se pode dizer sobre esse intervalo? a derivada é negativa salvo num ponto isolado o ponto – 1 não muda nada no sentido de variação... a função é decrescente ... então vocês fazem uma única seta aí ... vocês não fazer duas setas ... vocês fazem uma única seta... ela é decrescente sobre todo o intervalo... bem, se se quisesse fazer uma tabela de variação correta ... seria preciso agora pôr ... (*a*) ... os valores ... os limites ... bem então um polinômio ao infinito se comporta como seu termo de mais alto grau ... + o infinito + o infinito ... (*a*) ... 9 em que lugar? (*a*)... para *x* = 1 ... vocês encontraram 9 para *x* = - 1 ... (*a*) ... sim, creio que Catherine tem razão é –9... (*a*)... e para *x* = –1 vocês encontram ... (*a*) ... atenção oh não não é necessário substituir na derivada... senão claro que se encontra 9... é preciso voltar à função ... é preciso voltar lá, hein, portanto, para $x = -1$ ... vocês encontram ... (*a*) ... é 7 ... ... portanto a função é decrescente, ela passa por 7 e continua a descer até –9 ... ... bem, esta pequena tabela, vou guardá-la para ... ... para fazer a seqüência...

Analisando a transcrição completa dessa seqüência, é possível sentir que, para Graciela, essa aula representa correr pessoalmente um risco no nível relacional. É possível ver o quanto a distância que ela estabelece entre si e os alunos é oscilante, passando da aproximação sedutora à distância máxima do estilo ruptura afetiva: "Façam o que quiserem; quanto a mim, faço o que desejo" — diz-lhes ela, em determinado momento da seqüência, a propósito de uma escritura. E vemos também como ela quer proteger os alunos, como uma mãe, dos perigos da matemática e ajudá-los a crescer, embora denegando simultaneamente a possibilidade de prescindirem dela.

Nessa seqüência, no nível emocional, Graciela nos mostra a manifestação de um modo de vínculo com os alunos relativamente erotizado, que não deixa de despertar o desejo de saber em certos alunos, mas de que alunos se tratará e desejo de saber o quê? Talvez saber mais sobre a professora do que sobre matemática. Por outro lado, o que ela parece sobretudo buscar nessa modalidade relacional é uma legitimação de si mesma, no nível de uma confirmação identitária, como professora de matemática, em seu lugar nessa classe. Seria possível dizer que é um reasseguramento dessa ordem que Graciela procura obter dos alunos.

Assim, compreendemos melhor essa alternativa entre a necessidade e o temor de proximidade com os alunos, essa alternância de calor afetivo e momentos de retratação, a hipersensibilidade que se pressente na atmosfera emocional da classe, minuto após minuto, e essa maneira de expor-se vividamente e de trabalhar de alguma maneira sem anteparo.

Como se Graciela fosse impelida a seduzir os alunos para ser confirmada sobre sua capacidade de seduzir, impulsionada a levá-los a crer que é indispensável para disso se convencer e acalmar as angústias narcísicas, levada a reduzir a distância entre eles num corpo a corpo no limite do sustentável, impelida a se inserir ativamente nessa situação penosa mas excitante de uma permanente improvisação diante do desconhecido sempre renovado. Eis de todo modo uma seqüência de aula que tem importância e que anda aos pulos. O interesse disso não será provavelmente o mesmo para os alunos segundo o grau com que entraram nesse jogo.

Em todo caso, constatamos que Graciela negocia as restrições didáticas, institucionais e outras em função desse cenário interno que a impele apesar dela. Algumas de suas restrições externas servirão de cenário para ela, outras serão empecilhos, e o resultado provirá da organização de compromisso obtida.

Por exemplo, a restrição cultural hoje poderosa que consiste em que "os alunos participem" não é um problema para Graciela. Ela precisa de sua participação ou, ao menos, necessita de certa cooperação da parte deles, e com certeza terá dificuldade em trabalhar sem isso. Da mesma maneira, no que diz respeito à necessidade de permitir a participação dos alunos com relação ao saber, para Graciela eles têm uma oportunidade de escolha, visto que, sob o pretexto de partilhar com eles a legitimação do avanço do tempo didático, é da própria legitimação da professora que se trata, legitimação cuja responsabilidade é por ela delegada. Pode-se ver também a sutileza com a qual ela vai operar sobre o equilíbrio entre os saberes, oficialmente temas didáticos do dia, os saberes que já saíram da relação didática e a exibição de seu saber pessoal não necessária em certos momentos — tudo isso pode restabelecer essa distância necessária entre os alunos e Graciela, distância com a qual ela não deixa de atuar, e seu lugar com relação ao saber que a legitima como professora. Por fim, foi possível observar o notável fato de que a maioria dos erros que ela comete são, tal como os qualificou Yves Chevallard (1996)[3], erros "veniais" no sentido de que não põem em risco a qualificação no nível do saber, ligando-se tão-somente aos saberes que não constituem temas didáticos do dia em questão. Ora, em minha opinião, esses erros são lapsos que lhe permitem exprimir o recalcado sem um perigo fundamental de romper o vínculo didático. É possível observar enfim que Graciela se apodera, por exemplo, de uma pseudo-restrição didática como o ditado ou a escrita na lousa para restaurar artificialmente uma linha de demarcação no tempo e no espaço que em outros momentos ela transpõe de modo transgressivo.

Em resumo, vejo essa seqüência como uma tecedura fina e complexa de uma multiplicidade de microdecisões improvisadas resultante da necessidade, para Graciela, de diminuir sua tensão interna ao atuar seu cenário pessoal, embora levando em conta diversas restrições exteriores. Pode-se constatar em todo o decorrer da aula que a professora utiliza o riso, outro processo de ab-reação da tensão.

No que diz respeito à segunda seqüência, a de Marc, de cujos primeiros momentos já falei, pode-se constatar que o investimento no objeto matemático é também muito importante, mas que a relação de proximidade com esse objeto é utilizada de modo diferente. Trata-se para Marc de acompanhar os alunos numa construção, mas essa construção revelará ser uma armadilha da qual os alunos vão participar ingenuamente e que se fechará sobre eles. A intenção explícita do professor é fazê-los sentir melhor "de que se trata nessa definição do limite de uma função". A seqüência é montada como um cenário bastante "calculado", pois o exemplo em questão — a propósito do qual ele lhes diz: "Vocês vão ter uma surpresa" — teve de ser verdadeiramente fabricado para a circunstância. De resto, o próprio Marc reconheceu aos alunos, durante a aula, que ela-

3. Esse *corpus* foi objeto de várias análises cujos resultados foram publicados na obra citada.

borou esse exemplo para que — disse-lhes explicitamente — "vocês caiam na armadilha".

... não lhes dei nenhum exercício para pesquisar sobre... talvez seja também porque vocês não puderam... bem, sentir do que se tratava, e vou propor-lhes um em seguida... para mostrar-lhes... para mostrar-lhes algo que me pareceu, eh, quando o expliquei pareceu-lhes um pouquinho confuso... é essa história de estar tão próximo quanto se queira do zero e não apenas próximo do zero... há um matiz entre próximo do zero e tão próximo quanto se queira e as questões de limite, é verdadeiramente da segunda categoria que elas se... na segunda categoria que elas se relacionam, isto é, é preciso que se tenha alguma coisa, um valor... um valor variável e que não seja somente próximo de zero, mas tão próximo quanto se queira. E com o exemplo que eu lhes proponho esta manhã vocês vão ver um pouco de que se trata... ... ... ei-lo (*isoladamente para si mesmo*)... ... então vocês peguem um caderno de exercícios, simplesmente ... ... vamos fazer um estudo dessa função *f* de *x* igual *x* + 10 à potência – 6 sobre *x* ao quadrado para valores de *x* próximos de zero cada vez mais próximos e vamos ver o que acontece... (*14 segundos*) portanto, eu lhes proponho preencher a seguinte tabela de valores: quando *x* assume os valores 1 0,5 0,1 0,05 0,01 vocês calculam isso irá mais depressa (*tom precipitado*) enfim o cálculo não é exagerado de todo modo... (*8 segundos*) e a questão que lhes formulo é adivinhar ou presumir um limite para essa função *f* quando *x* tende a zero e vocês vêem que dirijo *x* para zero por valores superiores a zero (*18 segundos*)... (*ele escrevia no quadro, depõe o giz*) se vocês não têm máquina os cálculos devem ser feitos a mão bastante facilmente se alguém ... (*ruídos na sala, ele passa pelas fileiras e fala a alguns alunos*) ... (*tempo bastante longo, cerca de 5 minutos, no fim, ele escreve os resultados na lousa*) houve quem terminasse a lista dos valores... Olivier, você me dá os valores que você encontrou... toda a lista sim todo mundo sabe que 10 à potência –6 é um milionésimo, ou seja, é um número que se escreve com 0 e depois 6 cifras após a vírgula, o último é um 1; os outros são zeros em seguida para 0,5, você o encontrou... ... (*ele escreve*) ... sim... sim... ... ... isto não tem uma grande importância a não ser que vocês, vocês talvez tenham errado seu cálculo; eu, o que me interessa é que isso dê bem perto de 0,5, hein, vou empurrar mais longe aí há quatro zeros depois do seguinte? ... ... você encontra 0,1 aqui, sim... ... todo mundo ... ... há alguma coisa depois ... ... há dois zeros ... ... havia um aqui devia ser quatro zeros com um 2 ou um 4... ... ... (*voz de alunos*) ... ... bom, pouco importa, continuamos ... ... e depois? ... ... fiz para vocês esses cálculos vamos realmente ver eu encontrei um 4 aí... ... ... aqui encontrei um 5 em seguida ? ... ... aí encontrei 0,02 ... ... (*vozes de alunos*) ... ... bom ... o objetivo da questão hoje não é aprender a calcular com a máquina, é considerar ah essa questão de limite... ... ...

então ... ... vocês me propõem olhando o quadro ah uma intuição para o que poderia ocorrer se para *x* se continuasse cada vez mais perto de zero para onde poderia ir *f* de *x*? ... ... (*vozes de alunos*) ... ... sim ... ... portanto (débito rápido) a proposição é responder à questão aqui o limite de *f* quando *x* tende a zero por valores positivos é zero... eis aqui ... ... eh, bom, vocês vão ter uma surpresa continuando... a tomar valores cada vez mais próximos de zero aqui vocês vão ver o que acontece e é que... o... é o que lhes peço para fazer em seguida vocês vão ver vocês continuam portanto sua tabela com os valores seguintes... ... ... (*giz*) para *x* 0,05 não um zero a mais 5 milésimos em seguida um milésimo em seguida claramente ponho isso sob a forma de potência de 10 e lhes indico que a máquina sabe calcular com as potências de 10 10 potência – 4 e 10 à potência 6 ... ... (*giz*) vocês constatam que nos aproximamos ainda mais de zero aqui... e vocês vão ver o que faz *f* de *x* ... você o previra Jérôme? ... ... vocês podem trabalhar com as potências de 10 vocês podem fazer os cálculos a mão ... ... (*cerca de 5 minutos*) ... ... bom, vocês conseguiram? isso me parece um pouquinho demorado aí para esses cálculos que não são muito complicados ... ... então acelero um pouco quem propõe um resultado para o segundo aqui... ... sim estamos de acordo é um milésimo em seguida para 10 à potência – 4 ... ... sim 100 vírgula ... ... (*vozes de alunos*)... ... ... e aqui 10 potência –6 vocês terão 100 000 não há três zeros há 6 é um milhão vírgula um milionésimo ainda depois... ... é isso ... ... bom então vocês vêem oh surpresa parei claro bem aqui no ponto mais baixo da descida de *f(x)*... ... ...ah para que vocês sejam pegos na armadilha e tenham a impressão que isso ia na direção de zero e, depois, se se continua, a gente percebe que isso remonta e não somente isso remonta mas, além disso, isso tem o jeito de ir para o infinito hein? mais do que ir para zero então o que é preciso guardar disso? é preciso guardar que a partir do momento em que se tem uma função que não é uma função muito simples diferente do que se está acostumado mas que, ao contrário, é uma função um pouco nova que não se conhece seria eh não seria justo extrair conseqüências para os limites de certos cálculos que são forçosamente limitados hein? há necessidade de algo de teórico aí para se estar seguro de que o que se constata vai bem continuar ou ao contrário não vai continuar como aqui não se pode confiar numa série de cálculos mesmo importante porque eu teria podido fabricar um outro exemplo em que a surpresa, em lugar de tê-la em 0,01, vocês a teriam tido em um dez mil milionésima parte, por exemplo, é, na matemática, não há nada de impossível mexendo com as cifras podemos nos aproximar eh de zero mais com uma função que faria de fato como se fosse ir mais perto de zero e depois em seguida ela se ela se ela remonta.

Constatamos que o início da seqüência é construído de maneira bastante dramatizada, como ocorreu com Graciela; o suspense aumenta; os cálculos, pouco importa! Marc acelera o ritmo, há um aumento de tensão até o "eis aqui". A resposta errada esperada foi oferecida por um aluno. Marc utiliza muitos verbos que se relacionam com o olhar. Os papéis da peça são distribuídos. Ele, o professor, fornece os valores para preencher a tabela de cálculos. Os alunos, por sua vez, são convidados a fazer esses cálculos, entre parênteses, nessas duas seqüências os cálculos são conotados bastante pejorativamente. É preciso calcular depressa, apressar-se para fazer os cálculos. Não é isso o importante. Aqui, os alunos são levados a fazer esses cálculos e não outros e a responder à pergunta formulada. Participação ativa na implantação bastante precisa do drama para conduzi-los a dar a resposta errada que ele espera, para poder retificá-la em seguida. O professor os convida a adivinhar "o que poderia ocorrer se se continuasse...". A ascensão dramática desemboca no "eis aqui" que dá testemunho do alívio do professor. Ele poderá agora mostrar seus cuidados. Atenção, não se pode confiar numa série de cálculos, mesmo importante: "Os cálculos são necessariamente limitados". Tudo isso vai permitir-lhe dar uma lição significativa: se não se está familiarizado, isso pode não comportar-se inteiramente como se espera. Portanto, o imprevisível, relativamente perigoso para um estranho, como para Graciela, mas por uma razão completamente diversa. "É que", diz-nos ele, "em matemática não há nada impossível [...] Na matemática, não se tem referência física, nem sempre se tem um padrão de grandeza que seria nossa medida". E eis aí um universo, o da matemática, em que se pode viajar sem limites, e não chocar-se com impossibilidades, em suma, ser todo-poderoso.

Podemos arriscar-nos a esboçar o tipo de relação com a matemática muito diferente que esses dois professores permitem vislumbrar. Para Graciela, tratar-se-ia de uma relação de tipo fóbico; observamos que ela focaliza os olhares dos alunos mais nela que na matemática, esse objeto perigoso a ser evitado, se possível. Para Marc, a matemática representa sem dúvida algo bastante idealizado, de que ele faz uso aqui para fins de fruição pessoal numa relação ligeiramente perversa com os alunos.

O que tentei sugerir por meio desses exemplos é que, em certo nível, as restrições interiores têm um grande peso no que se refere às escolhas do professor no desenvolvimento da aula.

Restrições interiores

Denomino *restrições interiores* as restrições que o sujeito-professor se impõe a si mesmo, ou, melhor, que sua parte inconsciente lhe impõe, a despeito até de si mesmo. E aí entramos no registro daquilo a que se dá o nome, em psicanálise, de *compulsão*. Tal como a define o *Vocabulário da psicanálise* de Laplanche e Pontalis, a compulsão remete a "um tipo de comportamentos que o sujeito é impelido a realizar por uma restrição interna. Um pensamento (obsessão), uma ação, uma operação defensiva, até uma seqüência complexa de comportamentos são qualificados de compulsivos quando sua não-realização é sentida como devendo envolver um aumento de angústia. [...] O sujeito se sente obrigado por essa força a agir, a pensar de determinada maneira e luta contra ela [...], às vezes não conscientemente em desacordo com os atos realizados, em conformidade com protótipos inconscientes". Nesse âmbito, chega-se a entrar, em minha opinião, no registro da compulsão de repetição, isto é, de um "processo incoercível e de origem inconsciente pelo qual o sujeito se situa ativamente em situações penosas, repetindo assim experiências antigas sem recordar o protótipo e com, ao contrário, a impressão bastante vívida de que se trata de algo que é plenamente motivado no presente".

Gostaria de abrir aqui um parêntese a fim de que não haja equívoco: quando me ocorre de falar de mal-estar psíquico ou mesmo de sofrimento psíquico do professor, não se trata, como já enfatizei várias vezes, de patologia. O sofrimento psíquico é o de cada um que vive e que tem, em virtude disso, um inconsciente. Como é evidente, de acordo com as circunstâncias da vida privada ou da vida profissional, esse sofrimento pode ser mais ou menos reativado. Situarei a patologia do lado da descompensação de um equilíbrio psíquico que cada um se esforça, a seu modo, para manter dia após dia, segundo sua estrutura de personalidade de base. E, quando falo de compulsão, ou mesmo de compulsão de repetição, não se trata tampouco de patologia. A partir do momento em que postulamos a existência do inconsciente no ser humano, ei-lo submetido à compulsão de repetição. Obviamente, há uma questão de grau ou de força de imposição dessa compulsão e é possível observar em alguns tipos de neurose, no obsessivo por exemplo, que esse mecanismo é particularmente ativo e invalidante para o sujeito. Mas não é isso que evoco aqui.

Essas restrições, embora de origem inconsciente, não são inacessíveis, sendo justamente o objeto do trabalho psíquico modificar as condições internas que originam a tensão, para dissolvê-la progressivamente e obter um desprendimento relativo da força compulsiva. O trabalho psíquico é um processo interior que implica uma atividade do sujeito (que pode fracassar) por meio da qual ele consegue progressivamente desprender-se do domínio da compulsão de repetição. Trata-se aí de uma espécie de trabalho psíquico que permite ao sujeito aceitar alguns elementos recalcados e desprender-se do controle dos mecanismos repetitivos. Com efeito, como indica Freud, o recalque não é suspenso uma vez superada a resistência do ego; é preciso ainda "vencer a força da compulsão de repetição, a atração exercida pelos protótipos inconscientes sobre o processo pulsional recalcado".

Na situação analítica, esse trabalho é efetuado pelo analisado, mas a parte assumida pelo analista para estimulá-lo é importante. Como observa Melanie Klein, citada no artigo "Perlaboração" por Laplanche e Pontalis em seu *Vocabulário*, "nossa experiência cotidiana confirma sem cessar a necessidade de perlaborar: é assim que vemos pacientes que, em certo estágio, adquiriram o *insight*[4] recusarem esse mesmo *insight* nas sessões seguintes; às vezes até parecem ter esquecido que se apropriaram dele. É apenas tirando nossas conclusões do material, tal como reaparece em diferentes contextos e interpretando-o de maneira adequada, que ajudamos progressivamente o paciente a adquirir o *insight* de um modo mais duradouro". Da mesma forma, num grupo de análise da prática profissional, é apenas tendo apresentado e trabalhado várias situações profissionais que o professor pode esperar se desprender um pouco de seus cenários restritivos.

A partir dessas duas apresentações, pudemos ver como cada um dos professores se vincula ao objeto matemático, como ele/ela o utiliza em sua ligação com os alunos e que tipo de cenário projeta a partir de então no espaço didático.

Ainda que esse cenário evolua no decorrer da carreira do(a) professor(a) e ainda que sofra necessariamente flutuações conjunturais, julgo que sua configuração geral é relativamente estável para um período dado, para um(a) professor(a) dado(a), na medida em que o(a) professor(a) não está consciente de sua existência e não pode de maneira alguma dominar e controlar esse nível de seu discurso.

O *corpus* que acaba de ser analisado evoca conteúdos matemáticos heterogêneos. É natural questionar-se se com um *corpus* mais homogêneo as hipóteses seriam ainda válidas. Foi essa questão que me levou a analisar um conjunto de três outras seqüências que apresentam, desta vez, uma forte similitude com relação ao nível de ensino visado e com relação ao conteúdo de saber ensinado.

4. *Insight* significa perspicácia, segundo Octave Mannoni (1980). No uso psicanalítico da palavra, poderíamos traduzi-la por "intuição sobre si mesmo". Para Hanna Segal (1987), o *insight* analítico consiste na "aquisição de um conhecimento a respeito de seu próprio inconsciente, conhecimento adquirido por meio de uma experiência consciente".

Trata-se de três seqüências de ensino de estatística que têm por objetivo abordar um conteúdo matemático idêntico, num mesmo nível de ensino, ou seja, a introdução à metodologia do teste de hipótese, a partir do teste sobre uma proporção. Essas três seqüências vêm de três professoras experientes e que chegaram a um consenso sobre os objetivos gerais do curso, acerca das disposições pedagógicas a tomar em função do público a que se dirige o curso. As três professoras estão de acordo sobre o espírito geral a atribuir a esse ensino. Trata-se além disso de três professoras de estatuto idêntico. Algumas reuniões de harmonização sobre os objetivos e sobre a escolha dos conteúdos ocorrem com regularidade entre elas; as seqüências que serão analisadas nem por isso constituem o objeto de uma preparação didática estrita. Trata-se de um ensino de nível universitário, praticado em pequenos grupos de cerca de trinta estudantes de ambos os sexos.

Sobre esse novo *corpus*, vemos ainda desprender-se três assinaturas, conectando-nos mais particularmente a analisar passo a passo os primeiros minutos de três cursos referentes ao que se poderia denominar "as recordações" do curso anterior[5]. E, para começar, iremos nos ater à primeira frase pronunciada em cada um dos três cursos. Eis as frases:

Lisette: Bem, então, antes de vocês pegarem sua tabela de combinações, proponho-lhes repetir uma palavrinha, recolocar-nos um pouco no contexto...

Suzanne: Não vou voltar a explicar as notações, já que vocês estavam todos presentes na última semana.

Christine: Bom, então, eh, recordo um pouquinho o que se fez na última semana, eu resumo, ou vocês me ajudam a resumir...

---

5. A transcrição de cada um dos cursos resultou em cerca de vinte páginas datilografadas. As recordações se estendem por, aproximadamente, um sexto do tempo total. Deve-se observar que o estatuto das lembranças no quadro de um curso semanal dirigido a estudantes universitários é um tanto particular. Com efeito, costuma haver duas semanas de interrupção entre dois cursos e trata-se de assegurar a continuidade, tanto mais porque a disciplina "estatística" não é central no curso desses estudantes.

O exame atento dessas três frases indica que as primeiras palavras do professor que inicializam o encontro professor/alunos, ainda que não se trate do começo de um ensinamento mas apenas do começo de uma aula entre outras, são significativas.

Assim, Lisette e Christine utilizam ambas as expressões carregadas de instaurar a comunicação: "bem", "então", "eh", enquanto Suzanne inicia sua primeira frase sem fazer uso delas, entrando diretamente no âmago do assunto. Observemos que a primeira frase pronunciada por Suzanne se apresenta sob forma negativa, enquanto as duas frases de Lisette e Christine se mostram em forma assertiva. Observemos também o uso extremamente diferente do "eu-vocês" em cada uma das frases. Para Lisette, o "proponho-lhes" impõe de fato, sob o aspecto de uma fórmula retórica que poderia levar a pensar que é possível uma negociação, o que ela escolheu fazer naquele dia. O uso do eu-vocês mostra com clareza, porém, que os estudantes são verdadeiramente os destinatários de seu projeto. Para Christine, o "eu" e o "vocês" não figuram juntos na mesma proposição; além disso, são mediatizados pela presença do "se" numa proposição intercalada: ainda nesse âmbito, a maneira de utilizar os pronomes pessoais, "eu" e "vocês", indica os lugares atribuídos por esse discurso aos parceiros respectivos da situação. A expressão "o que se fez" lembra a existência de uma ação conduzida em comum no decorrer da sessão anterior. Para a nova sessão, por meio desse passado partilhado, a tarefa das recordações, que tradicionalmente diz respeito ao dever da professora, é delegada aos estudantes; ou, melhor dizendo, a situação habitual, na qual a professora supostamente ajuda os alunos, retornou: os estudantes devem aqui ajudar a professora ("vocês me ajudam"). De novo, esse estilo de discurso não deixa nenhuma margem de negociação aos alunos. E, além disso, eles sofrem aqui uma injunção referente a falar. Por contraste, a frase de Suzanne intima praticamente a ordem aos estudantes de não tomar a palavra, em nome de sua presença passada. Seu discurso recorre, ele também, ao passado, evoca a sessão precedente, mas num registro muito diferente dos dois outros discursos: o grupo dos estudantes é identificado por sua presença maciça ("já que vocês estavam todos presentes"), enquanto a professora, por sua vez, se atribui uma posição exterior a essa comunidade, reservando-se o lugar de "explicar as notações". Nos três casos, vemos com clareza que se trata de assegurar a continuidade com a sessão anterior, que é sempre evocada, mas essa continuidade é estabelecida de maneira muito diferente para as três professoras. Para Lisette, trata-se antes de tudo de "recolocar-se no contexto", juntos, professora e estudantes, ou seja, de recuperar a atmosfera da sessão precedente. Para Christine, trata-se sobretudo de que os estudantes possam rememorar algo do que foi feito na sessão anterior. Essa injunção de recordação deve ao mesmo tempo servir de recontextualização para os estudantes, como no caso de Lisette, mas também de *feedback* para a professora. Além disso, essa injunção impõe uma aliança entre a professora e os estudantes diante do saber. Daí decorre suspeitar que o objeto-saber pode resistir. De outra parte, para Suzanne, os lugares são claramente estabelecidos. O que foi explicado uma vez pela professora deve ter sido registrado pelos alunos(as). A professora "explica as notações"; os estudantes se acham presentes. Constatamos que a ênfase recai, para Suzanne, "nas notações", e veremos na seqüência de seu discurso que essa ênfase de um aspecto do saber matemático não é fortuita. Seu papel de professora já está demarcado: vai tratar-se para ela de ajudar os estudantes a decifrar um discurso codificado. Observemos por fim nas frases de Lisette e Christine a presença de uma forma de eufemização ("uma palavrinha", "um pouquinho", "um pouco") que, ao que parece, participa da vontade de atenuar de imediato as dificuldades posteriores, assim como a minimizar esse momento de recordação, ou seja, de estagnação do tempo didático.

Nos três casos, desvela-se desde já, com base unicamente na análise da primeira frase pronunciada, que essas professoras utilizam o saber matemático de modo muito diferente na construção do vínculo com os estudantes.

A seqüência dos três discursos permitirá elucidar o que acaba de ser afirmado a partir dessas três primeiras frases. Ei-la:

Lisette: Bem, então, antes de vocês pegarem sua tabela de combinações, proponho-lhes repetir uma palavrinha, recolocar-nos um pouco no contexto... Claro, fiquei com a impressão de que as combinações progrediam até bem, e voltaremos a deter-nos nas que apresentam dificuldades, mas proponho-lhes rapidamente rever, e proponho-lhes recuperar sempre o mesmo contexto, o exemplo. É claro, generalizaremos depois. Portanto, nós nos recolocamos no contexto do exemplo que temos... ... ... portanto, nesse contexto, trata-se simplesmente de recordações, é sobretudo para mim, finalmente, hein, são sobretudo pequenas recordações da última vez. Então, eventualmente, vocês acrescentam pequenas observações porque eu gostaria de lhes fazer uma ou duas observações que fiz na última vez. Mas, digamos, não há nada de novo, hein; portanto, trata-se de compreender o que foi dito na última vez; o que é o contexto? ... eh... é uma população ... ... de crianças; no exemplo que tomamos, eram crianças submetidas ao, ao audiovisual e o que nos interessa como variável é uma variável qualitativa em duas classes.

Suzanne: Não vou voltar a explicar as notações, já que vocês estavam todos presentes na última semana. Como vocês lembram, eu lhes expus o modelo binomial, agora direi que *x* segue uma lei binomial de parâmetros *n* e *p* e notei isto *x* elemento de *b* de *n* e *p*, isso quer dizer que se considero uma população a partir de duas categorias, a primeira categoria, coloquemos *a* e a outra *a* barra, isto é, por exemplo, na primeira categoria, os indivíduos têm o caráter *a* e, na segunda, não têm o caráter *a*; se nessa população eu notasse *p*, *p* minúsculo, a proporção de indivíduos que têm o caráter *a*, logo $(1 - p)$, aqueles que não têm o caráter *a*, se nessa população eu tirasse ao acaso uma amostra de tamanho *n* ... ... e tivesse notado *x* o número de indivíduos em minha *n*-amostra ... ... que têm o caráter *p*, vocês se lembram, *x* era uma variável aleatória que seguia uma lei binomial. Bem, então, distribuí entre vocês tabelas em que se dá a freqüência cumulada de *x* que eu notara *f* índice *p*, ou seja, que numa amostra de tamanho *n*, se *x* fosse uma, seguia uma lei binomial.

Christine: Bom, então, eh, recordo um pouquinho o que se fez na última semana, eu resumo, ou vocês me ajudam a resumir... o que fizemos na última vez? ... ... sim, qual é o objetivo do, do capítulo? ... ... sim, num primeiro momento, é a isso que nos dedicamos e, a mais longo prazo, é qual o objetivo do capítulo? ... ... sim, comparação de uma proporção observada, numa amostra... ... euh, numa proporção teórica e, a propósito disso, rever a metodologia dos testes de hipóteses. Certo? Então, antes de abordar o teste de hipótese ... ... eh, trata-se do que chamo de fundamentos, isto é, o que permite depois fazer a teoria dos testes, hein? é o envasamento. Tento contar a história da amostragem... ... vocês se lembram disso? ... ... vamos, juntem as idéias, de que exemplo partimos? ... ... sim, então, entendam tudo isso, uma população...

Para Lisette, como começamos a perceber, trata-se agora de fazer reviver o passado retocando-o ligeiramente e dinamizando nele o que se está prestes a fazer pela evocação do que será feito mais tarde, num futuro próximo. Essa dinâmica deve ser situada em relação com seu projeto: ela se situa como a representante da comunidade dos estatísticos que aceita expatriar-se numa comunidade de futuros utilizadores da ciência estatística. Ela o faz sem complacência nem complexo, conservando sua identidade, o que lhe permite em troca respeitar a identidade dos alocutários, não estatísticos mas futuros consumidores. Trata-se, para ela — com um certo pragmatismo e determinada margem de liberdade —, de levar os alunos a perceber a relação teoria/prática nesse domínio; em outras palavras, levá-los a compreender por meio dos exemplos para que essa teoria pode servir em seu domínio de aplicação, com o risco de esboçar um quadro antes impressionista do que ancorado no cerne da teoria. Ela insiste na importância do "esquema", apoiado no exemplo que lhes apresenta, para estruturar o pensamento dos alunos, o que lhe permite colocar ao mesmo tempo à disposição deles certa margem de "liberdade" e de "escolha".

Para Suzanne, a análise de seu discurso confirma que o saber matemático é mostrado como texto a ser "traduzido"; é a palavra que ela diz na maioria das vezes no decorrer dessa seqüência, consistindo seu papel em enunciar esse texto, em ler o que ela escreve praticamente em toda uma página manuscrita: "Então, direi que" até a "lei binomial", de uma forma muito próxima das formas sintáticas habitualmente utilizadas para as definições e os teoremas em matemática. Ou seja, ela se identifica de modo muito próximo com o enunciador do discurso matemático, reduzindo a um mínimo estrito seu lugar de enunciador presente aqui e agora. Em virtude disso, quando de algum incidente concreto, este irrompe de modo muito brutal e clivado, como um aparte no teatro: ela utiliza então uma voz completamente distinta e uma maneira de falar figurada e pessoal em total contradição com o aspecto formal e controlado do restante do discurso. Imediatamente, a propósito do retalho de pano que serve para apagar a lousa, diz ela: "Não é aquele, vocês o tir-? Tive de deixá-lo na sala, vai ser estranho". Os estudantes se vêem diante da obrigação de seguir passo a passo a linearidade desse discurso que não apresenta um interstício onde se introduzir. O que os alunos dizem não é ouvido ("Falem mais alto, não os ouço"), e os "vocês se lembram", embora numerosos, são retóricos e não esperam uma resposta, como se o discurso que a professora expõe lhe servisse para interpor uma tela entre si e os estudantes. Das três seqüências, talvez seja aquela que apresenta mais proximidade com uma fala de tipo magistral. O que mais importa a Suzanne é a questão da "formulação", da "tradução", suscitando com isso o fato de a compreensão dos alunos tornar-se diretamente vinculada com sua competência em termos de tradução. O saber matemático é comparado com uma espécie de texto sagrado de cuja legitimidade ela seria a garantia: há "o que se pode dizer" e o que "não se deve dizer". Diante dessa ordem do texto matemático, todos os incidentes materiais permitem a entrada da desordem, o que se exprime ao mesmo tempo pela fragilidade do tom de sua voz e pela desorganização de suas afirmações nesses momentos, como se houvesse a sobreposição de dois filmes — um encarregado de recobrir o outro.

Para Christine, *a contrario*, o saber matemático passa por um crivo muito pessoal. Ele é proposto aos estudantes como um objeto bom, mesmo que não se deixe captar com facilidade, no sentido de que permite estruturar-se para uma aproximação ao mundo exterior. Constitui o objeto de uma construção que deve ser sólida e em cujos fundamentos é preciso empenhar-se em trabalhar seriamente a fim de que ela se sustente. O assunto é sério: é necessário combater as confusões, enfatizando bem as distinções e as diferenças. Nessa sessão, Christine empreende nesse sentido "grandes manobras" para justificar a teoria sobre a qual será preciso apoiar-se em todo o decorrer do ano. No que se refere aos estudantes, seu discurso tem uma função de concentração, uma espécie de apelo à mobilização geral. Há numerosas injunções no imperativo, com a meta de que os alunos vibrem no mesmo compasso do que está em jogo. Em relação a Lisette, que também procura esforçar-se no sentido de uma recontextualização local, aqui esta é muito mais ampla. Trata-se dos "alicerces" de todo o edifício que precisam ser verificados em conjunto[6].

Transferência didática

Ainda que seja possível detalhar bem mais a comparação entre essas três seqüências avançando na análise dos três *corpora*, julgamos ter mostrado suficientemente que, para um objetivo quase idêntico no nível manifesto, essas três professoras impõem aos alunos três cenários pessoais bastante diferentes[7]. Esse cenário, como acabamos de ver, é de fato induzido pelo tipo de relação com o saber que o(a) professor(a) manifesta, que está ligado às atribuições de lugares para os estudantes que ele/ela induz pela própria forma de seu discurso.

É a esse cenário que proponho chamar *a transferência didática*, sendo a ecologia dessa transferência didática o que me interessa, no sentido de que é ela que instaura na situação certa qualidade de espaço psíquico, independentemente do professor.

6. Sou uma dessas três professoras.

7. Pode-se compreender nessas condições que um/a professor/a nunca possa obter a unanimidade junto a um grupo e que os estudantes possam se achar respectivamente mais próximos de um dos tipos de cenário proposto que lhes forneça condições de mediação mais ou menos apropriadas para suas aprendizagens.

Como pudemos começar a suspeitar nos exemplos apresentados, o objeto-saber pode ter sido incorporado pelo professor a ponto de constituir um verdadeiro objeto interno; nesse caso, a pessoa do professor e o saber se acham em colusão completa, sendo a verdade do saber então confundida com a verdade do sujeito-professor. Ou ainda o objeto-saber pode ser tomado como pretexto do encontro entre dois sujeitos, como objeto-mediador da relação, ou mesmo, em alguns casos, pode ser identificado com um objeto transicional com seu estatuto paradoxal de não pertencer nem a um nem a outro dos sujeitos, mas de ser de algum modo "criado-encontrado" nessa zona intermediária descrita por Winnicott como fonte da experiência cultural. Ou o sujeito-professor pode ser projetado no interior do objeto-saber, que é estimulado e se torna um escudo defensivo para o professor que tenta dissimular sua pessoa por detrás da verdade do saber. Ficam por descrever muitas outras configurações. Em outras palavras, os contornos do cenário projetado no espaço didático pelo professor devem ser prioritariamente compreendidos como vinculados às modalidades de sua relação com o saber a ser ensinado. É isso o que o qualificativo "didática", que acrescentei ao termo "transferência" na expressão "transferência didática", deve primordialmente significar.

Esse cenário possui certa estabilidade, no sentido da estabilidade de um equilíbrio dinâmico. É o motivo pelo qual tivemos condições de falar de assinatura do(a) professor(a). A meu ver, o professor transporta esse cenário de classe em classe com modulações ou variantes ligadas aos diferentes públicos com os quais possa lidar, ou com diferentes momentos de seu dia. Essa construção efêmera e singular, renovada a cada curso, repousa num paradigma que mantém sua consistência para além da seqüência estudada, na medida mesma em que depende do modo profundo que o professor tem de se vincular com o saber e de se vincular com os alunos; obviamente, essa construção evolui ao longo de toda a vida profissional.

Fomos levados a descobrir esses fenômenos ao analisar, em especial e quase exclusivamente, as trocas verbais da situação de ensino, mas é bem claro que as trocas não-verbais têm também grande influência sobre a tonalidade psíquica do espaço de ensino, vindo sua análise completar a paisagem nos próximos capítulos.

Capítulo 10

Espaço psíquico e transferência didática

> Às vezes, o espaço da sala se apresentava como um espaço mental, mais ou menos coerente e harmonioso, e a atmosfera parecia então clara, agradável e respirável; outras vezes, ao contrário, havia um acúmulo de pensamentos e de sentimentos, flutuantes e imóveis, um conjunto pesado, não passível de transformação e opaco a todo conhecimento. Mas se eu era o principal responsável por uma atmosfera desse tipo, o auditório também o era. Quando se respira o ar dos sentimentos e das idéias, as vicissitudes meteorológicas do ambiente traduzem a natureza e o estado mental do conjunto.
>
> Salomon Resnik,
> *Espace mental. Sept leçons à l'Université*

Acabamos de ver no capítulo anterior que a contribuição das teorias da enunciação se mostra decisiva no que diz respeito à análise do discurso do professor em situação de enunciação didática, e isso talvez com ainda mais intensidade quando se trata para esse professor de transmitir um saber científico. Com efeito, os enunciados que se referem a esse saber são responsáveis por um tipo de discurso particular em que o sujeito da enunciação se apagou e cuja verdade não depende nem do lugar, nem do tempo, nem do autor da enunciação. Ora, o professor, em cada curso ou aula, que constitui uma situação singular de enunciação, emite um discurso particularmente vinculado com esse quadro enunciativo, com referências permanentes tanto ao lugar como ao tempo dessa enunciação, assim como a si mesmo, autor dessa enunciação. Os signos lingüísticos que no discurso dão esse tipo de indicações são denominados pelos lingüistas "embreantes" do discurso. Lida-se portanto, no quadro de um curso de matemática, com um discurso que contém no mínimo dois planos de enunciados bastante contrastados, ou dois tipos de discurso imbricados um no outro, um embreado, o outro não-embreado; parece-nos interessante analisar em cada caso a maneira pela qual cada professor negocia essa imbricação.

Segundo essa abordagem, lembramos, o enunciador não se contenta em transmitir um conteúdo mas realiza um ato de linguagem e, em virtude disso, produz uma ação afetada por uma força dita ilocutória mais ou menos intensa. São esses caracteres pragmáticos que lhe conferem de resto seu poder de intervenção no real. Com efeito, todo enunciado é afetado por certa valência ilocutória. Esta pode ser reforçada ou parcialmente desmentida pelas expressões não-verbais concomitantes do locutor. Assim, pode-se compreender como, por meio de seu discurso, unido a seus comportamentos não-verbais, o professor instaura certo clima psíquico no espaço didático.

A essa força modeladora segundo a qual o professor molda o espaço no nível psíquico propomos denominar *a transferência didática do professor*. É a ecologia, ou economia, dessa transferência didática que nos interessa, no sentido de que essa tranferência didática instaura no espaço da classe uma atmosfera psíquica singular, no interior da qual se desenvolvem os movimentos do pensamento e da aprendizagem dos alunos.

É a Bion, ao que parece, que se devem as primeiras utilizações da noção de "espaço psíquico". Para ele, "o espaço do pensamento e do espaço emocional não são metáforas fundadas na experiência do espaço perceptivo; é a experiência do espaço interno que importa de fato" (Houzel, 1985). E trata-se de libertar-se da representação do espaço perceptivo. Esse espaço é organizado de maneira complexa. Ele é ao menos quadridimensional, sendo o tempo psíquico considerado a quarta dimensão. Está ligado à dinâmica das transferências. Se concordamos com Georges Roquefort em seu artigo "L'espace psychique de la pédagogie", "ele é constituído pela própria correlação entre mundo interno e mundo externo [...] o espaço psíquico é a externalização das modalidades do funcionamento interno dos aparelhos psíquicos individual e grupal".

Para avaliar mais refinadamente todos esses fenômenos, e em especial como se constrói o espaço psíquico da classe, analisamos seqüências de aulas com a contribuição de imagens visuais, isto é, tentamos completar nossas análises pela observação dos fenômenos extraverbais.

Observação clínica

Fomos levados a enriquecer nossas análises por meio da observação do material não-verbal que acompanha o discurso dos professores que aceitaram ser filmados.

Tentamos nos deixar levar a sentir o impacto emocional que a visão de certos gestos, olhares, mímicas ou posturas do professor desencadeava em nós, quando aceitamos acolher essa experiência. Esse estilo de observação é semelhante ao utilizado por certos etólogos, como Boris Cyrulnik (1993), ou ainda por psicanalistas que estudam as interações mãe–bebê (Fivaz-Depeursinge, Maury, Bydlowski e Stern, 1995). A atenção dada às imagens é flutuante, para não nos deixarmos capturar pelo jogo do professor e, ao mesmo tempo, particularmente intensa no sentido da disponibilidade psíquica contratransferencial. Trata-se de uma forma de observação sempre aberta, em que o essencial é deixar-se impregnar pelas imagens; segundo essa perspectiva, nossos vislumbres de compreensão devem ser vinculados com nossa capacidade de metabolizar os elementos psíquicos que as imagens projetam em nós, ou seja, com nossa "capacidade de devaneio", no sentido de Bion (1974)[1].

Em nossa abordagem clínica de inspiração psicanalítica, os conceitos de inconsciente, transferência e realidade psíquica estão no cerne da teorização.

Há um século, Freud nos familiarizou com um novo espaço de conhecimento. Ao transformar o objeto da psicologia, ele revolucionou nossa concepção da realidade; de acordo com Claude Le Guen, "ele afirmava que as produções psíquicas têm em si mesmas, e não apenas em virtude da constatação de seus efeitos, uma realidade própria cuja concretude é ao menos igual à da realidade material". Dessa maneira, Freud inventou *a realidade psíquica*. Quando fala de realidade psíquica, segundo Laplanche e Pontalis, ele o faz para designar aquilo que, para o sujeito, assume, em seu psiquismo, valor de realidade; aquilo que apresenta uma coerência e uma resistência comparáveis às da realidade material.

Os movimentos contratransferenciais do observador

Tal como o propõe Claude Le Guen em seu artigo "Le principe de réalité psychique", "o objeto da psicanálise é o psiquismo abordado segundo o ponto de vista do inconsciente; mas este último tem a particularidade de não ser apreensível enquanto tal: só pode sê-lo através de seus efeitos e de seus produtos [...] e em si permanece incognoscível". Ora, para estudar o psiquismo humano, somos obrigados a passar por um outro psiquismo humano.

Assim, esse autor observa: "A própria natureza de nosso objeto de estudo, o psiquismo humano, é necessariamente

1. Nós nos apoiamos mais particularmente nos trabalhos de Esther Bick referentes à observação dos bebês em sua família, que fazem hoje sobressair a reflexão de vários analistas (Lacroix e Monmayrant, 1995) e cujas publicações concomitantes tentam formalizar o método.

confundida, chega a estar em identidade perfeita com o agente do estudo. [...] Eis aí o que nos fornece *nosso melhor instrumento de conhecimento: o funcionamento em reciprocidade da transferência e da contratransferência*". É assim que, quando procuramos compreender as modalidades segundo as quais os processos psíquicos inconscientes agem no espaço de ensino, a partir da escuta e da observação de seqüências registradas, utilizamos prioritariamente os ensinamentos fornecidos por nossos movimentos psíquicos contratransferenciais de pesquisadores, isto é, os instrumentos técnicos de ajuda à investigação, a análise do discurso para o que se refere à análise das interações verbais, e a observação de imagens no que tange à análise das trocas não-verbais. Esses movimentos interiores são suscitados nos pesquisadores seja pelo que lhes "fazem" no nível psíquico os diálogos e as interações entre o(a) professor(a) e os alunos observados, seja pelo que lhes "fazem" seus gestos, suas posturas, os olhares trocados, suas mímicas. Por razões de sistematicidade da investigação, fizemos uso das observações gravadas em vídeo de seqüências de ensino, o que permite trabalhar várias vezes sobre o mesmo material, ao mesmo tempo no protocolo transcrito *in extenso* e nas imagens gravadas, que podem assim ser vistas numerosas vezes. Embora não se trate de uma observação *in vivo*, podemos testemunhar que o impacto no nível emocional das imagens em vídeo de seqüências de ensino permanece extremamente poderoso para um observador acostumado à abordagem clínica — em outras palavras, para quem desenvolveu no decorrer de sua experiência uma sensibilidade à *observação clínica*, isto é, uma capacidade de se deixar tocar no nível psíquico aceitando situar-se numa posição de abertura e de disponibilidade contratransferencial.

A atenção inconsciente

Quando digo deixar-se "tocar" no nível psíquico, quero indicar com isso que esse registro é específico. Como o exprime W. R. Bion (1974), "a angústia não tem nem forma, nem cor, nem odor, nem som"; no entanto, é possível evocar "sensações psíquicas" que se comunicam de um psiquismo ao outro. No nível verbal, são os caracteres pragmáticos do discurso, ligados à singularidade da enunciação, que atribuem uma valência ilocutória aos enunciados verbais e que, dessa maneira, induzem alguns efeitos sobre o destinatário; essa força ilocutória os torna portadores de certa tensão em parte responsável pelo clima psíquico do espaço didático. As palavras do discurso são entendidas no nível dos efeitos que elas produzem e não a partir do sentido propriamente dito que veiculam. Não que seja necessário proibir-se de observar de resto o que é efetivamente trocado no nível do sentido, mas que, para apreender esse tipo de aspecto duplo dos enunciados, é necessária uma suspensão, um pôr entre parênteses a compreensão literal. As *interações psíquicas* se efetuam não somente pelas atitudes e pelo comportamento (Ciccone, 1997), isto é, por efeitos não-verbais, mas também através dos efeitos de fala, pela linguagem, "quando as palavras são utilizadas mais por seu lado-coisa do que por seu lado-palavra". Para apreender esses efeitos, o pesquisador-observador deve recorrer à sua "capacidade de devaneio", como a entende Bion; em outros termos, deve recorrer à sua capacidade de conter no interior de seu próprio psiquismo o impacto emocional, sensorial e imaginário das palavras e dos atos não-verbais observados e deixá-los ligar-se entre si para aceitar que do imprevisto emerge uma "interpretação" e se constrói um sentido. Requer-se um mínimo de intencionalidade consciente da parte do observador para captar a dinâmica inconsciente das trocas e suas inflexões, para se deixar impressionar pelo implícito das mensagens que dirigem entre si os parceiros da troca didática. Essa forma de observação contradiz a ilusão de que um resumo objetivante dos fatos pudesse ajudar-nos a remontar aos estados psíquicos subjacentes; trata-se de observar com o mínimo de pré-requisitos teóricos para propiciar o desconhecido e o inesperado, assim como se trata de recorrer a uma forma de atenção não-seletiva, desprovida de vontade, uma forma de *atenção inconsciente* tal como a postula Didier Houzel[2], uma atenção "que deixa as produções do inconsciente se reunirem livremente no interior do psiquismo do observador" (Houzel, 1997). Assim, como observa esse autor, na observação de caráter psicanalítico, trata-se antes de atenção do que de observação, entendendo-se aqui atenção no sentido de Bion, no sentido de *to intuit*, de transcender as aparências sensíveis para ver o interior de um sujeito (Bion, 1974). Isso implica deixar o campo livre à percepção do imprevisto e ir ao ponto de suportar não compreender, para permitir que advenha o tempo de um sentido novo. Esse tipo de atenção requer certa flexibilidade psíquica e muita energia paciente. Segundo a observação de Rosella Sandri (1991), trata-se de acolher o outro no interior de si, numa espécie de identificação continente, sem "pensá-lo" avidamente nem tampouco afastá-lo por completo. Essas capacidades de atenção requerem algum treinamento psíquico, e essa forma de observação se vê reduzida se dispomos de um grupo de elaboração que permita uma discussão no ao-depois da observação, uma espécie de grupo de transformação das fantasias, como ocorre no método de observação dos bebês elaborado por Esther Bick[3].

Vejamos os resultados dessa observação na classe de Martine.

2. Didier Houzel dá a seguinte definição em seu artigo: "Proponho denominar assim a receptividade passiva que deixa que as mensagens latentes do analisando se reúnam e organizem-se pouco a pouco no interior do psiquismo do analista".

3. Estou persuadida de que é possível trabalhar com mais antecedência esse estilo de observação em função das conseqüências significativas que poderia apresentar — sendo ele transposto — em formação dos professores.

Martine e os grandes números

Martine é instrutora numa escola experimental de província. Nessa escola, os professores, quando de seu recrutamento, aceitam trabalhar com pesquisadores em didática da matemática e, portanto, aceitam que algumas de suas aulas de matemática sejam observadas, filmadas e discutidas. Em certas ocasiões, essas aulas são preparadas junto com os pesquisadores. Em outros momentos, são filmadas aulas "comuns".

Para esse dia de outubro, a aula foi preparada por Martine, sozinha, sem a participação dos pesquisadores. Ela dispõe de uma ficha de preparação da aula de duas páginas e meia, que redigiu para indicar os objetivos do trabalho, assim como um possível desenvolvimento da sessão em função dos exercícios previstos e também dos erros dos alunos que Martine tenta antecipar e cuja correção, de acordo com ela, lhe permitirá fazer progredir a aula.

Naquela manhã, a classe de CM1 comporta 26 alunos, 15 meninos e 11 meninas. Como de hábito, a classe e a professora se deslocaram da sala de aula para a sala construída para as gravações em vídeo, e alguns observadores mudos, já conhecidos dos alunos, estão também presentes durante os 63 minutos de duração da aula.

Nós não assistimos a esta, mas tivemos a oportunidade de poder trabalhar, vários anos depois da gravação, no filme que se realizou naquele dia. Para fazê-lo, obtivemos o consentimento de Martine, de sua diretora e dos diretores do Centro de Pesquisa ligado àquela escola. Quanto a Martine, por sua presença na escola havia vários anos, ora estava familiarizada com as análises didáticas de suas aulas de matemática, ora parecia não ter nenhuma idéia *a priori* sobre o que pesquisadores não-especialistas em didática queriam observar e o que poderiam analisar em sua aula. Desse modo, ela estava "normalmente" curiosa com nosso trabalho, mas sem uma expectativa específica.

Desde a primeira projeção da fita de vídeo em nosso grupo de trabalho, certo entusiasmo e certa agitação se apoderaram dos pesquisadores. Cada um testemunhou que ele/a vibrava emocionalmente diante do filme daquela sessão de aula inteiramente movimentada, na qual os alunos se sucedem na lousa, em que as interações verbais se mostram muito ricas e a dança dos deslocamentos dos alunos nos arrebata em sua dinâmica. A força da participação dos estudantes e a intensidade de investimento da professora são sem dúvida muito importantes, pois, apesar do inevitável achatamento provocado pela bidimensionalidade da imagem, a carga energética que circula no decorrer da sessão naquela aula, impulsionada pela professora, atinge também os simples espectadores do filme que somos hoje.

Foi por certo essa densidade de energia vital que nos permitiu continuar a pesquisa durante três anos, sem cansar-nos, para decifrar a complexidade do jogo que vemos desenrolar-se nessa seqüência, sem que sentíssemos de fato a necessidade de voltar às nossas raízes por meio da análise de outras gravações de seqüências de aula, nunca esgotando nossa curiosidade e nossa capacidade de descobrir sempre outros elementos advindos daquela hipercomplexidade[4].

Quem poderia pensar que um entusiasmo comunicativo desse tipo se revelasse exatamente numa aula de matemática, referente à escrita dos números na escola primária? Com efeito, a professora, nessa aula, deve ajudar os alunos a aprender a escrever grandes números em cifras, números da ordem de milhões, ao passo que são apresentados na instrução dos exercícios em palavras-letras. Por exemplo, o primeiro exercício proposto é o seguinte:

> *Escreva este número em cifras:*
> dois milhões, trezentos e quarenta mil, cento e cinco

---

4. Ver Blanchard-Laville (1997) para as outras análises dessa aula feitas pelo grupo de pesquisadores de um modo co-disciplinar.

depois:

dezessete milhões, dois mil e cinqüenta e oito.

Se tentar seguir a instrução, você próprio não tardará a perceber as dificuldades que podem surgir para escrever o segundo número: trata-se de uma "história de zeros" a colocar no lugar adequado nesta nossa escrita dos números — escrita dita decimal. Essa escrita se mostra quase naturalizada hoje para nós, adultos escolarizados, mas, ao longo da história, não foi evidente e, no nível da aprendizagem, não é mais evidente para os alunos. Quanto à maneira de ensiná-la na escola elementar, está longe de ser evidente.

Cada exercício a resolver figura numa folha distribuída aos alunos, na qual estes devem responder. O cenário é quase idêntico a cada vez: o texto do exercício é primeiramente lido em voz alta, depois a professora se assegura da boa compreensão da instrução. Os alunos fazem o exercício individualmente; a professora passa pelas fileiras e por fim, quando julga que o tempo de pesquisa e de resolução é suficiente, designa um(a) aluno(a) para ir à lousa e mostrar sua solução, e um debate permite proceder à correção do exercício.

A gramática enunciativa da professora

Constatamos que o discurso de Martine é muito modalizado, dando-se isso em vários níveis: por meio de um uso intensivo dos pronomes pessoais (eu, vocês, me, você, ele, seu, meu), pela utilização dos verbos querer e poder, pelo emprego muito freqüente também de embreantes espaço-temporais (aí, aqui, então, sempre).

A modalização é um procedimento lingüístico pelo qual o locutor imprime sua marca no enunciado, inscreve-se na mensagem e se situa com relação a ela. Além do tipo de verbo utilizado, seu tempo e seu modo, os pronomes, a forma das proposições etc., há unidades lingüísticas que servem para matizar o discurso, isto é, para impregnar de um *modus* o *dictum*. Por exemplo, pode-se fazer uma pergunta de maneira objetiva: "Quem se enganou?" ou de um modo impregnado do componente subjetivo do enunciador: "Ah, quanto a mim, agora, gostaria de saber quem se enganou". Essas unidades são denominadas "modalizadores" e fazem parte dos embreantes.

Destacamos que a professora se acha muito presente em seu discurso com seus afetos, suas impulsões no quadro espaciotemporal do aqui e agora da aula.

Observamos também, no nível da modalização do discurso, o uso particular do verbo "crer". O emprego do auxiliar modal "crer" no discurso didático apresenta uma força ilocutória que não costuma haver em outros tipos de discurso. Num curso de matemática, o modalizador "creio" tem força de lei, não evoca a dúvida, mas, ao contrário, apresenta uma solução. Numa proposição como "creio que Jérôme tem razão", ninguém na classe se perguntará se Jérôme tem razão ou não; depois dessa enunciação da professora, é claro que Jérôme deve ter razão, estando fechado o debate. A professora faz uso desse modalizador nove vezes no decorrer da seqüência.

Desse modo, gostaríamos de observar duas frases que nos parecem significativas no âmbito da gramática enunciativa da professora, na medida em que cada uma delas condensa várias propriedades do discurso identificadas nesta análise.

— Eu gostaria que você me explicasse como se escreve esse número.

A professora emite um desejo, "eu gostaria", dirigido a um aluno designado: "que você". Trata-se de uma relação dual, de mim a você, muito específica, "que você me explicasse": insistência por parte da professora na relação centrípeta em que seu ego representa o ponto central para onde convergem as relações. Paralelamente a essa centralização, a explicação que poderia caber à professora fica a cargo do aluno. O que deve ser explicado?, "a maneira pela qual se escreve esse número". A forma sintática evoca o intemporal, o passivo. Tratar-se-ia menos de construir um saber do que de sujeitar-se a uma espécie de regra de algum modo "caída do céu".

— Vamos ver se é verdadeiro que todos vocês poderão escrevê-lo assim.

O verdadeiro assenta-se não na matemática, mas no poder dos alunos, ou seja, considerando-se os objetivos da lição, baseados no poder pedagógico da professora, poderíamos até dizer, em sua onipotência, já que se trata de que *todos* os alunos sejam bem-sucedidos. O objetivo da relação com a verdade se deslocou da matemática para a pedagogia.

Essas frases nos parecem significativas no sentido de que resumem a cartografia geral dessa sessão e constituem o que denominamos *a assinatura da professora*. É o que acontece em particular com a frase "eu gostaria que você me explicasse como se escreve esse número", que ilustra a maneira pela qual essa professora se situa com relação aos alunos e ao saber, bem como quais são seus objetivos nessa seqüência.

Se combinarmos agora essa análise com os resultados da observação, eis o que obteremos.

Topografia da transferência didática

Os alunos são atribuídos a um lugar que a professora escolhe para eles com relação ao espaço de tempo. Dão testemunho disso os imperativos do tipo: "Vão, vá ou espere, esperem". Constatamos que essas formas praticamente figuram apenas sob a forma imperativa. Em outros termos, a professora acelera o tempo, para aumentar a tensão, e em dado momento, por ela escolhido, freia brutalmente e decide por um adiamento até o momento em que decidir reacelerar. Por exemplo, quando um aluno pergunta: "Posso continuar?", ela responde "Sim", minuto 16. Por exemplo ainda, minuto 4, um aluno diz: "Faço o segundo?", e ela responde: "Não, não faça o segundo, espere".

Nesse lugar que ela previu para eles, os alunos devem também fazer o que ela espera. Nesse sentido — pode-se observar —, no minuto 23, o episódio em que corrige o que está desenhado no quadro e até apaga soluções dos alunos sobre as quais pensa que não são adequadas ao momento, tudo sem palavra alguma; ou ainda o episódio com Youssef no minuto 6: Youssef imaginou que pudesse tomar a palavra: "Vou lhe dizer como se deve fazê-lo", afirma. A professora não dá ouvidos à sua proposta e, ao contrário, dita-lhe passo a passo o comportamento a apresentar: "Leia-o para nós... vá... você pode tentar reler... atenção... bem, e agora explique-nos como você o fez... espere... então continue... explique o que você fez... faça, faça, não perca tempo... pense e em seguida... e depois...".

Os alunos são exortados a seguir os meandros de seu próprio pensamento no próprio instante em que ele se dá. O episódio com Mathieu é significativo nesse sentido: "Aí está: e então, Mathieu?" (isso não estava programado). "Não, não (...) eis Mathieu, que crê que tem a palavra." Ela pede o testemunho de toda a classe e não fala diretamente com Mathieu. O "pobre Mathieu" cometeu o erro de cortar-lhe a palavra (minuto 16), e ouve-se o seguinte: "Ah, Mathieu, será que isto é uma pergunta?" Ou ainda o episódio com Sonia, no minuto 13, em que o que interessa à professora naquele instante não é Sonia e sua maneira de pensar ou de proceder; é que ela cometeu um erro. A professora não dá a palavra a Sonia e chega a interromper seu ditado de números. Prefere "o julgamento" dos outros para enumerar o que deseja, por sua vez, ouvir, e interpela o grupo: "O que Sonia fez?"; depois, dirigindo-se a Sonia: "Você disse isso, Sonia?", que responde "não", o que não interessa à professora. O grupo desempenha o papel do coro. E a professora chega ao ponto de falar no lugar de Sonia.

A professora se revela senhora única do espaço e do tempo nessa seqüência de aula. Esse poder sobre o tempo e o espaço não é compartilhado por ela com os alunos, contrariamente ao que poderiam levar a pensar as aparências visuais da classe muito ativa e em grande movimento. Acabamos de ver que, na realidade, os alunos são postos num lugar bem determinado, mesmo quando a professora nos mostra que lhes deixaria provisoriamente seu lugar. De fato, os poucos alunos que se arriscam a crer nessa possibilidade são repreendidos e discretamente recolocados no lugar que ela previu para eles. Esse lugar tem seus contornos esboçados por ela: os estudantes devem e podem fazer algumas coisas, e não outras; e, além disso, no preciso momento em que ela sente a necessidade de isso ocorrer. A coreografia é regida muito sutilmente, com circulações cujas linhas ela desenha e de que não é possível afastar-se.

Observemos que os alunos aceitam bastante bem os jogos desse contrato, exceto alguns que não querem participar dele, deixados então de lado por ela. De fato, o que deseja a professora dos alunos? Observamos que o verbo *vouloir* [querer], enquanto auxiliar modal, é quase exclusivamente associado ao "eu", enquanto o verbo *pouvoir* [poder] é reservado aos alunos. "Poder colocar, poder dizer, poder corrigir, poder fazer, poder tentar, poder sentar-se, poder ler, poder entender." Ela deseja que os alunos sejam dinâmicos e ativos. Assim, delega-lhes a ação e reserva para si o desejo. Quase seria possível dizer que ela é a cabeça, e eles os membros. A imagem nos foi suscitada pela mamãe canguru, com seu imenso bolso que preenche todo o espaço, e os bebezinhos no interior, filhotes que ela desloca uns após os outros para mostrar-lhes o mundo, recolocando-os em seu lugar pouco tempo depois. Em última análise, os alunos devem adivinhar as próprias idéias da professora e o que ela deseja que eles façam de maneira quase mágica; é como se habitassem nela, como se fossem chamados a abrigar-se em sua cabeça.

Todo mundo deve percorrer a mesma trilha ao mesmo tempo. Coitados daqueles que se perdem, como no minuto 39: "É preciso apesar de tudo que saiba o que fez, esse pobre Louis".

De fato, a comunicação só é permitida numa única direção: entre a professora e os alunos, devendo ela passar pela professora: as comunicações paralelas são proibidas, contrastando intensamente com o ardor dos movimentos efetivos no espaço geográfico da sala. No minuto 32, a professora diz: "Mas não falem entre si... Porque já estou farta, escuto deste lado falarem uns ao outros. Não sei quem, mas é aborrecido porque acho que a discussão é interessante...".

Essa organização espaciotemporal que a professora mantém vigorosamente e da qual se revela o centro lhe permite conter com firmeza o grupo de alunos e suscitar ao mesmo tempo vínculos muito individualizados e uma dinâmica de arrebatamento de todo o grupo. Sua capacidade continente lhe permite desse modo construir um invólucro psíquico no interior do qual os alunos podem mover-se com toda segurança, embora permanecendo sob seu controle.

No que diz respeito ao saber matemático, sentimo-lo como uma espécie de objeto exterior, que não é o objeto de uma construção. Os actantes nesse cenário são, na maioria das vezes, como constatamos, pessoas, não o saber; ela própria se situa como encenadora, o saber é recebido do exterior e não há uma interação com ele; sobretudo, a própria professora não se arrisca a interagir com o saber. Decorre daí o estatuto do erro, que deve ser bloqueado de imediato sob pena de uma escalada de erros. Numa primeira abordagem dessa seqüência, poderíamos ter a impressão de que essa professora se situava com relação ao saber matemático na perspectiva científica inaugurada por Guy Brousseau (1986), ou seja, que o ensino da matemática na escola elementar seria uma boa base para introduzir os alunos no jogo racional, iniciando-os numa forma de relação com a verdade. Nessa seqüência, pode-se situar todo um conjunto de formas que iriam nessa direção: razão, erro, ter dúvidas, hesitação, certeza, certo, certeza absoluta, enganar-se, verdadeiro, estar de acordo, estar seguro. De fato, trabalhando mais adiante a seqüência, para além das aparências, pareceu-nos que, por trás dessa primeira leitura, o objetivo talvez tenha se deslocado; este deixa de alicerçar-se essencialmente nas necessidades induzidas pelo saber matemático, e sobretudo nas próprias necessidades de pedagoga da professora; tratar-se-ia de saber quem tem razão e quem está equivocado, quem se enganou e quantos alunos se enganaram. Podemos observar a significativa porcentagem de ocorrências da forma "enganados" com relação aos outros *corpora*. Além disso, o contraste entre as freqüências de ocorrências de verdadeiro/falso e de certo/enganar-se se direciona para esse deslocamento de objetivos. Trata-se sobretudo de que os alunos respondam bem a *suas* questões e não se enganem em seus exercícios. O que a professora deseja é que eles sejam bem-sucedidos: "Quero que todo mundo tenha êxito". Ela deseja que todos estejam em harmonia: "Todo mundo está de acordo?", "Todo mundo está escutando?", "Todo mundo está fazendo o exercício?". Pode surgir a seguinte pergunta: Acaso esse esquema que é preciso seguir a qualquer custo não seria a conseqüência dos medos da professora? A palavra "medo" tem quatro ocorrências na fala dela. Trata-se de uma forma que não se costuma encontrar num curso de matemática. Dessa maneira, fomos levados a formular a hipótese de que essa organização que a professora constrói para seus alunos, e que podemos qualificar de defensiva com referência a seus temores, ela a constrói também para si. Esse caminho do qual seria perigoso afastar-se é balizado por todos esses "então" que servem para reorientar rumo ao bom caminho, fechar as falsas pistas, interromper claramente o que conduziria a sair do caminho. Nessa configuração, tudo o que não se acha no sentido previsto é relegado à falta de sentido. Pode-se ver um indício disso no minuto 7, quando ela afirma a propósito de Youssef: "Você me disse que escreveu 2 milhões; quanto a mim, só vejo 2". Ela não lhe dá o tempo necessário para escrever a seqüência. Eis Youssef pego em flagrante delito de suposta contradição, enquanto o objetivo da lição está claramente aí: a articulação entre o dito e o escrito, visto que, com efeito, esses grandes números criam um problema no nível da diferença do que se diz e do que se escreve.

Em que medida toda a agitação dessa coreografia bem regulada não tem o objetivo de preencher compulsivamente o tempo e o espaço da sessão? Sem dúvida, vincula-se com os temores da professora, com sua inquietação em torno do saber matemático. Como se sua preocupação principal fosse, a despeito dela, evitar justamente o encontro, a confrontação direta com o saber matemático.

Assim, sob o pretexto de uma demanda ativa de participação verbal, Martine controla com sutileza a palavra dos alunos: a irrupção de uma palavra imprevista por parte deles poderia de fato fazer surgir o objeto-saber. Não estamos longe do incidente crítico provocado por Louis e sua insistência em querer pôr zeros diante do número.

Não esqueçamos que essa aula de matemática se situa na escola elementar: não é possível que o tipo de contrato que se vê esboçar aqui só seja válido para as atividades matemáticas? E não seria possível encontrar outro estilo em outras atividades para essa professora? Antes de tudo, será necessário perguntar-se em que medida esse tipo de cenário, em que o saber permanece bastante exterior aos objetivos da relação, não é amplamente partilhado por professores da escola elementar, que não estabeleceram necessariamente uma relação privilegiada com o saber matemático, como um professor dessa disciplina, e que, com muita razão, não se sentem legitimados no nível da disciplina matemática pela comunidade dos matemáticos, como pode sê-lo um professor de matemática do colégio ou do liceu.

Jérôme e Sophie

No estudo que acabamos de fazer, situamo-nos, segundo uma perspectiva macroscópica, na escala do espaço da classe, por nós percebido como se se tratasse do espaço mental da professora ampliado nas dimensões da sala, ou como se a professora emprestasse aos alunos seu próprio espaço mental. Por isso, numa escala mais refinada, perceberemos que esse espaço não tem a mesma textura em toda a sua extensão, não tem as mesmas características quando é "emprestado" a este ou àquele aluno específico, o que não dá as mesmas condições aos alunos para desenvolver seus movimentos de pensamento e de compreensão. É o que gostaríamos de ilustrar analisando minuciosamente dois momentos muito contrastados, um em que Jérôme vai ao quadro a pedido da professora (minuto 18) e o outro em que se trata de Sophie (minuto 46). Assinalemos que esses alunos chamaram nossa atenção na medida em que o trabalho de nossos colegas especialistas em didática mostrou sua importância no desenrolar didático da seqüência. Jérôme é um dos alunos que remanejam seu saber matemático verbalizando sua maneira de proceder publicamente, diante da classe, e esse momento foi filmado. Quanto a Sofia, ela nos pareceu exemplar, em virtude da posição contrastada com o extremo que ocupa com relação a Jérôme.

Para esta microanálise[5], utilizamos primordialmente a observação das imagens do filme em câmera lenta, preocupando-nos pouco com a mensagem verbal e atendo-nos a situar a tonalidade da voz da professora, seus silêncios, seus olhares, suas posturas, suas mímicas, seus deslocamentos e seus gestos.

As duas cenas analisadas ocorrem na frente da lousa e diante da classe. Não podemos impedir-nos de pensar que elas também aconteceram diante da câmera (e/ou diante dos observadores) como cenas de teatro filmadas. Esse dispositivo pode, de modo muito evidente, ter acentuado os fenômenos que percebemos. Por isso, estamos convencidos de que eles não resultam de um simples artefato consecutivo ao dispositivo de gravação.

5. Um dos pesquisadores de nosso grupo, Philippe Chaussecourte (2000), está começando a desenvolver essa questão dos métodos de observação clínica para as práticas de ensino.

Jérôme, o filho "maravilhoso"

Jérôme é o aluno que bate os recordes de tempo passado no quadro entre todos os alunos da classe. É um "permanente" do espetáculo, enquanto toda uma plêiade de outros alunos desempenham o papel de "intermitentes" em torno da estrela. Jérôme permanece na lousa quando seu próprio *show* terminou há muito tempo e quando outros alunos o substituíram no plano das interações de saber (HATCHUEL, 1998). No total, esses deslocamentos diante da lousa testemunham que, em média, sua distância efetiva com relação à professora é a mais reduzida. É ele que mostra a maior proximidade com ela durante todo o decorrer do episódio. Descreveremos dois ou três momentos muito marcantes no decorrer dessa longa presença no quadro. Em primeiro lugar, sua chegada. No minuto 19, procurando interrogar um aluno entre os que levantam a mão, a professora, no transcurso de uma panorâmica, percorre o conjunto da classe, detém o olhar em Jérôme e, de maneira concomitante, bate as mãos e diz: "Bem, aí está, Jérôme, ande, venha". Quando pronuncia a palavra "venha", ela faz um gesto com a mão esquerda como para atraí-lo em sua direção. A expressão verbal "Bem, aí está" poderia indicar uma espécie de escolha do aluno ao acaso, mas o bater das mãos, o gesto de convite da mão esquerda e a tonalidade da voz desmentem que se trate de uma escolha fortuita. Por outro lado, o modo pelo qual Jérôme responde a esse convite nos convence de uma muda cumplicidade, quase física, já instalada entre eles. Na esteira do movimento da mão da professora, Jérôme levanta-se de seu lugar, situado no fundo da sala; meio inclinado para a frente, como aspirado pelo gesto da professora; o rosto brilhante, ele percorre a fileira da classe como se se tratasse de uma linha imantada até a lousa. É seguido pelo olhar de toda a classe; no caminho, ele pronuncia a propósito da professora: "Se deseja, eu...", logo interrompido pela resposta da professora: "Eu quero". A reciprocidade da atração é estabelecida (desenho A).

Desenho A

A microcena que se segue a isso vem confirmar e intensificar a força de apoio narcísico mútuo que vai vinculá-los em toda essa parte da seqüência. A professora toma Jérôme pelos ombros, faz que fique de costas para ela, ficando ambos diante da classe. Ela se inclina para ficar com a cabeça à altura do rosto de Jérôme e lhe cochicha algo com uma das mãos em concha para proteger o que lhe diz. Durante esse tempo, Jérôme, com um rosto infantil, chupa o giz. A proximidade do rosto dos dois, sua atitude similar evocam uma imagem duplicada.

Esse instante, de resto fugaz, leva a pensar num idílio amoroso que os isolaria do resto do grupo. Além disso, quando a professora ergue a cabeça, é para olhar com censura para um aluno que não estava em harmonia, como se perturbasse seu dueto. Esse momento intenso dá lugar a uma troca de ordem mais cognitiva, porém, por momentos, a professora continua a enviar a Jérôme sinais que testemunham que sua confiança inquebrantável continua a dar-lhe crédito, mesmo quando é "atacado" pela classe. Quando, por exemplo, ele começa a escrever no quadro com caracteres muito grandes, e os outros alunos começam a zombar, ela o sustenta com um terno tom de voz: "Bem, pelo menos vocês enxergam bem! Bom, silêncio"; ou, quando alguns alunos não concordam com o que Jérôme faz (minuto 22), ela volta a sustentá-lo com um: "Deixem-no!" repetido três vezes, "esperem", "ajudem-no", "silêncio". Em outro momento (minuto 23), ela diz: "Deixem o pobre Jérôme refletir, vocês vão massacrá-lo", e, dirigindo-se diretamente a Jérôme: "Retome seu pensamento", acompanhando suas palavras com a mesma postura da cena inicial, abrigando Jérôme sob suas asas. Desta vez, a tonalidade da voz é mais maternal do que amorosa. Ela protege Jérôme das agressões externas e deseja que realize todas as suas potencialidades. No fundo, nesse episódio, o que importa verdadeiramente para a professora é Jérôme. Pouco importa se Fatia saiba ou tenha entendido, ela não tem tempo de explicar-se — o tempo é restituído a Jérôme pela professora, que dá a ele o crédito absoluto de chegar a compreender e até de explicar à classe. Para isso, ela lhe empresta o espaço-tempo necessário, como se não existisse nada em torno deles. Por duas vezes, a professora utiliza outro gesto específico: designa Jérôme à classe com o indicador, acompanhando a postura com uma mímica divertida que significa: "É ele que deve ser olhado e escutado, é ele a fonte da verdade". Como se ela fosse seu sustentáculo ardoroso. Além disso, sua boca pré-articula palavras, sem sons, como para soprar a Jérôme, a distância, o que deve dizer, para encorajá-lo. No nível dos olhares, dir-se-ia que ela só tem olhos para ele. E quando, fortalecido por esse sustentáculo indefectível, ele por sua vez pede à classe um pouco de tempo: "Sim, mas esperem" — prevê ele —, a professora repete como um eco: "Esperem", deixando a Jérôme o cuidado de administrar o tempo didático. Nesse momento, a coisa se passa como se ela lhe tivesse delegado uma parte de suas funções e Jérôme as retomasse à sua vontade. Mais tarde (minuto 30), quando Jérôme se dirige de novo à lousa, ela lhe diz: "Vá. Faça-o para eles. Explique-lhes", e anuncia à classe:

"Vamos ver o que ele quer nos mostrar"; Jérôme se sente autorizado a falar a Nathalie tal como a professora fala a ele: "Você vai lê-lo para mim depois", diz-lhe ele. "Então, agora, leia-o para mim" (desenho B).

Desenho B

Eis Jérôme depositário da parte "boa mestra" da professora. Alguns alunos não se enganam com isso. Nathalie (minuto 30) afirma para convencer a professora: "Como diz Jérôme"; e, mais adiante, toma-o como referência: "Segundo ele", julgando reforçar sua afirmação, que mais uma vez não é entendida pela professora, confirmando-lhe que respeita o lugar concedido a Jérôme.

Em outras palavras, poderíamos dizer que vemos o desenrolar, no decorrer desse episódio, das facetas de uma cena de "sedução narcísica" na qual tudo concorre para que cada um construa o outro, num jogo qualificador e vitalizante recíproco. A professora lê no rosto de Jérôme algo que lhe dá prazer de olhar, Jérôme se infla à vontade de reconhecimento sob esse olhar e corresponde plenamente à expectativa da professora, o que, por seu turno, a preenche. Falamos propositadamente de "sedução narcísica" por oposição à "sedução sexual", no sentido de Racamier, que enfatiza esse conceito para descrever a fascinação narcísica mútua da mãe e de seu bebê, na alvorada da constituição da psique. Nesse tipo de interação, cada um participa do reconhecimento do outro, "cada um dos dois procede à criação do outro". Esse casulo narcísico visa a preservar a harmonia de um mundo protegido das excitações externas. A nosso ver, entre a professora e Jérôme ocorre uma espécie de vínculo desse tipo. Poderíamos também dizer, com outras palavras, que a professora projeta em Jérôme sua parte viva, vibrante e apaixonada, e que Jérôme lhe envia de volta essa parte, o que não pode deixar de gratificá-la narcisicamente. Se prosseguirmos nesse veio da identificação projetiva, nessa respiração da vida interpsíquica, veremos que *a contrario* a professora projeta em Sophie sua parte ameaçada, frágil, temerosa com relação ao saber e, de maneira bastante evidente, essa imagem restituída se mostra muito menos gratificante; é muito mais insuportável olhá-la de frente. É o que descobriremos ao descrever o episódio Sophie.

Sophie, a menininha assustada

A entrada em cena de Sofia se dá num estilo completamente oposto ao da chegada de Jérôme ao quadro-negro. A professora falou a Sophie num tom interrogativo por três vezes, enunciando: "Sophie, acabou?" Depois: "Sophie, você está em dúvida?" E por fim: "Você vem à lousa?" Entre as duas primeiras perguntas, a professora insistira: "Quem está seguro de ter escrito corretamente o número?"

O que mais marca a cena que vem em seguida é que a professora se mantém a um ou dois metros de Sophie, distância significativa com referência a seu comportamento habitual. Ela afronta Sophie na maior parte do tempo, mesmo sem olhá-la, enquanto Sophie tem o rosto voltado permanentemente para a professora, um rosto imóvel, suplicante. Só seus olhos mostram grande mobilidade: ora lançam olhares oblíquos, como para buscar auxílio, ora Sophie, embora mordendo os lábios, ergue seu olhar para a professora como para espreitar suas reações e implorar sua indulgência. Sophie mantém o giz nas duas mãos, triturando-o nervosamente, e, não obstante, deixa-o cair por duas vezes no decorrer da cena, o que traduz a hipotonicidade de sua postura.

O tom de voz da professora é, no princípio, de piedade, melhor dizendo, de condescendência. Sentimos que a professora se força a ser gentil e amável com Sophie. Estamos muito longe do prazer da troca com Jérôme. Ela fala a Sophie com uma boa articulação, quase como se se dirigisse a alguém que não soubesse francês. Em certo momento, ela comete uma espécie de lapso, mas a palavra é frouxa, ela não pode retomá-la. A professora diz, falando de Sophie que está a seu lado: "o que ela tem de *mal*...". Visivelmente, ela se ouve pronunciando essa avaliação e isso a perturba, mas a palavra é frouxa, a professora assume e encadeia (minuto 50): "Mal feito". Constatamos, a esse respeito, que ela fala de Sophie à classe na terceira pessoa, como se a menina não estivesse presente; esse comportamento faz parte das idiossincrasias verbais dessa professora. Nós observáramos o emprego excessivo do "ele-aluno", que lhe permite por várias vezes infligir uma leve humilhação a certos alunos, falando deles na aula na terceira pessoa, sem lhes falar diretamente. Mas o que nos parece mais significativo é que, afinal de contas, a professora propõe Jérôme como modelo a Sophie: "Faça como Jérôme", diz-lhe ela. "Você não se lembra mais do que Jérôme fez?" Jérôme, que se ouve citado duas vezes, sente-se autorizado a intervir nesse momento, e sopra a Sophie uma resposta, de resto errada. Se a hipótese que formulamos tem alguma pertinência, isto é, que Sophie seria a depositária dos temores e hesitações da professora com relação ao saber, é certo que sua presença não pode gratificá-la como o faz a de Jérôme, ao contrário, e é bem por um esforço voluntarista que ela tenta ajudar Sophie. Pode-se então perguntar que efeito pode ter sobre Sophie essa tentativa que permite vislumbrar sentimentos de piedade e de tédio. Assim como Jérôme era confirmado em sua posição valorizada de criança maravilhosa, aqui Sophie é de algum modo confirmada em sua posição comum de "vítima" (desenho C).

Desenho C

Observemos contudo que Jérôme e Sophie, apesar de suas posições extremamente contrastadas, entram no cenário global da professora. Eles aceitam seu jogo, dele fazendo parte à sua maneira. Em contrapartida, pareceu-nos que um único aluno, Louis, ocupava uma posição inteiramente à parte: ele não entra na manobra narcísica e, entretanto, poderia fazê-lo, visto que a professora tem com relação a ele alguns gestos que se aproximam dos gestos envolventes que descrevemos a propósito de Jérôme (mas pode haver um lugar tão privilegiado quanto o de Jérôme?); ele também não entra no jogo da fragilidade, nem no da submissão pelo silêncio, só ele ousando desafiar a professora. É o único que disporia da capacidade de resistência à injunção da professora de seguir passo a passo seu pensamento. De nossa perspectiva,

Louis encarna a resistência ao cenário da professora; é além disso aquele que chega efetivamente a desestabilizar a professora, apontando-lhe suas contradições.

Dois episódios contrastados no plano cognitivo

Do ponto de vista da construção de seus conhecimentos, quando Jérôme vai à lousa para escrever em cifras o número que fora enunciado em letras: dezessete milhões, dois mil e cinqüenta e oito, ele está "seguro de estar certo". Ele inscreve 17 abaixo de dezessete, deixa um espaço abaixo de mil, depois escreve 200 explicando: "Marquei dois mil como se sabe que há aí três cifras [...], marquei dois zeros depois de 2". A observação de uma aluna: "Quando se diz 17 milhões, a gente escreve, põe sempre um espaço... e depois diz 2 mil, 2 mil, 2, isso significa duzentos" — essa observação leva Jérôme a corrigir seu erro e a terminar de modo correto a escrita do número.

Depois dessa observação que lhe foi feita, Jérôme, falando sozinho e escrevendo no quadro à sua maneira, em meio a um intenso debate, entende a contradição, re-situa seus conhecimentos passados num contexto novo e se convence de que 200 é incorreto e que é preciso escrever 002 nesse exercício envolvendo cifras.

No nível estritamente cognitivo, o que ocorre com referência a Sophie? Para o exercício que ela deve resolver, cujo enunciado é dado metade em letras, a outra metade em cifras, isto é: "Escrever em cifras 4 milhões, 316 mil e 24", Sophie responde escrevendo 4 316 24. A pedido da professora, ela observa que falta a cifra das centenas no número que só ocupa dois lugares e sugere timidamente que é preciso escrever zero. A professora interroga-a então sobre o nome das posições ocupadas pelos diferentes números, e Sophie, que responde confundindo a classe e a ordem numérica, permanecerá vários minutos sem participar do debate. No decorrer desse episódio, não basta mais "fazer" comentando com "suas palavras", é preciso discorrer sobre o procedimento designando justamente as posições de cada uma das cifras, tendo a exigência semântica se tornado mais forte. A professora espera a formulação de um enunciado mais aprimorado. Estamos no minuto 46, a seqüência se encerra. Constatamos que Sophie parece capaz de retificar corretamente o equívoco na regra de ação, mas não entra num debate em que se designam os objetos matemáticos sem manipulá-los, abstendo-se de agir.

Assim, observamos que os dois alunos interrogados pela professora com base num erro cometido num exercício irão, como resultado de sua passagem pela lousa, retificar seus erros. Contudo, enquanto pudemos observar as tentativas cognitivas bem-sucedidas da trajetória heurística de Jérôme, não tivemos condições de localizar nenhum sinal da atividade cognitiva de Sophie.

Podemos afirmar que, se num primeiro momento pudemos mostrar que a professora, em lugar de dar vida aos objetos de saber no espaço da classe, nela desenvolvia uma intensa atividade relacional, num segundo momento, ao praticar uma espécie de *zoom* sobre alguns alunos, vimos essa análise se refinar. Jérôme, quase em contradição com o cenário global da professora, é autorizado a tornar vivo o saber por si mesmo e a transmiti-lo, como se, graças ao vínculo narcísico que o liga à professora, ela lhe confiasse a representação dessa parte de si mesma que não se autoriza a partilhar com a classe, embora Sophie representasse sua parte ligeiramente fóbica com relação ao saber matemático. Nesse jogo da identificação projetiva, os depósitos das partes de si deixadas nos alunos permitem à professora ora desembaraçar-se de elementos psíquicos penosos, ora beneficiar-se do retorno positivo dos depósitos de elementos gratificantes. Isso permitiria explicar que se, em certo nível, foi possível dizer que a professora empresta seu espaço mental à classe, num nível mais aprimorado da abordagem constatamos que a densidade desse espaço não é homogênea. Ela varia de acordo com os alunos.

Ética e didática

Não gostaríamos que um equívoco fosse gerado pelo que nos anima nesta análise. Como já indicamos, não se trata em absoluto de emitir julgamentos, nem sequer uma avaliação sobre o trabalho dessa professora. A análise que ela nos permite fazer é de fato a análise do que vivemos, também nós, como professores(as), no cotidiano de nossos cursos. O desvio pelo material gravado dessa aula nos autorizou a usar o tempo necessário à elaboração e à formalização, por meio do jogo da distância ao mesmo tempo espacial e temporal. Nossa preocupação é antes de tudo compreender e tomar nota dos mecanismos que alicerçam a construção do espaço didático no nível psíquico. As modalidades singulares que cada um utiliza, quando nos aprofundamos nelas, permitem-nos perceber mecanismos gerais que são mais ou menos ativos em cada um de nós quando lecionamos.

Se retomamos, por exemplo, a questão da partilha do objeto-saber com os alunos, verificamos que uma vontade de transmissão não assegura a nenhum de nós exercer a despeito de si algumas formas de retenção, se não de interdito, mais ou menos exacerbadas. Da mesma maneira, nenhum de nós está protegido das pulsões de ódio e de amor que nos arrastam a afinidades eletivas e a aversões mais ou menos flagrantes, quaisquer que sejam nossas intenções conscientes de ajudar todos os alunos e tratar a todos do mesmo modo. Para cada um de nós, a própria existência do outro-aluno suscita a questão da aceitação da alteridade. Em outros termos, coexistem em cada um o desejo consciente de que o outro, criança, aluno, estudante, se torne autônomo e o desejo inconsciente de que tenha ainda necessidade de nós, se não de que se assemelhe a nós e nos ajude assim a sustentar nosso próprio narcisismo. Decorre daí nossa propensão a transformar o continente que temos de sustentar enquanto professores numa pequena prisão, e levar o outro a submeter-se ao que poderíamos denominar uma *injunção paradoxal parasitária*: "Pense por você mesmo, mas, sobretudo siga meu próprio pensamento". Outros mecanismos serão elucidados a partir do estudo de novos *corpora* mas, neste momento, enfatizamos que, se os resultados apresentados aqui são relativamente conhecidos, o interesse da passagem pela análise em profundidade de um *corpus* particular reside no fato de que esses mecanismos puderam ser re-situados no próprio nível de seus efeitos nos processos de ensino e de aprendizagem.

Repitamos que a meta desta análise tampouco é avaliativa, no sentido de que diríamos: "Isso não funciona, é preciso mudar tudo isso". Trata-se de uma constatação: o modo como as coisas se passam e como nós, professores, seres humanos de carne, de palavras e de paixões, instalamos o espaço psíquico para a transação didática. Partamos disso, reconheçamos esses movimentos em nós, e aceitemos que cada um tenta, por si mesmo, fazer um trabalho de tomada de consciência com vistas a descobrir quais são suas modalidades particulares de vigência nesta situação.

Também não se trata de situar-se num registro estritamente voluntarista, uma vez realizada certa tomada de consciência; isso se oporia ao objetivo buscado, pois não é desejando controlar e dominar os efeitos desses movimentos psíquicos que eles passarão a ser menos ativos. Muito ao contrário, trata-se de reconhecê-los prioritariamente pelo que são, se se quer esperar poder começar um trabalho de elaboração voltado para um leve desprendimento do espaço. Apostamos que o cenário do professor pode transformar-se através de certo tipo de trabalho, de maneira justamente a desprender o espaço, para dar lugar a jogos partilhados com o saber que não sejam simples máscaras para encobrir os objetivos narcísicos do professor ou seus temores imaginários e fantasiados.

Nesse sentido, poderíamos dizer que nos situamos em primeiro lugar numa perspectiva ética e que a perspectiva didática vem em segundo lugar com relação ao objetivo ético, o que não significa secundário. Para nós, o professor poderia dedicar-se a construir os alunos enquanto sujeitos. Sujeitos vivos, no sentido de sujeitos do desejo, com o postulado latente de que, se há sujeito desejante, este apresenta melhores chances de *aprender* e de *conhecer*, no sentido de Bion, o que não significa forçosamente *saber*. Privilegiamos um tipo de relação com o saber que advém antes do lado do aprender a conhecer e a vir-a-ser que do lado da aquisição de saber; privilegiamos o acompanhamento do sujeito na elaboração de sua relação com o saber e de seus disfuncionamentos eventuais.

Esse caminho que acabamos de esboçar é a única garantia de uma profissionalização efetiva. Profissionalizar não significa erradicar, sufocar, controlar os elementos do cenário pessoal; ao contrário, o importante é reconhecê-los, acolhê-los em si, trabalhá-los, no sentido do trabalho psíquico, para que se tornem menos totalitários no espaço profissional.

Capítulo 11

A construção do invólucro psíquico na classe

> Para o observador, a voz é um dos elementos mais perceptíveis, mais objetiváveis da díade mãe-filho. O observador não pode sentir como a criança é criada, mas pode entender como ela é falada. [...] Assim, em meus ouvidos de observadora, as palavras da mãe traduzem a intencionalidade paraexcitante. [...] Mas também, as palavras atribuem às mímicas, aos gestos, aos sentimentos sobretudo uma qualificação.
>
> Jacqueline Godfrind,"Le corps parlé",
> em *Les deux courants du transfert*

Apoiando-me na análise da seqüência de matemática no CM1, propus no capítulo precedente transpor a noção de *invólucro psíquico grupal* à situação de ensino, mostrando sua função do ponto de vista do professor. De fato, trata-se de uma dupla função: por um lado, proteger o grupo de alunos e, por outro, controlá-lo. O invólucro é uma espécie de continente criador do *espaço psíquico* da classe, um continente dinâmico e organizador das turbulências psíquicas desse espaço.

Com o estudo de uma nova seqüência filmada, desta vez na classe da sexta, tivemos a ocasião de aprofundar o papel da dimensão não-verbal na construção desse espaço e notadamente no estabelecimento do invólucro psíquico que o delimita. Com efeito, a forte presença corporal e vocal desse professor particular da classe de sexta série nos alertou para a importância dos aspectos corporais do professor no que diz respeito à fabricação do invólucro psíquico.

Esse trabalho tem por objetivo uma melhor compreensão do papel dos canais de comunicação não-verbais no que diz respeito a "manter" um grupo-classe para um(a) professor(a). Já precisei por várias vezes o que denomino a *função continente* do professor, ou seja, sua capacidade de acolhida e de transformação dos elementos psíquicos e emocionais desorganizados, desvinculados, brutos, para torná-los um pouco mais toleráveis; em suma, a capacidade do professor de metabolizar os elementos negativos que lhe são dirigidos. Neste âmbito, desenvolverei adiante em que os elementos não-verbais que emanam do professor contribuem para o exercício dessa função continente. O estudo de caso efetuado com o professor da seqüência de sexta série me levará a considerar um pouco mais profundamente a questão da *relação de empreendimento* no espaço da classe, bem como de suas modalidades mais ou menos restritivas quando ele é permeado por injunções paradoxais e por desqualificações. Por fim, harmonizando esse estudo com o da seqüência de aula de matemática no CM1, serei levada a estudar de maneira mais geral as diferentes formas de *vínculos psíquicos que subjazem aos vínculos didáticos.*

"Controlar a classe"

Ao observar a seqüência da sexta série, o que atraiu nossa atenção de imediato — assistindo sem um *a priori* preciso ao vídeo desse curso sobre multiplicação das frações no colégio — foram *os aspectos físicos do professor*, os aspectos *corporais e vocais*. Sentimos que, através desses meios não-verbais no sentido estrito, o professor exercia *uma forma de dominação* sobre o grupo de alunos. Para caracterizar a atmosfera de aula, os qualificativos "sedutor" e "tranqüilizador" vieram-nos ao espírito, mas também tivemos a sensação de que os alunos se aborreciam um pouco. No que diz respeito, de modo mais preciso, à voz do professor, consideramo-la monótona, monocórdia, na maioria das vezes, mas também ligeiramente hipnótica. Seu corpo nos pareceu uma espécie de bloco. A mão direita, quase sempre guardada no bolso, acentuou esse aspecto monolítico e nos orientou para a dimensão de uma violência pulsional contida. A partir disso, voltamo-nos para a análise de um minúsculo incidente, que denominamos o incidente "do lápis", ao longo do qual o professor pega um lápis no estojo de uma aluna para anotar algo em seu papel e o depõe num mesmo movimento, sem nenhuma palavra a acompanhar esse mesmo movimento e também sem nenhuma troca não-verbal. Esse incidente nos intrigou muito, fazendo surgir a hipótese de espaços psíquicos sobrepostos, a hipótese de que o espaço corporal do professor conteria os espaços privados dos alunos.

Progressivamente, no decorrer do trabalho, o sentimento de que o professor, diga o que disser, "controla sua classe" prevaleceu sobre os aspectos de "sadismo comum", que nos tinham obnubilado no início da projeção do filme. Julgamos hoje que essa dimensão tingida de sadismo se acha bem presente, de resto, nessa classe, seja no nível verbal, seja no gestual. Não obstante, a classe é "controlada", mas como se o preço a pagar pelos alunos para certa forma de segurança estivesse no fato de serem "obrigados" a executar as tarefas prescritas ao pé da letra. Ou ainda como se o preço a pagar para beneficiar-se desse continente fosse que os alunos aceitassem um depois do outro ser isolado/os do resto do grupo e tomado/s à parte para sofrer leves humilhações verbais diante do resto do grupo. No domínio psíquico, uma forma de dominação sobre o espaço parece prevalecer se o julgamos, entre outros, pelos "pássaros emboscados", tal como ele mesmo o formula, que o professor apreciaria ver cair em sua bolsa. Foi assim que desejei compreender bem antes as modalidades segundo as quais o professor exercia esse controle da classe. Os elementos relativos a seu físico me apareceram então como determinantes na implementação desse controle, de onde derivam os desenvolvimentos que vêm a seguir.

A fabricação do invólucro sonoro

A voz desse professor parece relativamente monocórdia, como dissemos, mas verossimilmente graças a um grande controle de sua parte. Observamos que, no decorrer da seqüência, ele é rigoroso com sua voz, induzindo com isso uma espécie de rede sonora protetora para a classe e criando ao mesmo tempo uma tensão que não conhece relaxamento. Assim, é possível dizer que a atmosfera é ao mesmo tempo calma e tensa. Esse lado monocórdio imprime uma tonalidade um pouco hipnótica, como dissemos, e não proporciona nenhuma ênfase ao clima da classe, salvo talvez no episódio quase final em que uma aluna, que chamaremos de Mélanie, resiste a suas pressões quando é enviada à lousa para corrigir um exercício. Naquela classe de sexta série, não se sente realmente nenhum investimento, nem no nível afetivo nem no nível cognitivo, seja da parte do professor, seja da parte dos alunos. Como se o que fosse exigido dos alunos pelo professor se assemelhasse mais a provas formais de um juramento de fidelidade: trata-se de "recitar" um discurso, quase sem carne nem vida, cujo texto não é nunca, além disso, completamente adequado ao que o professor espera, ao que espera ao pé da letra. Observamos que essa nuança de voz muito controlada é reservada à posição estritamente didática e que várias outras tonalidades de voz são localizáveis na seqüência, quase várias vozes. Como se, à voz controlada do eu profissional do começo da aula, se opusessem a voz do homem privado, no momento do quase aparte com a operatriz, fora do curso propriamente dito, e a voz do professor nos limites de seu *self-control*, quando se enerva junto a Mélanie no fim da aula, momento que explode de fato se comparado com o aspecto deliberadamente temperado do resto da seqüência.

Na realidade, os elementos que acabo de apresentar são observáveis numa primeira abordagem, mas se aceitarmos a dificuldade de aprofundar a observação — neste caso, a escuta

— veremos aparecer matizes. Segundo julgo, essas modulações de voz não são inócuas com relação à manutenção da classe e o desenrolar do tempo didático. Assim, observo que o tom de voz é sustentado, assegurando com vigor essa manutenção da continuidade; o ritmo e a forma prosódica completam essa sustentação. Algumas sílabas são acentuadas e até assumem uma forma monótona; algumas frases são repetidas, além disso alguns gestos de quase-genuflexão (flexão dos joelhos) vêm enfatizar os efeitos do tom de voz. No que se refere ao aspecto monocórdio, é um efeito aparente, pois na realidade a tonalidade da voz sobe ("o tom sobe"), e direi quase por meio-tom, a cada novo cálculo proposto. No momento do episódio com Mélanie — estamos no minuto 41 —, o tom de voz não é mais controlado por completo e chega-se a uma voz bastante aguda, contrastando com os acentos profundos que correspondem ao aspecto ponderado e viril que esse professor parece desejar dar de si mesmo. Observemos que os únicos acentos afetuosos na voz são reservados a Charles, o aluno que nossas análises clínicas interpretam como o aluno que encarna uma espécie de imagem narcísica, o bom aluno que poderia desempenhar o duplo do professor. Salvo que nessa seqüência propriamente dita, talvez sob o efeito da pressão da câmera, a "dublagem" não pôde assegurar a representação esperada e se revelou evanescente (BLANCHARD-LAVILLE, 1999 *c*).

Esse estudo enfatiza a importância do tom de voz do professor em situação didática. Sentimos com clareza, nesse exemplo, que as diferentes tonalidades de voz e suas outras características, seu ritmo, sua amplitude, sua altura etc., participam da construção do clima psíquico do espaço didático. Essa dimensão sonora contribui para criar o tipo de vínculo que se estabelecerá com os alunos e a classe, tal como no vínculo mãe–filho, em que as dimensões da voz da mãe são necessárias à constituição do vínculo e à construção do eu do bebê.

Recordemos que para Didier Anzieu (1985) "o espaço sonoro é *o primeiro espaço psíquico*". Antes da constituição do ego como instância autônoma, "o Eu se forma como um *invólucro sonoro* na experiência do banho de sons, concomitante à do aleitamento. Esse banho dos sons prefigura o ego-pele e sua dupla face voltada para o interior e para o exterior [...] Antes que o olhar e o sorriso da mãe que a alimenta e cuida dela remeterem à criança uma imagem de si que lhe seja visualmente perceptível e que ela interioriza para reforçar seu Eu e esboçar seu Ego, *o banho melódico* (a voz da mãe, suas canções, a música que esta faz ouvir) põe à sua disposição um *primeiro espelho sonoro* [...]". Na mesma linha, Édith Lecourt, em seu artigo sobre "L'enveloppe musicale" (1987), compara a noção de *banho sonoro* com a sensação de ser pego, transportado ou embalado, isto é, com as qualidades do *holding*, no sentido de Donald W. Winnicott, noção a que voltarei mais tarde. Por fim, ela acrescenta que o invólucro sonoro da mãe constitui uma das primeiras *paraexcitações* para o bebê.

Assim, podemos compreender que, no caso do vínculo didático, tudo o que diz respeito à voz do professor pode desempenhar um papel bastante importante na construção das qualidades psíquicas do espaço criado pelo discurso didático e na perspectiva de construção do invólucro psíquico para a classe. Apreendemos com facilidade que "um banho sonoro" com certas entonações profundas e tranqüilizadoras, como ocorre com esse professor da sexta série, pode ajudar a manter um clima de segurança, mas talvez também a destilar certo tédio, quando o aspecto monocórdio e impessoal do tom de voz se torna agudo. A partir dessas concepções, pode-se entender que algumas formas de espelhos sonoros sejam mais ou menos patogênicas por sua discordância, por sua descortesia ou ainda por sua impessoalidade, assim como que alguns banhos sonoros produzidos por professores não são envolventes por completo; isso pode se revelar não-tranqüilizador e talvez, em alguns casos, extremamente desconcertante para uma classe.

O caráter impositivo do discurso didático e pedagógico é tal que tínhamos esquecido que "não é apenas a significação da palavra que conta", mas que "a voz, com suas diferentes nuanças (flexibilidade, dureza, calor ou frialdade), enquanto significante, tem um sentido em si mesma". Ora, "em certas situações regressivas da transferência, a fenomenologia do som se torna particularmente significativa, sendo possível observar a importância da abertura e do fechamento, seja da parte do emissor, seja da parte do ouvido que controla a incorporação dos sons através da fala (fechamento e abertura acústica)" (Resnik, 1973). De minha parte, julgo que em certas situações de ensino — e o curso de sexta série nos fornece uma boa ilustração desse tipo de situação, em que os significados enunciados pelo professor não podem ser investidos por todos os alunos —, os fenômenos acústicos assumem uma importância ainda maior. Podemos formular a hipótese de ser esse, particularmente, o caso dos alunos que renunciaram ao acesso ao sentido do que é afirmado pelos professores, tal como testemunham os trabalhos de Sylvain Broccolichi (1995).

Considerando-se esses poucos elementos, parece-me importante levar em conta a importância dessa dimensão sonora para a criação do espaço psíquico da classe.

Por outro lado, isso me levou a interessar-me pela recuperação desse parâmetro particularmente enfatizado num domínio diferente, mas que também necessita da constituição de uma *matriz psíquica de trabalho* entre os parceiros. Observei, num incisivo artigo de Jean-David Nasio (1993) acerca do trabalho analítico de Françoise Dolto e, em especial, acerca de sua maneira de escutar as crianças, uma insistência nas qualidades da voz dessa psicanalista no sentido de construir o espaço psíquico da consulta; esse espaço no qual "brotará de súbito a interpretação" dirigida à criança. Ele acentua o plano de base desse espaço constituído pelo poderoso desejo de Dolto de falar a essa criança, assim como pelas qualidades de sua voz: "Quando Dolto falava, sua voz assumia essa entonação inimitável, a voz de Dolto. Uma voz que ainda ressoa com esse timbre cativante para alguns, irritante para outros, mas sobretudo uma voz que tinha o poder singular de estimular seu pensamento, ou seja, o próprio pensamento de Françoise Dolto. [...] Num movimento recíproco, o pensamento se tornava sonoro, fazia-se voz e, em compensação, a voz, por seu turno, recriava o pensamento".

Para retomar o dispositivo didático, retenhamos essa atribuição de uma dupla função ao invólucro sonoro, a de *espelho* e a de *paraexcitação*. Essas funções contribuem para criar um espaço de intimidade e de segurança no interior da classe, assim como para fortalecer nos estudantes seu eu de aluno em constituição. Lembremos que o invólucro sonoro possui também a capacidade de contribuir de maneira primordial para a criação do espaço psíquico sustentando *uma forma de continuidade*. Essas pistas de reflexão deveriam permitir-nos estar muito mais atentos ao futuro no que se refere a essa dimensão e situar com mais clareza o que se passa com esses aspectos sonoros na observação clínica de novas seqüências de aula.

A função integrativa do rosto e do olhar

Na mesma perspectiva que a desenvolvida com a voz, o rosto do professor e seu olhar notadamente contribuem também de maneira essencial para sustentar no aluno uma continuidade psíquica que lhe permita construir seu eu de aluno.

Numerosos testemunhos de estudantes em dificuldades com a matemática me convenceram disso (Blanchard-Laville e Obertelli, 1989). Considerando seus passados traumáticos com a matemática, a continuidade cognitiva lhes faz falta e, nessa ausência, eles sentem a necessidade de que o professor não descuide dos aspectos ligados à sua voz e a seu olhar, a fim de permanecer coeso e sustentar certa continuidade. Nessa experiência, em que eu era a professora, notáramos que essa base de confiança é central sobretudo para estudantes que apresentam dificuldades com relação à matemática no decorrer de sua escolaridade. Num primeiro momento, essa confiança tem um efeito reparador no que diz respeito aos vestígios traumáticos deixados por esse passado. A partir do olhar do professor que "inspira confiança", o estudante recupera uma integridade narcísica e se assegura de seu sentimento de identidade. Assim, o professor, numa fase transitória, é tornado depositário, por parte do estudante, do reconhecimento de sua identidade. Esse sentimento de integridade narcísica é lido pelo aluno em particular no olhar do professor. Uma das estudantes o exprime nestes termos: "Por meio de seus olhares, professor e aluno entram em comunicação dual". Ou ainda: "A ausência do olhar do professor pode ser ofensiva no sentido de que o aluno se sente desprovido de interesse para o professor. O aluno precisa de sustentação e, no caso de não ser notado, pode sentir-se isolado". Quando o olhar não está presente, ocorre o medo do vazio, o temor de ter destruído o outro, o que em si pode ser tranqüilizador, já que assim o vazio é estruturado. Num primeiro momento, a dependência relativa à professora é extremamente forte. Trata-se de não "perder o rumo", de não "se desapegar" quando dos raciocínios. Os estudantes se dizem como suspensos no discurso da professora, ligados a ela pelo olhar e pela linha de seu discurso.

Mais uma vez, se nos voltamos para as teorizações referentes à edificação do eu do bebê, constatamos a importância do rosto materno nessa sustentação e nessa construção. Para Donald W. Winnicott, "no desenvolvimento emocional do indivíduo, o precursor do espelho é o rosto da mãe". Ora, o que vê o bebê quando volta o olhar para o rosto da mãe? "Em geral, o que vê é ele próprio (deixando de lado as situações em que a mãe não se acha em condições de responder)." Eis como nosso autor resume o processo com base no olhar criativo:"Quando olho, sou visto, logo existo. Posso então me permitir olhar e ver. Olho então criativamente e aquilo que vislumbro (apercepção), percebo-o igualmente".

Do mesmo modo, em psicoterapia — diz-nos ele com humor —, não se trata de dar interpretações refinadíssimas, mas sobretudo "de restituir a longo prazo ao paciente o que ele traz. *É um derivado complexo do rosto que reflete o que está lá para ser visto*". Para que o paciente se sinta *existir*, melhor dizendo, *se sinta real*, para que tenha a sensação de ter um eu.

Para mim, no nível do vínculo didático, mesmo quando não se trata de terapia mas sobretudo de participar de uma edificação contínua do eu do aluno, uma tarefa análoga é devolvida ao professor. Para nos convencermos mais sobre isso, basta remeter ao estudo da aula de Martine no capítulo anterior e captar a expressão do rosto da professora quando quer confortar e valorizar o aluno Jérôme, que enviou à lousa e que deseja compreender seu erro. Nesse momento, que descrevi como uma cena de sedução narcísica entre a professora e esse aluno, se observamos o rosto de Jérôme, sentimos que seu eu-aluno deve sentir-se bem vivo. Mostrei que a professora desempenhava com ele, nesse momento, um papel de espelho que reflete e sustenta, ao mesmo tempo por suas mímicas, seu olhar, sua voz, um espelho sonoro e visual que se destina de fato a qualificá-lo numa posição de aluno criativo. Assim como o bebê é reconhecido e se reconhece olhando o rosto da mãe ou, como testemunha François Gantheret (1983), no prolongamento das análises de Donald W. Winnicott: "O que o bebê vê quando olha o rosto da mãe é sem dúvida ele mesmo, mas em absoluto estaticamente: é ele mesmo, tal como a mãe o crê, por um jogo entre o objeto alucinatório do desejo maternal e a criança reconhecida em sua realidade separada. É esse jogo da mãe que o bebê introjeta".

A contrario, pareceu-me que, quando Martine olhava Sophie, a aluna que de algum modo lhe causava "pena ver" com suas dificuldades e o reflexo em seu rosto de um pesar profundo vindo de outro lugar, Sophie não podia introjetar nenhuma imagem positiva de si mesma. Observáramos além disso que ela olhava como que secretamente o rosto da professora e que, assim, era simplesmente reenviada ao seu próprio vazio, à sua própria angústia.

Para o professor da classe de sexta série, se sua massa corporal se mostra muito presente, como veremos logo a seguir, seu rosto relativamente invadido por uma barba tem muito pouco destaque. O olhar parece muito pouco utilizado. Por isso, essa forma de impassibilidade corresponde ao controle que destacáramos no que se refere à voz desse professor. De fato, se damos uma atenção mais detida às imagens, percebemos que essa impassibilidade "trabalhada" do rosto cede no momento da "crise" quase final com Mélanie. Aí, durante esse incidente, o rosto do professor se anima, alguns afetos o permeiam de maneira visível e, quando a crise é consumada, curiosamente, o rosto do professor assume um aspecto muito mais vivo. Ele se confunde justamente menos com o corpo e, tal como após o ápice de um orgasmo, assume um aspecto menos tenso.

Eis de todo modo uma dimensão à qual deveremos prestar mais atenção em nossas pesquisas. Por esse motivo, estou convencida de que o rosto e o olhar do professor, todos esses sinais corporais não passam na realidade de traduções do estado psíquico interno do modo de vínculo com os alunos, o que implica que as formações que se atêm às dimensões físicas instrumentalizadas podem falhar em seu alvo. O trabalho sobre as atitudes contratransferenciais e de desprendimento dos objetivos narcísicos me parece o único capaz de produzir efeitos decisivos sobre as modalidades do vínculo professor–alunos.

O corpo do professor

A análise da seqüência da sexta série dá-nos a impressão de que o corpo desse professor ocupa todo o espaço da classe, do mesmo modo que sua voz impregna toda a atmosfera. Em particular, o incidente do lápis, que já mencionamos, reforça essa idéia. Com efeito, o professor pega emprestado um lápis de uma aluna-menina, depois o devolve — o que supõe de sua parte um gesto que normalmente invade o espaço privado de um aluno — sem que ocorra nenhuma troca verbal entre ele e a aluna. Essa ausência de palavras e essa ausência de olhares em cada uma das duas direções — seja da parte do professor, seja da parte da aluna — nos levam a pensar que se trata de um gesto que não precisa atravessar o espaço entre o próprio espaço corporal do professor e o da aluna, como se não houvesse nenhum espaço de separação entre eles. Isso reforça nossa hipótese de que o espaço psíquico do aluno está contido de alguma maneira no do professor e que, assim, este último se acha em expansão. Por conseguinte, no decorrer da análise, essa sensação do corpo do professor fez eco, para nós, ao fato de que a seqüência era de alguma forma posta sob o signo da unicidade. Tivemos a sensação de que há na seqüência um texto único do saber e de que, além disso, este deve ser dito por uma única e mesma voz. Dessa maneira, propusemos a idéia do corpo único do professor, como se no contexto devesse haver um único corpo para todos.

A noção de *corpo em expansão psíquica* é tomada de Salomon Resnik, que a definiu nos seguintes termos: "Uma tendência a ocupar o espaço circundante sem perder contato com seu ponto de partida, como acontece na identificação projetiva: aqui, *os limites do corpo avançam.* [...] Trata-se de uma megalomania do corpo, *uma espécie de gravidez onipotente* que envolve o mundo". Na abordagem fenomenológica e ecológica da transferência proposta por Salomon Resnik para a cura de psicóticos (1999), trata-se de trabalhar com todos os sinais corporais dos pacientes que possam ser captados nas sessões. Assim, esse analista descreve o mecanismo de expansão psíquica como um mecanismo mais primitivo e mais arcaico do que a projeção ou a identificação projetiva, na medida em que evita para o sujeito a separação dos corpos; esse mecanismo psíquico permite entrar em contato com o mundo e controlá-lo sem sair do próprio corpo. Para Salomon Resnik, são as angústias agorafóbicas primitivas — em outros termos, o medo inicial do aberto — que se acham na fonte desse mecanismo.

Essa metáfora da gravidez onipotente, à qual ele recorre em sua definição do mecanismo de expansão, me parece de utilização possível para caracterizar algumas posições do professor em situação didática. No caso da aula de CM1, a imagem da mamãe canguru, que apresentei para metaforizar o tipo de postura do professor no decorrer da aula, sugeria que a professora guardava na bolsa ventral os bebês-alunos já nascidos, mas os tirava para que visitassem o mundo. Simplesmente, era ela que gerava a saída e o retorno ao rebanho. Ela controlava suas idas e vindas, mas os alunos tinham apesar de tudo uma forma de autonomia corporal. No caso do professor da sexta série, a imagem do corpo protoplásmico que empregamos em nossas análises clínicas, em que os alunos fazem as vezes de pseudópodos, evoca uma forma de expansão na qual os estudantes não têm de fato nenhuma autonomia corporal. Eles são retidos no próprio interior do corpo do professor: contidos mas aprisionados ao mesmo tempo. Assim, pegar um lápis de um aluno, fazer circular as calculadoras são gestos que não transpõem o espaço de descontinuidade entre o professor e os alunos.

As análises que acabam de ser feitas não induzem necessariamente que uma posição seja mais vantajosa do que outra no plano didático. Enquanto não se souber mais sobre as características do vínculo didático, quem poderá dizer qual a forma de vínculo mais favorável à aprendizagem para o grupo, para este ou aquele aluno, neste ou naquele momento da aprendizagem? No entanto, neste estágio da pesquisa, apresentarei a idéia de que, se um professor não sustenta, de qualquer maneira que seja, uma posição de "gravidez", isso ocorre por não dar ele nenhum crédito ao que poderia "nascer" de novo no encontro. Dessa maneira, certa dose de ilusão de gravidez onipotente é necessária a fim de que um professor possa sustentar a ficção didática.

A metáfora da gravidez me leva a estabelecer uma associação com a noção de "recinto": um recinto faz pensar numa fortaleza, isto é, um espaço protegido onde se está em segurança com relação a um exterior hostil mas do qual se é ao mesmo tempo prisioneiro. O corpo do professor pode ser visto como um recinto, o corpo "recinto" em virtude do nascimento vindouro, o corpo pleno dos bebês-alunos a vir, mas podemos também ter a sensação de que a fortaleza se revela vazia num momento dado (Bettelheim, 1969). Foi a impressão que nos assaltou no episódio do conflito com Mélanie para o professor da sexta série, conflito a que voltarei. O lado tranqüilizante do invólucro desaba diante da resistência da aluna Mélanie e, com essa função, é o vazio que aparece, o castelo de cartas desmorona, o falso eu corporal em forma de couraça defensiva, tudo isso, sem dúvida amplamente reforçado pela presença da câmera, se esboroa. Esses elementos são concomitantes a uma espécie de "desinflamento" narcísico.

A relação de dominação

Eu disse que me interessaria pela maneira de "controlar" uma classe. Ora, a palavra "controlar" tem como primeiro sentido "ter à mão". Compreende-se melhor a importância da mão neste tema. Observamos na seqüência da sexta série que na maioria das vezes o professor mantinha a mão direita no bolso. Devemos observar que, no momento em que Mélanie está no quadro-negro, ele próprio se acha sentado numa carteira de aluno, no fundo da sala de aula, e que, nesse momento, não tem as mãos no bolso; ao contrário, ele se mantém "como agarrado" à carteira em que se senta. Essa observação vem corroborar a hipótese segundo a qual o gesto da mão no bolso seria o indício de uma forma de contenção. O professor deve conter suas pulsões, ainda mais no momento de irritação com Mélanie, momento em que essa aluna não se mostra tal como ele o desejaria. Essas observações devem ser relacionadas com observações clínicas efetuadas por Dominique Agostini (1995) junto a pais que maltratam. Por exemplo, no caso por ele relatado de Karine e de sua mãe: "Tudo acontecia como se os olhos da sra. N.... não vissem a violência que sua mão infligia maquinalmente a Karine (desconexão do vínculo intermodal mão–olho). A sra. N... estava agarrada a essa mão cega que fazia perdurar seu próprio desastre primitivo por Karine interposta"; ou ainda: "A sra. N... fazia gestos violentos não pensados como sob o efeito de uma hipnose. Seus gestos violentos movidos por esse hipnotizador interno hipnotizavam por sua vez Karine e em alguns momentos eu mesmo". Esse caso extremo de maus-tratos entre uma mãe e sua filha nos faz contudo sentir que a mão posta sobre a outra pode não passar de uma outra face da mão posta sobre o próprio mundo interno do qual foi ela mesma a vítima.

Essa questão nos leva diretamente à questão da relação de dominação. A palavra *dominação* costuma aparecer em escritos de um de nós para descrever algo da relação do professor da sexta série em sua aula. Voltemos à etimologia da palavra *dominação*, por exemplo, com o artigo de François Gantheret "De l'emprise à la relation d'emprise". Nesse texto, o autor elucida: "Todo camponês sabe o que é a dominação; essa parte do campo à beira do caminho vicinal em construção lhe é retirada; no centro de seu pasto, a administração onipotente decide implantar postes elétricos. Ele não poderá opor-se a isso, mas tão-somente obter uma indenização por essa invasão de sua propriedade, da liberdade de movimentos. Ele não pode 'enganar' essa dominação, tentar 'seduzir' a Câmara ou o Estado para ver restituída sua liberdade comprometida: o camponês não lida com um desejo negociável, sofre o peso de uma mão (os textos jurídicos falam de 'despossessão por embargo' [*mainmise*], que o imobiliza e o entrava. É claro que há uma vontade agindo 'por detrás' da dominação: mais longínqua, inatingível, desprovida de subjetividade. Trata-se de uma necessidade (a da coletividade, por exemplo), não de um desejo;

e sobretudo o sujeito que implementa essa necessidade se ausenta por trás do corpo que o impõe: a dominação é dominação de um edifício, de um aeroporto, de um canal. Portanto, dominação de coisas, mais do que, aparentemente, de homens. E isso reduplica seu peso, visto que com coisas não se discute. É essa, por exemplo, a 'reificação' burocrática: o aparelho que, segundo se avalia, deve servir ao interesse coletivo se desapega deste, pende de seu próprio peso ininterrogável. A dominação é, por conseguinte, dominação de corpos, e 'dominação no corpo'. O sujeito que o exerce se ausentou por trás do corpo-coisa e, por um efeito de espelho, aquele que a sofre 'se ausentou' de seu corpo entravado".

Essas frases entram em clara ressonância com o que sentimos na classe de sexta série: dominação de corpo, o corpo-coisa, o sujeito que se ausentou no caso desse que impõe a apreensão, aqui o professor, mas também aquele que a sofre, aqui os alunos, a reificação dos sujeitos a quem foi imposta a dominação. Afora o estrito caso desta seqüência, parece-me que a relação pedagógica impele necessariamente os professores à relação de dominação.

Lembremos com François Gantheret a gênese da noção de dominação nos textos de Freud. Vários termos, verbos, substantivos ou adjetivos designam uma noção de dominação em sua obra. *Die Überwältigung*, em primeiro lugar, que designaria "uma dominação por uma força tranqüila, que mantém o objeto sob o olho e sob a mão, retido e vigiado". Depois, *die Bemächtigung*, que seria "a ação de apropriação por obrigação". Daí, Freud chega à idéia de uma pulsão de dominação: "Trata-se da tarefa de controlar o objeto para deter a fonte que é devolvida à pulsão de dominação. A mão é metáfora do ego, e o sonho do ego é ser um punho imóvel encerrado sobre o objeto". Eis-nos levados diretamente à questão da mão. François Gantheret recorda também que "a dominação se dá explicitamente como aquilo que o ativo leva o passivo a sofrer; mas não será ela de fato uma tentativa de controlar a polaridade ativo–

passivo — e, para além, masculino–feminino — na própria figura de sua realização?"[1]

Esses elementos nos dão pistas de reflexão com referência à dominação corporal exercida pelo professor estudada nessa seqüência de sexta série; eles nos permitem de modo especial associar sua forma de pôr a mão no bolso com, talvez, o objetivo de tentar controlar seu desejo de dominação sobre os alunos e, mais ainda, sobre os alunos do sexo feminino, desejo que se revelará em toda a sua amplitude na interação quase-final com Mélanie, no momento em que esta justamente não chega a reduzir as frações e no qual, em espelho, a impotência do professor diante da irredutibilidade do objeto-aluno se revelará em seu auge.

São com efeito as frações que Mélanie não consegue tornar irredutíveis, como desejaria o professor, sem de resto exprimir explicitamente seu desejo, mas apenas com perífrases do tipo "faça o que você tem de fazer". É possível supor que ele está demasiadamente em espelho com seu próprio desejo — inconsciente — de reduzir o objeto, no caso a aluna — e sobretudo a aluna-menina —, e ainda melhor aquela que tenta resistir a ele.

Para Roger Dorey, a noção de dominação só assume pleno sentido no campo da intersubjetividade enquanto *relação de dominação*. Para ele, deve-se considerar três ordens. O primeiro sentido remete a uma ação de apropriação por despossessão do outro; "trata-se de uma apreensão, de um confisco que representa uma violência infligida e sofrida que prejudica o outro por usurpação de seu domínio privado, isto é, por redução de sua liberdade". A segunda significação é a de

1. Para oferecer argumentos a favor disso, ele evoca que, segundo Freud, o exemplo da masturbação manual do menino prefigura a relação de dominação. "Não é possível então supor uma autoridade da diferença dos sexos, encerrando a mão feminina o pênis passivo? Ser aquele-aquela que mantém, e aquele-aquela que é mantido, eis o sonho de uma autoridade absoluta".

dominação que faz referência a um poder dominador, pelo qual outro se sente controlado, manipulado, de todo modo mantido num estado de submissão e de dependência mais ou menos avançado. A terceira direção semântica decorre das duas precedentes: a ação de apropriação-dominação deve deixar uma marca, um traço, *um sinal*. A especificidade dessa relação, para Roger Dorey, é que, de toda maneira, se trata "de um atentado ao outro enquanto sujeito desejante". Como ele enfatiza em seu artigo: "O que é visado é sempre o desejo do outro na medida mesma em que ele é fundamentalmente estranho, fugidio, por sua natureza, a toda apreensão possível. A dominação traduz uma tendência à neutralização do desejo do outro, isto é, à redução de toda alteridade, de toda diferença, à abolição de toda especificidade; a meta disso é reduzir o outro à função e ao estatuto do objeto inteiramente assimilável".

Como, no âmbito da relação pedagógica, não se deixar levar por essa tendência? Trata-se com efeito de moldar o outro à sua imagem de uma certa maneira; então, como lhe atribuir, ao mesmo tempo, alteridade e especificidade, estatuto do sujeito integralmente concebido?

Nessa meta da relação de dominação, dois tipos de organização são possíveis: a organização perversa e a organização obsessiva, que apresentam pontos em comum, mas também algumas diferenças. Na organização perversa, a dominação é exercida pela sedução com base no registro erótico. Essa sedução não deixa o outro indiferente. Ele reage a ela ora pela rebelião, ora pela submissão. O outro, ao se submeter, aceita participar da alienação que lhe é imposta porque, de certo modo, aí encontra, por sua vez, sua própria satisfação de ser despossuído de seu desejo próprio, expropriado pelo sedutor. Na organização obsessiva, a dominação é exercida "no registro do poder e na ordem do dever. O outro deve agir como pretende, ele, que o faça; deve pensar segundo as normas que ele lhe impõe; deve desejar em conformidade com um esquema que traçou segundo sua intenção, adotar sua concepção da ordem das coisas".

O objetivo do obsessivo é "cristalizar ou petrificar o que é vivo, favorecer a inércia e assim edificar com o outro, ou melhor, a despeito do outro que engole um mundo monolítico, sem falha, que tem toda a aparência da morte. Trata-se de submeter o outro pela força e, caso ele resista, pela destrutividade pura e simples; seu poder é mortífero".

A lição de Ionesco

Relendo a peça de Eugène Ionesco *La leçon*, à luz dessas afirmações, parece-me que o autor soube justamente captar essa dimensão da dominação na relação pedagógica. Observemos que, na peça, se trata de um professor-homem e de uma aluna do sexo feminino, protótipo sem dúvida da relação de dominação; e Eugène Ionesco descreve à perfeição o processo de submissão da aluna num primeiro momento, depois de revolta com referência a esse desejo de dominação do professor, que não pode em última análise ser saciado senão no homicídio.

Recordemos que, nessa peça de teatro, os alunos se sucedem uns aos outros para ter sua aula particular com o professor, com a cumplicidade da criada que está prestes a dispor a trigésima nona pasta, no momento da chegada da quadragésima nova aluna. Apesar dos repetidos avisos que ela prodigaliza ao professor — "o senhor não poderá dizer que não o alertei", repete ela várias vezes, antes da aula de aritmética e depois antes da aula de filologia, pois sabe como se encerram inevitavelmente as aulas para essas infelizes meninas. A despeito disso, a criada não consegue conter a torrente compulsiva do professor, que o conduz sempre ao homicídio, até crer que enfim encontrara a aluna que vai segui-lo e compreendê-lo de uma vez por todas: "Você verá [...] escute-me. [...] eu a farei compreender [...] cale-se [...] permaneça sentada [...] não me interrompa [...] sobretudo não me interrompa [...] é contudo bem simples [...] não me encolerize! [...]", para acabar com: "Ela nada compreende disso. Ela não compreende!" E depois de tê-la matado: "Não foi culpa minha. Ela não quis aprender! Ela era desobediente! Era uma má aluna! Não desejava aprender!"

Na relação de dominação perversa, o outro, diz-nos Roger Dorey, "reage pela revolta, até por uma violência adequada à que lhe é feita, pois se vivencia como estando verdadeiramente em perigo, em sua autonomia, e mesmo mais, em sua identidade, na medida em que está, propriamente falando, negada". Por exemplo, na relação analítica, o discurso do obsessivo é "monótono, meticuloso, repetitivo"; "ele tem como efeito paralisar aquele que o escuta, impedi-lo de pensar e, portanto, de intervir. Ele busca dessa maneira neutralizá-lo ao máximo, o que consegue de resto quando é bem-sucedido em fazê-lo adormecer, a menos que este se ache prevenido no que diz respeito a essa ação de aniquilação evadindo-se em seus próprios devaneios". Se se passa à situação do professor, pode-se compreender com esses elementos que alguns alunos conseguem reagir evadindo-se, hipótese que com demasiada freqüência é invocada em nossa equipe para descrever o comportamento de alguns alunos da seqüência da sexta série, enquanto outros, em contrapartida, como Mélanie, não aceitam essa aniquilação de seu ser e assumem abertamente sua revolta.

Em resumo, em cada caso, para esse tipo de relação, trata-se de atingir o outro como sujeito desejante, de apagar tudo o que se vincula à ordem da diferença. De fato, "é uma formação defensiva cuja função essencial é ocultar a falta tal como desvelada pelo encontro com o outro", visto que se trata de "investir o outro como objeto e não como sujeito, significando isso, concretamente, instaurar uma relação direta, não mediatizada, especular, logo eminentemente reversível, desenvolvendo-se em suma no registro imaginário"[2]. O autor con-

2. É possível perguntar o porquê de uma reação desse tipo. Para R. Dorey, esses sujeitos são prisioneiros de um tipo de relação como aquele com a mãe, sendo eles condenados a repeti-lo indefinidamente. De maneira particular, quando são submetidos a um estado de reativação da angústia originária. Mas isso é uma outra história.

clui: "A dominação exercida não faz então senão traduzir o investimento regressivo e defensivo do outro reduzido à função de objeto de salvaguarda que deve ser imperiosamente dominado e possuído de maneira totalitária, como foi feito com o objeto primordial."

Dominação ou autoridade?

Essa observação nos remete à questão das organizações defensivas que os professores devem imperativamente encontrar para enfrentar a força dos medos reais ou imaginários induzidos pelo grupo-classe e pelas efetivas "provocações" dos alunos. Na ausência de um trabalho pessoal que permita aprender a abrandar esses medos, não surpreende de forma alguma que eles desencadeiem modos de defesa que tentam reduzir os alunos a simples objetos.

Outra distinção, feita por Roger Dorey, entre os dois tipos de organização nas quais predomina a relação de dominação diz respeito a que, na estruturação perversa, a dominação seria sobretudo sedutora: "O perverso se situa antes de tudo na posição de *saber*, que é saber sobre o que tange ao desejo do outro, o que torna possível sua captação"; na organização obsessiva, a dominação seria antes dominadora: "Aquele que faz uso dela está em posição de *poder* sobre o outro". Sem dúvida, no caso da relação pedagógica, vêem-se em prática organizações mistas, que oscilam ora para o lado da estruturação obsessiva, ora para o da estruturação perversa, com, nesse caso, a particularidade de que pode haver nesse contexto uma confusão entre os saberes e de que o saber pode ser utilizado como um poder.

Pode interessar-nos ainda outra distinção referente à situação de ensino; trata-se da que permite não identificar os processos de *dominação* aos de *autoridade*. No primeiro caso, o do processo de dominação, tratar-se-ia de uma reação defensiva para ocultar a falta, fundada numa denegação de falta, ao passo que, no segundo caso, o do processo de autoridade, tratar-se-ia por contraste de um trabalho de elaboração psíquica fundado desta vez numa forma de aceitação da falta. Nessa perspectiva, a relação de dominação geraria um sistema fechado de objetivo conservador, enquanto no processo de dominação se estaria antes diante de um sistema aberto e adaptativo. "Para que haja autoridade, é preciso que haja renúncia ao objeto originariamente satisfatório, logo aptidão ao reconhecimento do outro enquanto outro. Por oposição, a dominação se mostra como o exato contrário da renúncia, uma vez que é dominação e apropriação totalitária desse objeto, o que pressupõe, como vimos, que o outro como tal seja negado." Esses dois processos psíquicos antagonistas podem entretanto subsistir lado a lado num mesmo sujeito num jogo de alternância. Para Roger Dorey, "pode-se considerar que a relação de dominação surge sempre que a autoridade se revela impossível ou ao menos demasiadamente custosa para a economia psíquica de um sujeito". Ora, nas situações atuais de ensino, os processos de autoridade costumam ser objetos de oposição ou difíceis de pôr em prática com as condições atuais e com os "novos alunos", de todo modo sendo permitido pensar que os professores podem oscilar entre essas duas posições.

Parece-me que esses dois tipos de organização são muito bem representados pelos dois professores que nos ajudam a fazer este estudo, a professora de CM1, Martine, e Franck, o professor da seqüência de sexta série.

O protótipo do processo de autoridade é o do *jogo do Fort-Da* descrito por Freud, o jogo do carretel lançado e recuperado pela criança para exercer autoridade e simbolizar a ausência do objeto mãe. Ora, é de fato uma interação desse tipo que detectamos entre a professora de CM1 e seus alunos. Ao contrário, com o professor da sexta série, estaríamos sobretudo do lado da imagem da ameba que lança sua dominação no espaço, para preencher os abismos de separação com o objeto. Essas duas posições refletem duas maneiras possíveis de instalar-se na classe e de "controlar" o grupo de alunos. Um professor oscila, ao que parece, de uma posição à outra, mas sem dúvida é levado a privilegiar sobretudo uma das posturas em seu funcionamento habitual. Da parte da professora de CM1, parece que o vínculo instalado com os alunos lhe permite exercer autoridade sobre a situação "evitando os ardis", embora se gratificando na passagem por benefícios advindos da *sedução narcísica* que ela desenvolve junto a certos alunos. Postuláramos, quando do estudo da aula de CM1, que ela utilizava o mecanismo de identificação projetiva para depor algumas "partes" de si mesma nos alunos. Para o professor da sexta série, a relação de dominação que ele instala está ligada ao uso do mecanismo de expansão psíquica que identificamos, mecanismo que permite menos fluidez nos vínculos com os alunos do que o mecanismo de identificação projetiva, e a relação o conduz, sobretudo nesse caso, a uma forma de *erotização* do vínculo.

Comunicação paradoxal

Uma forma extrema da relação de dominação leva a esboçar no espaço da classe o que Paul-Claude Racamier (1993) denomina a *tópica interativa* — a organização ultra-restritiva para o psiquismo do outro, enquanto a força da sedução narcísica conduz a abusos narcísicos da parte do adulto.

Outra forma extrema da relação de dominação deriva de alguns modos de paradoxalidade na comunicação. Desde Freud, o conflito está no centro da vida psíquica — conflito entre desejo e defesa, entre instâncias do aparelho psíquico, o ego e o id, o ego e o superego, por exemplo. No âmbito de um mesmo sistema, dois subsistemas podem emitir enunciados contraditórios, um dos quais, ao menos, é inconsciente. O sujeito pode então obedecer a uma ou a outra dessas injunções. Na neurose, a solução consiste numa formação de sintoma. É a lógica da ambivalência ou do compromisso. Didier Anzieu mostra-nos que a lógica do paradoxo é inteiramente diversa. Neste último caso, os dois enunciados antagonistas operam sucessivamente e não simultaneamente, e, sobretudo, não pertencem ao mesmo registro de abstração. "O verdadeiro não é mais o contraste do falso. O paradoxo é um círculo sem fim." O exemplo típico de uma injunção paradoxal é o seguinte: "Ordeno-lhe que seja espontâneo". O enunciado contradiz a enunciação. Se o emissor está em posição dominante, todas as saídas estão bloqueadas e, além disso, é o destinatário que o emissor censura por ter reações paradoxais. Para Didier Anzieu, é a pulsão de morte que se acha operando, e ele cita a esse respeito o desejo de morte sobre sua jovem aluna no professor de *La leçon* na peça de Ionesco. Reencontramos uma vez mais essa obra nas proximidades deste trabalho. Didier Anzieu acrescenta: "Pôr alguém numa situação paradoxal e reprovar nele em seguida o caráter contraditório de seu discurso ou de seus afetos, quando estes últimos decorrem da situação, constitui um procedimento inconsciente cuja técnica consiste no pervertimento pelo processo primário dos processos secundários do pensamento e cujo objetivo é estabelecer definitivamente sua dominação sobre outrem por meio do reforço econômico; em outras palavras, por meio do crescimento quantitativo da pulsão de autodestruição neste último".

Outro tipo de situação paradoxal é o da desqualificação. "Trata-se não mais de uma ordem dada a alguém, mas de um juízo feito sobre ele. No primeiro caso, o paradoxo reside no fato de que a ordem impõe ao sujeito duas restrições antagônicas. No segundo caso, o paradoxo vincula-se ao fato de que o juízo comunicado ao sujeito sobre ele é uma denegação da própria vivência do sujeito, da percepção que este tem de suas sensações ou de seus pensamentos ou de seus desejos". O esquema é o seguinte: "Sua sensação é falsa, é o que você diz, mas não é verdade que você o experiencie. Os pais sabem melhor do que os filhos o que estes sentem". Em outros termos, o experimentado do filho é denegado. Obviamente, a experiência paradoxal só é patogênica se tende a ser exclusiva, repetida e vivida numa relação de forte dependência.

Para René Roussillon, a comunicação paradoxal provocaria uma espécie de "microtraumatismo cumulativo, agindo por intimação [...] que atingiria no sujeito sua capacidade de pensar". As possibilidades para o sujeito de desmascarar a contradição são barradas, ele não pode sair do quadro fixado para fazê-lo.

De toda maneira, é a confiança do sujeito em sua possibilidade de comunicar algo de sua realidade interior que é solapada. Esse modo de relação, se vivido intensamente e de forma repetida, é interiorizado pelo sujeito em sua relação consigo mesmo. Assim, a relação com suas vivências é atacada e automistificada. Isso pode ser uma maneira de compreender a relação com seu si de aluno para alguns alunos descritos por Sylvain Broccolichi (1995), aqueles que interiorizaram a estigmatização e as desqualificações repetidas. Com efeito, como mostra esse autor, a relação pedagógica tem todas as características de uma situação de forte dependência, "uma situação de interdependência duradoura", com a obrigação de "interações públicas repetidas". Desse modo, pode-se compreender que as desqualificações enunciadas pelos professores podem "traumatizar" de modo duradouro alguns alunos[3].

Se voltamos a considerar a peça de Ionesco, observamos nas indicações cênicas do autor, antes que a peça tenha início, a descrição da evolução da personagem da aluna; esta deve se mostrar muito viva, dinâmica no começo da peça e, imperceptivelmente, à medida que avança a peça, ser reduzida à passividade que dela toma conta, com, por conseguinte, um começo de afasia; ela deve acabar por ter o ar paralisado até não passar de uma "pobre coisa", que, diz ele, "não tem mais reflexos no momento em que o professor realiza o gesto final". O

3. Em todas essas situações, é a função de ligação do aparelho psíquico que é ultrapassada; isso reúne as formas de ataques aos vínculos descritas por Bion.

gesto do homicídio perpetrado pelo professor na aluna no fim da peça é de fato, de maneira quase não mascarada nas indicações do autor, uma forma de ato sexual homicida. A relação de dominação perversa atinge aí uma forma paroxística. Observamos entretanto que a satisfação obtida é provisória: "Isso me faz bem", afirma o professor na peça depois do homicídio, mas é levado à repetição, visto que sabemos que essa aluna era a quadragésima vítima do dia.

Mélanie, minuto 41

Ionesco dramatizou em sua peça uma situação que caricatura de maneira extrema a relação pedagógica baseada no modo da relação de dominação perversa levada ao extremo. Trata-se, é claro, de uma demonstração teatral e a dramatização é consubstancial ao gênero. Por isso, não estamos tão afastados da estrutura de uma relação pedagógica comum, embora esta não impulsione a atos extremos desse tipo ou a concretizações dessa espécie. É o que vamos tentar mostrar a partir da análise do momento da relação do professor de sexta série com a aluna Mélanie quando a envia à lousa no fim da sessão.

O professor: Quem encontrou uma resposta? (*ele olha*) [seis segundos] quem ainda? [10 segundos] segundo resultado // terceiro resultado diferente [10 segundos] (*a Celine, que ele veio ver porque ela levantara o dedo*) Olha só essas contas intermináveis que ela está fazendo! Mélanie, vá ao quadro // vá, Mélanie/ então/ diga-nos em primeiro lugar o que é E maiúsculo/ vá [5 segundos] será que você perdeu a língua, Mélanie? (minuto 42).

Mélanie: não.

O professor: então explique-nos, explique-me.

Mélanie: E maiúculo é / hã um produto.

O professor: sim, é um produto/ de/ quê?

Mélanie: de 4 quocientes.

O professor: sim (*no quadro temos: 2/9 x 3/8 x 4/7 x 5,5; Mélanie escreve: E é um produto de 4 quocientes*).

O professor: / um produto de 4 quocientes / vá / não demore (*Mélanie escreve a seqüência no quadro*) [15 segundos].

O professor: então / vá / faça o que tem a fazer / que observações se podem fazer na passagem a alguns desses quocientes? / dois nonos / o que é? o quociente dessa fração? / é uma fração / (minuto 43).

Mélanie: irredutível.

O professor: três oitavos?

Mélanie: irredutível.

O professor: fração irredutível quatro sétimos?

Mélanie: irredutível.

O professor: cinco sextos?

Mélanie: irredutível.

O professor: sim, bem, então vá e faça o que você tem a fazer.

Mélanie: não compreendo, professor.

O professor: você acaba de me dizer que / é um produto de 4 quocientes e pedi-lhe que calculasse então esse produto, então vá e calcule esse produto / como se faz para calcular / um produto de quocientes? qual é a regra que se pôs em evidência? / que você quer / o que você vai fazer, diga, é preciso ser capaz de dizê-lo ao mesmo tempo em que você escreve.

Mélanie: tomam-se os cálculos dois a dois.

O professor: sim, seria possível, mas vimos que não se pode fazer (*inaudível*) o que você vai fazer com os numeradores?// Diga a ela, Audrey.

Audrey: eh, multiplicam-se os denominadores e os numeradores entre si.

O professor: sua explicação é clara, multiplicam-se os numeradores entre si / depois multiplicam-se os denominadores entre si, então vá, aplique essa regra, e está feito / (minuto 44) (*Mélanie escreve:* E = 2 x 3 x 4 x 5 / 9 x 8 x 7 x 6) aqui está [5 segundos] bem / então/ o que você vai fazer agora? / Mélanie? / você efetua em seguida o produto no numerador, depois em seguida o produto no denominador / ou você faz / outra coisa antes [5 segundos] no numerador você tem um produto de fatores, concordo, você só tem multiplicações / hein? no denominador / igualmente / então, a primeira pergunta que me faço / será que não tenho um fator comum que esteja na escrita do numerador e, ao mesmo tempo, na escrita do denominador? o que você acha disso? (*Mélanie faz não com a cabeça*) não / será que não se poderia fazê-lo aparecer algumas vezes / não há números aí que chamam (minuto 45) / que devem / chamar sua atenção?

Mélanie: sim.

O professor: hein?

Mélanie: sim.

O professor: quais os números que / você vai casar?

Mélanie: 8 e / 4 e 6 e 3.

O professor: bem, aí está, vá então, retire seu grande traço /// aí está / então 2 [7 segundos] você reescreve a mesma coisa no numerador mas é no denominador que você vai mudar o que você estabelece? // 9, você não pode fazer nada com 9? hein?

Vários alunos: é 3.

Mélanie: é 3.

O professor: como é que você vai decompor o 9? hein?

Mélanie: é 3.

O professor: hein, mas isso não quer dizer 3; o que é 9; 9 é igual a quê? // então, Mélanie, recobre-se!

Mélanie: 3 vezes 3.

O professor: então escreva 3 que multiplica 3 /// que multiplica / o que você tem depois? (minuto 46), qual o nome do fator que vem depois?

Mélanie: 8.

O professor: 8, você deixa 8 ou põe outra coisa no lugar?

Mélanie: 4 vezes 4, eh, 4 vezes 2.

O professor: 4 que multiplica 2 / vá / você tem em seguida outras transformações a fazer?

Mélanie: vai haver 6.

O professor: então vá, mas vá fazer isso / escute, você está toda constrangida aí? vá, despache-se! // e o 7, o que você faz com ele? você o deixou cair? o 7? // você pode pô-lo aí, mas não vejo por quê. Bem, enfim, ande, ande, então agora você viu as simplificações que havia a fazer.

Mélanie: sim.

O professor: então vá quais / você muda de giz para fazê-las aparecer em primeiro lugar [5 segundos] sim /// sim /// sim (minuto 47) (*Mélanie contorna os números*) vá / aí / você tem outras simplificações? (*No quadro, temos:* 2 x 3 x 4 x 5 /3 x 3 x 4 x 2 x 3 x 2 x 7).

Mélanie: não.

O professor: não, então, vá e escreva agora o resultado simplificado no numerador // o que você tem aí? o que não foi contornado? / Mélanie? rrrrron /// (*o barulho imita alguém dormindo*).

Mélanie: 5.

O professor: 5, ande depressa // e no denominador faça suas contas [6 segundos].

O professor: quais os fatores que não estão contornados? Mostre-os para nós // 3 // mas faça à medida // 3 que multiplica 3, isso dá quanto?

Mélanie: 9.

O professor: 9 em seguida você vai multiplicar por quanto?

Mélanie: por 2.

O professor: quanto dá multiplicado por 2?

Mélanie: 18.

O professor: 18 e você vai multiplicar por (minuto 48).

Mélanie: 7.

O professor: 7, então ponha a operação se você não se sente capaz de fazer de cabeça (*Mélanie põe a operação no quadro*) // 18 que multiplica 7 / / ela esqueceu o que tinha acabado de dizer [5 segundos] vá, vá, vá (*impaciente*) /// 7 vezes 8? Estou escutando.

Vários alunos: oh!

O professor: 7 vezes 8 = 56.

Vários alunos: mas, claro, 56!

O professor: ponho o 6 e o mantenho.

Vários alunos: 5.

O professor: ora, eu a escuto depois.

Mélanie: 7 vezes 1 = 7.

O professor: e 5 / 12 / ande / a vergonha (*Mélanie volta a seu lugar, sorri, depois se esconde vendo que a câmera continua a filmá-la*) / você precisa revisar a tabuada do 7, hein, Mélanie!"

Se retomarmos o exame dessa situação no decorrer dos oito minutos que Mélanie passa na lousa a partir do minuto 41 da seqüência em que é interrogada, veremos que é forte a isomorfia entre essa cena e a cena da peça de Ionesco no nível de sua estruturação. Tal como se pode lê-lo no extrato do protocolo acima dando a transcrição desses 8 minutos, o professor dá a Mélanie a ordem de ir à lousa, um pouco à maneira pela qual, na seqüência de CM1, a professora envia Jérôme ao quadro no que se refere ao episódio que estudamos de maneira particular. Ele lhe diz: "Mélanie, vá ao quadro", mascarando de certo modo sua decisão, sua escolha, por uma espécie de espontaneidade fingida. Observamos que encontramos a mesma expressão nas duas injunções, o "bem" que evoca um tipo de acaso conjuntural. Para Jérôme, a professora dissera: "Bem, vá, Jérôme."

Eis Mélanie no quadro e assediada de "vá [...] ande [...] vamos andar depressa [...] vá então [...] faça o que você tem a fazer", depois, mais adiante, surge a questão: "Que você quer?" Então, que pode desejar uma aluna, uma menina? Essa expressão talvez devesse ser ligada às seguintes: "Você está toda constrangida?", seguida de "recobre-se". Esses enunciados exprimem julgamentos sobre as vivências da aluna. A pressão aumenta em todo o decorrer dessa fase: "Vá [...] faça-o [...] vamos [...] ande depressa [...], Mélanie, você está dormindo (expressa por uma onomatopéia: rrrron...) [...] contorne [...] faça suas contas [...] faça" etc. Observemos em seguida algumas desqualificações sobre as capacidades de Mélanie? "É preciso ser *capaz* de dizê-lo ao mesmo tempo em que você o escreve"; e mais adiante: "Faça a operação se você não se sente *capaz* de fazê-la de cabeça". Logo depois, o professor fala de Mélanie à classe na terceira pessoa: "Ela esqueceu o que acabou de dizer". Dir-se-ia que praticamente ele quer fazê-la passar por louca.

De fato, observamos que, muito depressa, Mélanie exprimiu seu transtorno: "Não compreendo, professor", diz ela, tal como a aluna de Ionesco que diz ao professor: "Não entendo", e repete em seguida de maneira recorrente: "Estou com dor de dente". Nos dois casos, o processo se anima quando as alunas percebem que não podem satisfazer o professor, que não podem desempenhar o papel esperado. Na peça, o professor diz: "Você me permitirá confessar-lhe que isso não me satisfaz". De fato, parece-me que se vêem ativos na relação com Mélanie alguns procedimentos de desqualificação no sentido em que os evoquei anteriormente. O professor sabe melhor que a aluna o que ela deve fazer, o que ela sabe e o que não sabe, o que ela esqueceu e sobretudo o que ela sente. Em "não compreendo", sua vivência profunda é denegada. E tudo isso se encerra pelo fogo de artifício da multiplicação balbuciada como na escola primária: 18 multiplicado por 7, repita depois de mim, 7 vezes 8 etc., tal como em *La leçon* de Ionesco, o professor manda a aluna repetir após ele: "*cou/teau/cou/teau* [faca/faca]". Para nós, na seqüência da sexta, o remate é: "A vergonha", expressão pronunciada pelo professor a propósito de Mélanie que voltou a sentar-se em seu lugar para pontuar o fim dessa interação. Na peça, a faca se abate sobre a aluna pura e simplesmente, sendo então a aluna tratada pelo professor de "prostituta".

Eis-nos aparentemente muito afastados de nosso ponto de partida, que era o da questão da construção pelo professor do invólucro psíquico para a classe. Com efeito, nesse estágio do curso, eis o invólucro construído pela professor de sexta série como dilacerante, furado pela resistência de Mélanie. Será preciso todo o autocontrole do professor, toda a sua capacidade de dominação sobre si mesmo, para reconstituir o tecido grupal e manter a calma até o fim da aula.

Formulo a hipótese de que toda transferência didática, qualquer que seja sua caacterística, encontra seu ponto de resistência. Pode ser por obra de um ou de uma aluna como aqui, com Mélanie, ou de vários alunos, ou ainda de todo um grupo-classe. É nesse momento que o professor deve recorrer a qualidades de flexibilidade e de maleabilidade para intervir.

De minha parte, estou convencida de que essas capacidades são adquiridas e trabalhadas para que um professor possa progressivamente aproximar-se do que seria um professor que sustentasse um *holding* didático bastante harmonioso. É essa noção que vamos abordar no próximo capítulo.

Acrescentarei que recuperamos de uma vez por todas as duas faces do professor várias vezes evocadas: Monique e Franck; que me chamam de Srta. M... e Sr. K..., e que correspondem a essas duas partes do eu-professor que todos trazemos em cada de nós, uma ou a outra sendo mais ou menos enfatizada na cena. Todos temos em nosso interior um componente sádico, e ao mesmo tempo um componente benevolente, se não masoquista. Esses componentes podem tomar a frente em alguns momentos e, sem dúvida, os grupos de alunos estão em perfeita ressonância para lembrar-se de jogar com essa partição.

Capítulo 12

Em busca de um *holding* didático bem temperado

> Cada professor sabe instintivamente que o que ensina não é apenas "sua" matéria, aquela pela qual é pago; mas que ao mesmo tempo, ao lado, à margem, nas bordas, ele ensina outra coisa. O quê? Tudo o que diz respeito ao ser-no-mundo, e ao seu para começar, tudo o que faz ver independentemente dele; uma ressonância do ser: ele mostra o que é um homem que transmite o que o apaixona, ou que recobra o que o apaixonava; um ser fraco que se entretém com os fortes, um ser forte que tem falhas, ou que aceita seus limites. Ou ainda que acusa os outros de ser seus limites; um ser que tem medo, ou que aceita o desconhecido, ou que brinca de aceitar o desconhecido sob a condição de ser disso prevenido; um ser sensível ao que ocorre ou que não deixa passar nada, nem prescindir disso; [...] um ser que fala sua presença na linguagem, um ser que *mantém* ou não, pouco importando seu capricho, seu método — diretivo ou não —, está para além, é certa tensão do ser.
>
> DANIEL SIBONY,
> "Le geste d'apprendre"

Este último capítulo contém essencialmente alguns desenvolvimentos teóricos. Desejo que os capítulos anteriores tenham sido suficientemente convincentes para que o leitor aceite as páginas seguintes, em que as ilustrações clínicas são menos abundantes do que antes. Estas páginas não teriam vindo a público sem todas as análises empíricas realizadas anteriormente.

Invólucro psíquico e espaço psíquico

Recordei como, antes de chegar à idéia de um invólucro psíquico tranqüilizador, observáramos sobretudo num primeiro momento o caráter defensivo do modo de organização espaciotemporal instaurado pela professora da aula de CM1. A esse propósito, uma observação de Paul-Claude Racamier referente às suas descobertas clínicas chamou minha atenção: "A trajetória habitual e conhecida, em nossas descobertas, nos leva a passar pela caricatura patológica antes de atracar às margens universais". É assim que ele reconhece "ter percebido sobretudo a vertente ultradefensiva e temível da sedução narcísica", antes de chegar a considerar sua "inclinação universal, positiva, construtiva e harmoniosa", que só apareceu a ele num segundo momento (Racamier, 1992). Com efeito, em sua obra *Le génie des origines* [O gênio das origens], em que é reunida a maioria de suas invenções teóricas, ele insiste *na dupla vertente dos mecanismos psíquicos*, a do fechamento e a da abertura, à imagem do rei Jano sob a autoridade de quem ele pôs seu trabalho; esse rei que pesou os prós e os contras e que foi representado "com dois rostos, um no outro escorado, e virados em sentidos opostos", cuja efígie Racamer recorda estar colocada às portas da cidade, fazendo o fechamento e a abertura. Assim, essa noção de *invólucro psíquico continente* do espaço psíquico pode ser encarada segundo duas vertentes: num modo defensivo, ela permite ter o grupo de alunos sob o controle permanente do(a) professor(a); mas, por outro lado, sem invólucro psíquico, não existe um espaço delimitado, nenhum continente no interior do qual podem ser experimentadas e avaliadas com certa segurança as experiências dos alunos bastante necessárias ao avanço rumo ao desconhecido do saber.

Ora, em minha opinião, a capacidade de exercer uma função continente é essencial para desenvolver entre os(as) professores(as). Mostrei, ao referir-me aos modelos elaborados por Bion relativos à constituição do aparelho de aprendizagem, como os alunos podem ser levados, diante das experiências de aprendizagem que lhes são propostas, a desenvolver no espaço de ensino um excesso de identificação projetiva e a fazer constantemente movimentos negativos de dissociação que testam sem cessar a função continente do professor. Diante desses ataques à função de associação, que podem chegar até a tornar impotentes os professores, estes me parecem ter interesse em desenvolver em si essa capacidade de acolher e até de abrigar elementos negativos, elementos brutos, dissociados, desorganizados, para transformá-los psiquicamente, isto é, tratá-los, metabolizá-los antes de devolvê-los aos estudantes. "É essa modificação do objeto projetado, que permite reintrojetá-lo na psique, que define a função continente" (Houzel, 1995), à imagem do bebê que projeta no seio partes de sua psique. Durante sua estada no seio bom, elas são sentidas como tendo sido modificadas de tal maneira que o objeto que é reintrojetado parece tolerável à sua psique, como propõe Bion. Nessa linha, Didier Houzel propõe um modelo complexificado: "O bebê seria agitado por forças pulsionais e tormentas emocionais que não teriam nenhuma capacidade intrínseca de estabilizar-se e que, em virtude disso, o levariam a turbulências indomáveis e desorganizadoras". É justamente a função do objeto continente estabilizar essas turbulências emocionais e pulsionais no sentido da estabilidade estrutural, e não da estabilidade simples. Isto é, uma estabilização dinâmica que permite manter o objeto idêntico a si mesmo, embora dando-lhe uma forma estável. Em outros termos, o que a metáfora do continente sugere não pode reduzir-se à imagem do recipiente no qual se expulsam partes indesejáveis da psique, mas remete sobretudo à de um objeto que focaliza e estabiliza as forças que o investem, forças que mantêm reunidas as partes da personalidade. A propósito do conceito de *invólucro psíquico*[1], Didie Houzel volta

1. Na esteira de Esther Bick, que — a primeira a fazê-lo — propôs a noção de pele psíquica, Didier Anzieu promoveu o conceito de eu-pele e desenvolveu amplamente todas as funções preenchidas por esse invólucro, notadamente no nível do que é denominado "o pensar".

a enfatizar "o papel dinâmico e organizador do continente, que não se satisfaz com uma função passiva, mas opera uma verdadeira transformação dos elementos psíquicos". De acordo com Bion, o protótipo do continente, como se viu, é o seio materno, entendendo-se "seio" como representante de toda a comunicação entre o bebê e sua mãe. Ou, como o afirma Esther Bick, "o objeto continente ótimo é o mamilo-na-boca ligado à maneira que a mãe tem de colocar-se e de falar, bem como a seu odor familiar". A partir dessa função continente, poder-se-á construir para o bebê um invólucro psíquico, ou seja, o plano de demarcação entre seu mundo psíquico interno e o mundo psíquico do outro, fronteira que assim ajudará na construção do *espaço psíquico interno*. Para Houzel (1985), as qualidades plásticas desse invólucro psíquico refletem os aspectos maternal e paternal; as qualidades de flexibilidade e de receptividade situando-se no pólo materno, e as qualidades de consistência e de solidez localizando-se no pólo paterno. Assim, para constituir um invólucro psíquico correto, é necessária uma justa aliança dos aspectos maternal e paternal. Reencontram-se aí os aspectos plásticos do continente-seio: ao mesmo tempo flexível mas consistente. Podemos ir ainda mais longe remetendo os dois componentes à diferenciação seio/mamilo, o mamilo firme e erétil, interpondo-se entre a pulsão e sua satisfação e impedindo a efração e a posse onipotente do seio. Insistimos na dupla polaridade das qualidades do invólucro psíquico que resulta *da integração das qualidades bissexuais da "mãe-ambiente": a capacidade de deixar-se distender e deformar pelos processos dinâmicos que ela contém e também a capacidade de resistir e de se mostrar suficientemente firme.* Acabo de descrever a constituição do invólucro psíquico individual que garante a manutenção do psiquismo do sujeito e da integridade do si. Por extensão, alguns autores imaginaram a construção de maneira análoga de um invólucro psíquico grupal, em particular familiar. No que me diz respeito, propus estender essa noção ao grupo de alunos. O que nos permite entrever as capacidades requeridas do professor para assegurar flexibilidade e consistência a esse invólucro e o que alicerça a hipótese, que várias vezer propus, segundo a qual o professor deve assegurar ora uma função de ordem maternal, ora uma função de ordem paternal.

Tópica interativa

No interior desse invólucro que filtra e apóia, trata-se em seguida de deixar o espaço suficientemente livre para que o outro-aluno ou formado possa aprender, imaginar, elaborar, pensar (Resnik, 1994), ou seja, não saturar o espaço compulsivamente com seus próprios objetos psíquicos. Não "invadir" o espaço mental do outro, segundo a expressão bastante sugestiva de Albert Ciccone[2]. Essa tópica intermediária descrita por Racamier diz respeito à fase que ele denominou ante-edipiana, regulada pela sedução narcísica e que pode levar a um clima incestuoso se não se dissolve normalmente. O ante-édipo constitui uma espécie de algo prévio ou um contraponto ao advento do Édipo, se entretanto permite responder ao conflito das origens sem que o sujeito não se encerre em fantasias de autoengendramento. Essa tópica é regida pelo que ele designa por "a lei de conservação dos produtos psíquicos". Na teorização de Racamier (1992), o luto originário é constitutivo da psique: a descoberta do mundo só é possível em virtude da perda. A criança é ativa tanto quanto a mãe numa evolução de boa qualidade dessa fase. Para esse autor, "a travessia do luto originário é a condição de todo crescimento possível", ainda que deixe uma "cicatriz originária". Segundo o grau de sua realização,

2. Ocorreu-me ouvir alguns professores iniciantes muito ansiosos para narrar seu início de curso, narração na qual se tem a impressão de que o curso constitui uma real passagem ao ato para saturar o espaço em virtude do medo do vazio. Por outro lado, todo início de curso — no começo do ano — expõe o professor/a à duplicação desse primeiro momento de tal contexto.

essa travessia confere certa tolerância com relação aos lutos vindouros, sem suscitar por isso uma imunização definitiva. Assim, esse processo deve ser buscado em todo o decorrer da vida, exceto no caso de ser denegado e/ou expulso. Ora, um trabalho psíquico não efetuado por um sujeito será suportado pelos outros: "Todo trabalho recusado por um ego será suportado por outros ombros e outras pessoas; no ínterim, o peso se verá multiplicado". É o modo da identificação que, para ele, é o primordial nesse *transporte do trabalho psíquico que permaneceu em suspenso.*

Nessa fase do ante-édipo, isto é, de travessia do luto originário e de resolução do conflito das origens, Racamier indica com clareza que, se a sedução narcísica de boa qualidade, ou então temperada, segundo sua expressão, é qualificadora, vitalizadora, fonte de crescimento e movimento indispensável ao estabelecimento do vínculo, um processo de sedução narcísica contraído, fechado, impede o sujeito de vir a ser ou então o encerra numa relação alienante que impede as forças de crescimento. *A sedução narcísica é a força de atração de ordem fascinatória que vincula a mãe e o bebê nos primeiros tempos da vida psíquica*, interação que participa do reconhecimento, se não da criação, da mãe como mãe pelo bebê, assim como do reconhecimento, se não da criação, do bebê pela mãe. Fascinação mútua que protege das excitações externas numa espécie de encantamento narcísico a dois. Essa força "amortece a disparidade e sustenta a troca entre duas pessoas unidas por uma semelhança profunda e separadas por uma enorme diferença" (RACAMIER, 1995). A relação narcísica começa a competir com as forças de crescimento, que impelem à diferenciação, à autonomia, à separação, e, por isso mesmo, à distensão do *uníssono narcísico*, e com as forças sexuais. O declínio normal da sedução narcísica se fará sob o apelo sexual e, nesse caso, pode-se considerá-la salutar; ela se retira depondo um "solo fértil" para a constituição do ego. Numerosas relações em todo o decorrer da vida se fundarão numa relação de sedução narcísica. Em contrapartida, quando é interminável, exclusiva, intolerante, a sedução narcísica derrapa para o incestuoso. Nessa fase ante-edipiana, as forças da sedução narcísica e as do crescimento operam em sentido inverso e se acham em conflito. Enquanto algumas operam na fusão narcísica, as outras o fazem na autonomia, na separação. O risco que se corre é o do "abuso narcísico". Pois, na relação de sedução narcísica, há paridade mais desigualdade radical dos meios entre os parceiros, sendo essa dissimetria que está na origem dos abusos quando a sedução narcísica por parte do adulto se tornou restritiva, quando o psiquismo do outro é investido com base no modo exclusivo da dominação.

Tais noções, sedução narcísica, abuso narcísico e clima incestuoso, me parecem ampliáveis ao espaço da classe. Com efeito, numerosos autores falaram dos fenômenos de sedução no espaço pedagógico[3], mas, ao que me parece, a conceptualização de Racamier permite ir mais adiante em sua compreensão. Julgo possível distinguir a erotização, a sexualização, do vínculo da relação de sedução narcísica. Salvo em alguns casos, em que se trata mais de erotização, no espaço de ensino é a componente narcísica e não sexual da sedução que sobressai na cena. Longe de mim a idéia de qualquer espírito de julgamento a esse propósito. Meu objetivo é nos dar os meios de melhor compreender o que ocorre; ora, a relação de sedução narcísica bem temperada é o que cria o professor como professor e o aluno como aluno, numa dinâmica de reconhecimento mútuo. Desse modo, ela é qualificante para os dois protagonistas, exceto a emaranhar-se se ela se torna demasiadamente impositiva e com o risco de derivar em abusos. Que relação há com a transmissão do saber e a modificação da relação com o saber dos alunos? É aí que o trabalho co-disciplinar entra em jogo. Lembremo-nos do caso de Jérôme. Aluno da sala de Martine,

3. Acentuemos em particular o notável capítulo de Mireille Cifali em seu livro *Le lien éducatif* [O vínculo educativo], e observemos a escolha de seu subtítulo "De la séduction obligée" [A sedução obrigatória].

por razões que lhe dizem respeito e se referem a seu próprio desenvolvimento psíquico e sua história familiar, Jérôme entra no jogo da sedução narcísica instaurado pela professora, e eis que, justamente nesse espaço qualificante, começa a ultrapassar o obstáculo cognitivo no qual pelejava. Eis que, nesse espaço protegido que lhe é oferecido, ele modifica sua relação com o objeto ensinado evadindo-se do cenário da professora num sentido desejável. Jérôme chega a um saber novo que resistia a ele, um saber atuante para a seqüência da aula. Evidentemente, é suscitada a questão da durabilidade dessa aprendizagem. Que saída haverá para Jérôme fora dessa relação qualificante para ele? Terá ele forças de sair disso? E como se desenredará com outro professor para quem ele talvez não seja necessariamente "escolhido" como parceiro privilegiado? Mas recordemos também a lição de Sophie, a aluna que, por sua vez, por razões que lhe dizem respeito e se referem a seu próprio desenvolvimento psíquico e à sua história familiar, vem fazer eco no espaço-classe com elementos da história da relação com o saber da professora, mas, desta vez, com elementos traumáticos. A resistência de Sophie à aprendizagem vem então ecoar a tonalidade fóbica da relação com o saber matemático dessa professora que não pode senão se transmitir psiquicamente, a despeito de si mesma, quando, não duvidamos, ela tem uma imensa vontade de ajudar cognitivamente essa aluna. Sophie, de imediato, posiciona-se numa dependência psíquica levemente tingida de masoquismo, de onde será, para ela e para a professora, difícil de sair. Está bem claro que esses jogos são jogos a dois e que tanto Jérôme como Sophie apresentavam características advindas de suas próprias histórias, propícias a vir ocupar este ou aquele lugar na transferência didática da professora.

Esse exemplo nos leva a considerar com maior precisão o que acontece à transmissão psíquica nesse espaço no interior do qual se desenrola a transmissão didática. Onde não podemos impedir que, no retorno dessa transmissão voluntária e deliberada de saber, se efetue, independentemente da professora, uma forma de transmissão psíquica inconsciente. Ou, segundo os termos de Daniel Sibony: "O que ensina de todo modo é o lá e o para-lá de um *dizer*; que o professor resiste a isso ou que crê estar advertido a ponto de não pôr nenhum obstáculo, o que se transmite, além do que é dito, é algo que está à beira do projeto de transmissão, que escapa ao projeto embora já estando um pouco nele; inconscientemente".

Transmissão psíquica, transmissão traumática

Tal como propõe Ludovic Gadeau em seu artigo "La lutte contre la dépendance psychique dans la relation de l'Éleve au Maître" [A luta contra a dependência psíquica na relação do aluno com o professor], "a transmissão não se funda prioritariamente num conteúdo, mas no ato de transmitir. [...] O saber, na medida em que constitui um objeto transmissível, depende tanto da intersubjetividade como de determinantes cognitivos, e a esse título é suscetível de ser submetido a um tratamento psíquico vinculado ao registro libidinal". Ao escolher privilegiar os fenômenos que dependem do registro psíquico, somos conduzidos a considerar efetivamente os objetos de saber como sendo parcialmente objetos psíquicos. Sabendo bem que, por uma parte, eles adquiriram um estatuto mais socializado e mais institucionalizado. Mas, se permanecermos coerentes com nosso paradigma de entrada, será esse componente psíquico que nos interessará.

Os trabalhos psicanalíticos que se desenvolvem amplamente há cerca de dez anos sobre o que é conveniente denominar as *transmissões psíquicas intergeracionais*[4] nos permitem evocar algumas hipóteses referentes ao que se transmite no nível psíquico e os mecanismos pelos quais essa "transmissão" se efetua.

4. Não menos de três números de *Inconscient et culture*, revista dirigida por R. Kaës e D. Anzieu, foram publicados sobre esse tema pela editora Dunod em 1993, 1995 e 1997.

O que me interessa de modo muito particular nesse domínio diz respeito à questão da transmissão psíquica traumática. Seguindo Freud, Ciccone nos recorda que o *traumatismo* resulta de uma fraqueza ou de um transbordamento do mecanismo de *paraexcitação*; denominam-se *traumatismos* esses eventos psíquicos que se definem por sua intensidade e pela incapacidade em que se acha o sujeito de responder-lhes adequadamente e elaborar em termos psíquicos o excesso de excitações por eles provocado. De fato, para ele, "são as palavras brutais que a criança escuta a propósito de eventos traumáticos (ou a ausência brutal de palavras) que têm um efeito traumático". Lembremos, no que nos diz respeito, que "a brutalidade da transmissão é mais traumática que o próprio traumatismo". Por exemplo, numa situação de violência, "mais do que a violência sofrida, é a denegação da violência que é traumática para o sujeito". Na transmissão traumática, o problema vem do fato de serem transmitidos brutalmente *objetos não transformados e dificilmente transformáveis pelo ego.* O traumatismo, para Ciccone, dificulta os processos transicionais (ROUSSILLON, 1991); ele mergulha o sujeito em sofrimento de apropriação, quando a transmissão não-traumática respeita a ilusão do "encontrado-criado", a prova da transicionalidade, esse momento de passagem que, de acordo com Winnicott, constitui uma área intermediária em que a ilusão é mantida e onde, para o sujeito, não é preciso decidir se a experiência depende da realidade exterior partilhada ou da realidade interior. Para Ciccone, como para Racamier, é a identificação projetiva que constitui a via real da transmissão psíquica inconsciente. A identificação projetiva[5] tem o mérito de articular um pólo identificatório e um pólo projetivo. Ela permite explorar o objeto, depor alguma coisa no objeto ou tomar alguma coisa do

5. O que distingue a identificação projetiva da projeção é o vínculo mantido com a parte projetada que permite induzir os agires no outro ou controlar o outro. Na simples projeção, o sujeito não tem mais empatia com o que é projetado. Ele se torna estranho ao objeto projetado.

objeto. Três espécies de processos devem ser distinguidos pela expressão identificação projetiva: a comunicação de estados afetivos ou emocionais, a evacuação de um conteúdo mental perturbador e a penetração de um objeto para degradá-lo, tomar posse dele ou tomar-lhe a identidade de empréstimo (sob o efeito da inveja, dos temores de separação etc.). Para Florence Bégoin-Guignard, a identificação projetiva é um processo universal e cotidiano, que funciona em todo o decorrer de nossa existência. "Verdadeira respiração da vida psíquica, defesa espontânea e imediata contra as excitações que vêm do exterior ou do interior, a identificação projetiva tenta dar uma significação às relações com o outro e consigo mesmo — isto é, com nossos objetos internos." Como já vimos, pode-se considerar que essa transmissão se efetua em parte por meio da linguagem enquanto ação, e sobretudo por meio dos efeitos não-verbais, infraverbais, ou quando a mensagem não-verbal vem contradizer a mensagem verbal, como na comunicação paradoxal. Para Ciccone, se se transmitem objetos psíquicos, transmitem-se também processos, fantasias e, de modo mais geral, o sentido da situação, ainda que enigmático. Notadamente, quando se fala de transmissão de fantasia, estuda-se a maneira pela qual "a fantasia que determina, dá cor, modula a relação é indicada à criança; estuda-se a maneira pela qual o pai indica ao filho o lugar que ocupa no cenário fantasmático que organiza as modalidades de seu investimento e de seu vínculo com a criança, assim como a maneira pela qual o pai permite ou não permite a apropriação subjetivante pelo filho da experiência na qual operam o vínculo com o pai e a fantasia que o organiza.

Todos esses elementos me permitem propor que a transferência didática do professor, que não pode deixar de advir de sua relação traumática com o saber (e quem de nós não tem uma relação traumática com o saber?), constitui o canal pelo qual o professor transmitirá a despeito de si as características traumáticas, as impensadas, os enquistamentos, as fossilizações de sua própria relação com o saber. Para voltar ao professor, recordei suficientemente que, neste trabalho, não havia em momento algum questão de patologia. Sem dúvida, é útil lembrar ainda e indicar que, se falo de *relação traumática com o saber*, faço-o porque considero que a relação com o saber em sua constituição psíquica pré-histórica e histórica comporta inevitavelmente *elementos traumáticos* singulares. Esses elementos tecem o percurso de cada um e dele fazem sua originalidade, do mesmo modo que nenhum percurso de vida pode desenrolar-se sem encontro traumático. A questão aqui é a da transmissão, e do trabalho psíquico que me parece dever ser efetuado por aquele que "escolheu" pôr-se numa posição de transmissão de saber, ou, melhor ainda, que "escolheu" pôr-se em posição de formador de professores.

De igual modo, falando do professor em situação de ensino, quando evoco seu sofrimento, também aí não é questão de patologia. Esse sofrimento é inerente à posição daquele que deseja instalar e manter o vínculo didático. Assim como na vida o sofrimento é a própria condição desta vida, assim também o sofrimento profissional é nosso motor na cena do trabalho. Retomarei aqui a definição de René Kaës em seu artigo sobre o sofrimento dos vínculos instituídos e que distingue de forma útil o sofrimento psíquico de suas formas psicopatológicas: "O sofrimento é a experiência de desprazer intenso inerente à própria vida. Ele é coextensivo à prova tanto da falta como do excesso, da ausência como da superpresença, da perda quanto da superabundância. É um dado estrutural de nossa vida psíquica, dividida, conflituosa, primordialmente insatisfeita. Ele é sua própria condição, na exata medida em que é o aguilhão que nos obriga a encontrar, a inventar caminhos de satisfação substitutivos à realização de nossos desejos. Ele é o efeito de nosso desejo: podemos desejar não mais desejar, na esperança de não mais sofrer, em desespero de causa...". Da mesma forma, na cena profissional, esse sofrimento é o aguilhão que permite inventar. Além disso, caso se siga Kaës, seria necessário estabelecer uma teoria que descrevesse e interpretasse as disfunções do vínculo instituído e o sofrimento institucional daí decorrente, sem referência forçosa às características individuais dos sujeitos, ainda menos às patologias individuais.

O aparelho psíquico profissional

Se consideramos uma vez mais a aula de Martine e o momento preciso em que ela "escolhe" interrogar o aluno Jérôme, no minuto 18, várias interpretações concorrentes tentam dar razão a essa escolha.

No epílogo de *Variations*, eu assim analisara essa escolha a partir das oito análises sobre essa seqüência, cada uma das quais dava motivos para interrogar Jérôme. Como se essa decisão no instante preciso realizasse uma espécie de compromisso para a professora entre todas as forças que a assediavam. Foi nesse sentido que eu imaginara recorrer ao modelo freudiano das instâncias do aparelho psíquico para compreender esse compromisso na tomada de decisão. Eu indicara desse modo que, se podíamos articular os diferentes níveis de interpretação produzidos por nossos quadros teóricos respectivos do que se passa na sala de aula, talvez fosse porque, justamente, vários níveis de realidade coexistem a todo instante.

Com efeito, podemos conceber o ego-professor, numa concepção tópica e dinâmica tomada de empréstimo a Freud, como um sistema que combinasse vários lugares psíquicos com funções específicas: o ego, sede das decisões, estaria sob controle de três outras instâncias, um superego didático e institucional que interiorizou as restrições desse registro, um ideal do ego pedagógico e didático, em conformidade com os ideais constituídos em todo o decorrer do percurso profissional, e um id impulsionado por moções inconscientes de tipo compulsivo. A instância do ego é assim fragmentada por forças contraditórias advindas das outras instâncias, remetendo a resolução do conflito à singularidade de cada ego-professor. E as decisões resultam a todo instante do compromisso realizado no jogo entre essas instâncias.

Tudo se passa então como se as análises co-disciplinares oferecessem elementos de compreensão referentes a cada uma dessas instâncias, modelo que dessa maneira permitiria compreender o modo de articulação das análises.

Isso se mostra ainda mais convincente tendo em vista a última pesquisa em que estudamos, desde o início num modo co-disciplinar, o curso de sexta série e, de modo mais particular, o episódio no qual o professor Franck manda a aluna Mélanie ao quadro no minuto 41. Todos os pesquisadores trabalharam sobre as razões da escolha do professor naquele instante preciso.

Dois grandes tipos de razões são invocados: as razões didáticas que impelem o professor a fazer avançar aquilo que seria seu projeto didático e as razões de dominação ou de submissão à sua autoridade. Naquele momento, pode-se portanto pensar que o envio de Mélanie ao quadro atende a um duplo interesse do professor: fazer avançar o projeto didático e realizar um projeto mais ligado à sua pessoa de professor em torno de sua autoridade.

Observemos que, pelas razões vinculadas ao plano didático, vemos que o peso que lhe é atribuído não é o mesmo para os pesquisadores que as propõem. Para o sociólogo da equipe, esse acontecimento é compatível com o avanço didático, enquanto uma das especialistas em didática pensa que essa escolha faz avançar o tempo didático ao mesmo tempo em que permite ao professor submeter uma aluna indócil. O outro especialista em didática, por sua vez, não se surpreendeu com o envio de Mélanie ao quadro na medida em que esse envio mostra que o professor se apóia em Mélanie várias vezes anteriormente na seqüência no nível didático.

As análises psicológicas indicam para que pulsões ou compulsões seu id profissional conduz o professor: ele deve submeter, reduzir algumas alunas sobre as quais exerce uma dominação perversa. Por outro lado, seu ideal profissional e seu superego didático lhe prescrevem mostrar-se à altura do papel profissional que ele julga dever ter, fazer avançar seu projeto didático fazendo os alunos participarem da construção do saber, levar a calma a reinar na classe, não perder o autocontrole.

Nesse sentido, a escolha de mandar Mélanie à lousa realiza esse compromisso entre o jogo das instâncias que evoquei anteriormente.

Esse modelo das instâncias permite assim compreender que as diferentes análises produzidas co-disciplinarmente nos dão elementos para explicar a conjugação das forças presentes no professor a todo instante, forças cuja resultante dá a direção da decisão tomada.

Todas essas considerações são sem dúvida parciais, repito-o ainda uma vez, pois dependem apenas do registro psíquico, que não é o único a desenvolver-se no espaço do ensino. No entanto, elas me levam à idéia de que há um trabalho psíquico a fazer por cada um de nós sobre nossa própria relação com o saber, e que ele deveria efetuar-se nos tempos de formação, particularmente em pré-profissionalização e em formação inicial e contínua, sob pena de que esse trabalho psíquico não efetuado seja transportado a nossos espaços de ensino e se reencontre a cargo de nossos alunos. Pode-se além disso prolongar essa transposição dos trabalhos psicanalíticos às transmissões intergeracionais, pensando-se na situação de formação dos professores. Eis-nos tipicamente numa situação de transmissão intergeracional e certo número de fenômenos de reprodução poderiam validamente ser compreendidos por meio do avanço das teorizações que nos esclarecem sobre a transmissão traumática. Sem que por isso seja preciso sucumbir à fantasia de que existe um momento a partir do qual nenhum trabalho psíquico restaria a fazer, mas com a esperança de promover novas capacidades para todos, professores e alunos, e de prevenir algumas distorções cujos contornos tentei esboçar.

Rumo a um *holding* didático bem temperado

Em minha opinião, são as noções de *função continente* ou ainda *função alfa* ou *capacidade de devaneio* e, mais amplamente talvez, de *holding* — todas funções que poderiam ser aplicadas à psique do professor — que sugerem da melhor maneira o que desejo fazer apreender quando concebo a construção do invólucro psíquico do grupo-classe por um/a professor/a.

Caso se siga André Green (1971), "todo mundo sabe hoje o que é o *holding* — palavra intraduzível — (em nota de rodapé, ele escreve: literalmente "manutenção", com a idéia de que a criança é mantida, carregada pela mãe) —, um quadro externo, uma nidificação extracorporal depois da vida intra-uterina". Esse autor acrescenta que, na situação analítica, trata-se de "criar um *holding* sem contato imediato, metáfora do *holding* primário". Vê-se assim que a noção é ampliada para fora da relação mãe–filho, para designar um continente externo, aqui o continente da dupla analítica.

Para delimitar melhor o que é o *holding* primário, escutemos o que propõe Donald W. Winnicott no capítulo intitulado "Le rôle de miroir de la mère et de la famille" [O papel de espelho da mãe e da família], de sua obra *Jeu et realité* [Jogo e realidade]: "Se se tenta enunciar, simplificando, o que é a função do ambiente, pode-se brevemente afirmar que ela implica:

— o *holding* (a maneira pela qual a criança é carregada);
— o *handling* (a maneira pela qual é tratada, manipulada);
— e o *object-presenting* (o modo de apresentação do objeto)".

Ele retoma essa questão na passagem sobre "Les enfants et l'apprentissage" [As crianças e a aprendizagem] em seu livro *Conversations ordinaires* [Conversas comuns]: "O ambiente favorecedor deve ter uma qualidade humana; não se trata de perfeição mecânica; nesse sentido, a expressão "mãe suficientemente boa" me parece descrever bem aquilo de que a criança tem necessidade para que os processos de crescimento que herdou ao nascer se concretizem em seu desenvolvimento". Mais particularmente referente ao *holding*, entre essas capacidades facilitadoras da mãe, eis a passagem em que ele descreve de modo extremamente simples e sugestivo aquilo de que deseja falar: "O mundo analítico levou um longo tempo [...] para reconhecer, por exemplo, que a maneira pela qual se segura (*to hold*) uma criança é importante; contudo, quando se pensa nisso, vê-se que é um aspecto capital. Imaginemos, exagerando as coisas, alguém fumando um cigarro, segurando o bebê pela perna, fazendo-o girar e pondo-o no banho; você sabe com clareza, no fundo de si mesmo, que isso não é adequado para os bebês. [...] Se tem em suas mãos um corpo e uma cabeça de criança, que não considera como um todo, e estende o braço para pegar um lenço ou alguma coisa, então a cabeça cai para trás e a criança fica em dois pedaços, cabeça e corpo; ela chora e nunca esquecerá o episódio. O terrível é que nunca nada é esquecido. Por conseqüência, a criança arrastará sempre uma falta de confiança nas coisas. Creio ser possível dizer que os bebês e as crianças não se lembram das coisas bem-sucedidas, que recordam aquelas que não tiveram êxito, porque se lembram que bruscamente *a continuidade de sua existência foi interrompida*, que sua cabeça caiu para trás ou algo como isso; o acontecimento atravessou todas as defesas, elas reagiram a isso, é uma coisa extremamente dolorosa que lhes ocorreu, que nunca poderão perder. Têm de viver com isso, e *se isso se repete nos cuidados* chegarão a uma falta de confiança com relação ao ambiente. Se tudo ocorre sem problemas, elas jamais dirão obrigado, visto que ignoravam que isso ocorria sem problemas" (os destaques são meus).

Voltemos à idéia de *holding* no contexto da classe, isto é, a propósito da relação de um professor e seus alunos. Acaso é legítimo recorrer a essa noção? A clínica da situação de ensino mostrou a fecundidade dessa aproximação do vínculo didático com o vínculo mãe–filho. A legitimidade dessa extensão, além do valor heurístico que apresenta, deve ser buscada no fato de que o sujeito ensinado é recolocado por cada situação de ensino num estado de dependência provisória com referência ao professor-ambiente, que não pode deixar de recordar nele essa angústia arcaica do bebê em situação de dependência absoluta.

É bem no crisol dessa primeira relação mãe–filho que se constroem os modelos de vínculos intersubjetivos. A situação de ensino a propósito da qual pude mostrar que é essencialmente construída no plano psíquico sobre vínculos, o vínculo com o objeto-saber e os vínculos com os alunos, cujo entrelaçamento constitui a transferência didática, não pode deixar de pôr em prática os modelos de vínculo que professores e alunos construíram para si e interiorizaram desde esses tempos arcaicos.

Por outro lado, tendo imaginado a pré-história psíquica da relação com o saber de um sujeito mediante o recurso ao modelo de construção do aparelho de aprendizagem de Bion a partir das experiências emocionais, torna-se legítimo pensar que, em toda situação de aprendizagem mediatizada por um professor, essas experiências antigas mas fundadoras são reatualizadas parcialmente no nível inconsciente. Dessa maneira, diante da vontade do professor ou do formador de acompanhar o aluno ou o que recebe formação numa modificação de sua relação com o saber, esta última pode adotar vários tipos de posição, despertadas nele pela situação presente mas em vínculo com sua própria configuração psíquica diante das experiências de aprendizagem.

Para Régine Prat (1989), as teorizações de Bion se situariam acima das de Donald W. Winnicott. Seria em primeiro lugar para o bebê, depois da *cesura* do nascimento, o encontro com elementos brutos, vivências corporais não-organizadas, que Bion denomina elementos beta, que o impeliria à busca de um continente psíquico capaz de acolher esses elementos e eventualmente transformá-los. O nascimento é vivido como uma mudança catastrófica, uma ruptura da continuidade quanto à experiência sensorial e emocional, acompanhada de sensações de queda, de perda de continente, de explosão, de perda dos limites; o problema para o bebê é portanto estar contido e buscar um objeto continente que tranqüilize suas angústias de queda, um objeto que lhe permita "interiorizar uma 'pele' que mantém ligadas entre si as diferentes partes da personalidade"; um continente capaz de receber essas projeções, de reuni-las, de ligá-las. Exercer essa atividade é o que Bion denomina *a capacidade de devaneio maternal* que transforma o não-sentido em sentido, o não-ligado em ligado. Para o bebê, essa espécie de *holding* psíquico precederia o *holding* físico.

A compreensão do que alicerça, no nível psíquico, essas interações precoces entre a mãe e o bebê nos dá assim valiosas indicações sobre as modalidades possíveis das *interações psíquicas* vividas na relação pedagógica.

Tratar-se-ia então para o professor de tentar efetuar um *holding* didático para o grupo de alunos, se não para cada aluno em particular, obviamente um *holding* psíquico sem contato físico efetivo, um *holding* criador de espaço transicional (Hatchuel, 2000).

Um/a professor/a *good enough* seria capaz de promover um *holding* didático bem temperado para seus alunos. Nessa capacidade para o *holding*, são consideradas as qualidades do psiquismo ativadas, como o vimos, através dos modos de vínculos instalados com os alunos, vínculos que se manifestam ao mesmo tempo pelas palavras pronunciadas e pelos elementos não-verbais que emanam do corpo e da voz do/a professor/a.

Para concluir

Tendo chegado ao fim deste livro, gostaria de voltar aos elementos essenciais que guiaram este trabalho.

Meu desejo é ter convencido o leitor da importância do registro psíquico para compreender como se instaura e se mantém o vínculo didático. O equilíbrio do ecossistema psíquico num espaço de ensino é extremamente sensível às flutuações interiores suscitadas pela postura psíquica do professor. Eu quis enfatizar a dupla dimensão do vínculo didático em situação de ensino para o professor, ao mesmo tempo vínculo relacional com os alunos e vínculo com o saber ensinar advindo de toda a história de sua relação com o saber.

Gostaria de repetir uma última vez — e espero que o leitor tenha me dado crédito sobre este ponto — que não se tratava de estigmatizar os professores. Em cada um de nós coexistem várias facetas; nem todas elas ocupam o lugar central da cena ao mesmo tempo, mas estão presentes em estado latente. Todas essas facetas estão em mim enquanto professora, mesmo que eu deseje mais me reconhecer na Srta. M... do que no Sr. K... O que eu quis mostrar é como essas facetas podem ser postas em jogo em situação de ensino, na maioria das vezes independentemente de nossa vontade consciente. Minha própria experiência de professora me foi valiosa para alimentar essa reflexão, mas os numerosos professores que participaram dos grupos de análise de sua prática que orientei durante estes quinze últimos anos também me deram muitas contribuições. Esses grupos me permitiram escutar várias centenas de "histórias" de professores. Essas "histórias" que trabalhei com eles, eu as "conheço" todas, sem por isso "sabê-las" nem poder atualizá-las, mas foi precisamente graças a esse conhecimento e a essa ressonância íntima que pude reconstruir algumas delas de maneira significativa.

O exercício da profissão de professor se tornou difícil: as antigas defesas profissionais não bastam mais, o sofrimento identitário aumentou no decorrer dos anos. É inútil nesse contexto denegar o sofrimento do trabalho; mais vale participar de sua tomada de consciência e propor modalidades de trabalho coletivo que permitam elaborá-lo. Num espaço de trabalho adequado, em que cada um pode servir de espelho ao não-sabido do outro numa atmosfera continente e calorosa, torna-se possível prosseguir a própria formação em todos os momentos de sua vida de professor.

Entendo por *formação* um processo que vai da busca de certezas à aceitação da dúvida, um processo que abre e impele ao desenvolvimento e à mudança. Esse processo precisa de tempo e se faz em vários níveis. Os professores podem ser ajudados, tal como eles mesmos poderão ajudar os alunos a transformar suas fraquezas em recursos. Trata-se de um trabalho contínuo e regular, que pode permitir-nos metabolizar as pequenas frases ouvidas em nosso passado, as que nos propuseram desafios ou mostraram interditos, um trabalho que pode nos ajudar a compreender melhor a sedimentação complexa das identificações que construíram nosso eu profissional, assim como a instaurar e manter um diálogo intrapsíquico entre nossas diferentes facetas. Em certas condições, é possível flexibilizar nosso psiquismo profissional e aumentar a maleabilidade de nossa transferência didática.

Para além dessas mensagens que me preocupavam, sem dúvida escrevi sob a pressão de necessidades pessoais. A escrita desempenha múltiplos papéis para o autor e por certo também para o leitor. Permitindo reencontros com um objeto interno que se temia ter destruído, ela assegura uma função de ligação. Contribui para construir um continente estruturante para seu próprio si, para assegurar por si mesmo uma forma de *holding*. Para que ela possa desempenhar seu papel, é necessário aceitar certo número de renúncias. As restrições do superego devem poder apaziguar-se, a "doença da idealidade" (CHASSEGUET-SMIRGEL, 1990), ser curada, por pouco que seja. É necessário igualmente suportar o sofrimento constante de ter o sentimento de só chegar muito imperfeitamente a pôr em palavras o próprio pensamento. Na realidade, todos esses obstáculos são garantias de saúde, pois, se não houvesse nenhuma resistência do real, seria de apostar estarmos próximos de oscilar rumo à loucura. No entanto, se queremos persistir nesse empreendimento de escrita, devemos poder transcender essas dificuldades. Sem dúvida, a força de continuar a escrever nos vem da certeza interior de ser esta uma forma de passar pelas provações do tempo, de transformar o sofrimento consecutivo às perdas e aos lutos que devemos superar.

Referências bibliográficas

ABRAHAM, A. *Le monde intérieur des enseignants.* Toulouse, Érès, 1982.

AGOSTINI, D. *De l'interdit de savoir aus savoirs interdicteurs.* Tese orientada por Philippe Gutton. Paris, Université Paris VII, 1995.

————. *Après Melanie Klein, nonographie, adolescence.* Paris, Greupp, 2000.

ANZIEU, D. *Le moi-peau.* Paris, Bordas-Dunod, 1985.

————. *Une peau pour les pensées.* Entretiens avec Gilbert Tarrab, Paris, Clancier-Guénaud, 1996.

————. *Créer. Détruire.* Paris, Dunod, 1996.

ARFOUILLOUX, J.-C. *Enfants tristes.* Toulouse, Privat, 1983.

AULAGNIER, P. *Un interprète en quête de sens.* Paris, Ramsay, 1986.

————. "Le potentiel, le possible, l'impossible: catégories et repères du champ clinique". *Topiques. Définir les souffrances,* nº 62, 1997.

BALINT, M. *Le médecin, son malade et la maladie.* Paris, Payot, 1960.

————. *Le défaut fondamental.* Paris, Payot, 1971.

BARTHES, R. Écrivains, intellectuels, professeurs. *Tel Quel,* 1972.

BÉGOIN-GUIGNARD, F. Limites et lieux de la psychose e de l'interprétation. Essai sur l'identification projective. *Topique,* nº 35-36, 1985.

————. "Symbolisation et géographie des identifications". *Revue française de psychanalyse,* nº 6, Paris, PUF, 1989.

————. Identification projective et mentalité de groupe. Identifications. *Journal de la psychanalyse de l'enfant,* nº 10, Paris, Éd. du Centurion, 1991.

————. *Au vif de l'infantile.* Genebra, Delachaux & Niestlé, 2000.

BEILLEROT, J. *Voies e voix de la formation.* Paris, Éd. Universitaires, 1988.

————. "Le rapport au savoir: une notion en formation". In: BEILLEROT, J., BOUILLET, A., BLANCHARD-LAVILLE, C. e MOSCONI, N. *Savoir et rapport au savoir. Élaborations théoriques et cliniques.* Paris, Éd. Universitaires, 1989.

————. *L'éducation en débats: la fin des certitutes.* Paris, L'Harmattan, 1999.

BETTELHEIM, B. *La forteresse vide*. Paris, Gallimard, 1969.

BETTELHEIM, B. e ZELAN, K. *La lecture et l'enfant*. Paris, Robert Laffont, 1981.

BIANCHI, H. *Le moi et le temps*. Psychanalyse du temps e du vieillissement. Paris, Dunod, 1987.

BICK, E. *L'expérience de la peau dans les relations d'objet précoces*. In: MELTZER, D. et al. *Explorations dans le monde de l'autisme*. Paris, Payot, 1968.

BION, W. R. *Attention and Interpretation*. Londres, 1970.

————. *Learning from Experience*. Nova York, Basic Books, 1962.

————. *Transformations*. Change from Learning to Growth. Londres, 1965.

————. Sans titre. In: BION, Francesca (org.). *Pensée sauvage, pensée apprivoisée*. Larmor-Plage, Hublot, 1982.

BLANCHARD-LAVILLE, C. "Questions à la didactique des mathématiques". *Revue française de pédagogie*, nº 89, 1989.

————. "Au-delà du sujet didactique". *Revue pratique de formation*, nº 23, Université de Paris 8, 1992.

————. Présentation d'un dispositif pédagogique expérimental de pré-professionnalisation centré sur des activités mathématiques. In: *Continuité et ruptures. Recherches et innovations dans l'éducation et la formation*. Biennale de l'éducation et de la formation. Paris-Unesco, 27-30 abr. 1992, Paris, APRIEF, 1993.

————. Aux sources de la capacité d'apprendre e de penser. Les conceptualisations théoriques de W. R. Bion. In: BLANCHARD-LAVILLE, C., BEILLEROT, J. e MOSCONI, N. (org.). *Pour une clinique du rapport au savoir*. Paris, L'Harmattan, 1996.

————. "L'apport du groupe d'inspiration Balint aux enseignants et aux formateurs d'enseignants". In: BLANCHARD-LAVILLE, C. e FABLET, D. (orgs.). *Analyser les pratiques professionnelles*. Paris, L'Harmattan, 1997a.

————. (org.). *Variations sur une leçon de mathématiques*. Analyses d'une séquence: "L' écriture des grands nombres". Paris, L'Harmattan, 1997b.

————. "L'enseignant et la transmission dans l'espace psychique de la classe", *Recherches en didactique des mathématiques*. Grenoble, La Pensée sauvage, 1998.

————. Présentation: recherches cliniques d'inspiration psychanalitique en éducation et formation. *Revue française de pédagogie*, nº 127, 1999a.

————. L'approche clinique d'inspiration psychanalytique: enjeux théoriques et méthodologiques. *Revue française de pédagogie*, nº 127, 1999*b*.

———. (org.). *Approches codisciplinaires des pratiques enseignantes dans leurs rapports aux apprentissages différentiels des élèves.* Relatório para o Comité National de Coordination de la Recherche en Éducation, Paris, INRP, 1999*c*.

———. De la codisciplinarité en sciences de l'éducation. *Révue française de pédagogie*, nº 132, 2000.

Blanchard-Laville, C. e Berdot, P. Ce que nous a appris Jocelyne, ou du Jeu ao je en mathématiques. *Revue pratique des mots*, nº 53, 1985.

———. Le psychopédagogue en mathématiques: enseignant et/ou thérapeute. *Revue pratique des mots*, nº 71, jun. 1990; igualmente em *Éduquer, enseigner, soigner: "Métiers impossibles"*, Actes des journées d'études de l'Association française des centres médico-psycho-pédagogiques, Le Centre Claude-Bernard.

Blanchard-Laville, C. e Bronner, A. Savoir mathématique et rapport au savoir es professeurs de mathématiques. Traumatismes en chaîne et résonances identitaires. In: Mosconi, N., Beillerot, J. e Blanchard-Laville, C. *Formes et formations du rapport au savoir.* Paris, L'Harmattan, 2000.

Blanchard-Laville, C. e Chassecourte, P. Analyse clinique d'une séquence de mathématiques en classe de cinquième. In: Relatório para o CNCRE: *Approches codisciplinaires des pratiques enseignantes dans leur rapports aux apprentissages différentiels des élèves*, Paris, Bibliothèque do INRP, 1999.

Blanchard-Laville, C., e Chevallard, Y., Schubauer-Leoni, M.-L. (org.). *Regards croisés sur le didactique. Un colloque épistolaire de chercheurs.* Grenoble, Pensée sauvage, 1996.

Blanchard-Laville, C. e Hatchuel, F. *Clinique et codisciplinarité.* [CD-Rom do IIIº Congrès international d'actualité de la recherche en éducation et formation, 28-29-30 de jun. 1999, Bordeaux.]

Blanchard-Laville, C. e Nadot, S. *Lecture à deux voix d'une leçon de mathématiques*, 1997. [CD-Rom da Troisième biennale de l'éducation et de la formation.]

———. *Malaise dans la formation des enseignants.* Paris, L'Harmattan, 2000.

Blanchard-Laville, C. e Obertelli, P. Rapport au savoir et médiation didactique. In: Beillerot, J., Bouillet, A., Blanchard-Laville, C. e Mosconi, N. *Savoir et rapport au savoir.* Élaborations théoriques et cliniques. Paris, Ed. Universitaires, 1989.

Blanchard-Laville, C. e Scheier, D., Doris. L'Histoire et les mathématiques. In: Beillerot, J., Blanchard-Laville, C. e Mosconi, N. (orgs.). *Pour une clinique du rapport au savoir.* Paris, L'Harmattan, 1996.

Boimare, S. *L'enfant et la peur d'apprendre*. Paris, Dunot, 1999.

Broccolichi, S. Domination et disqualification en situation scolaire. In: Cours-Salies, P. (coord.). *La liberté du travail.* Paris, Syllepse, 1995.

Brousseau, G. Fondements et méthodes de la didactique des mathématiques. *Recherches en didactique des mathématiques,* vol. 7, nº 2, 1986.

Cachard, C. *Les gardiens du silence.* Paris, Éd. des Femmes, 1989.

Cahn, R. Du sujet. *Revue française de psychanalyse, "Le sujet",* t. LV, nº 6, 1991.

Cariou, M. *Freud et le désir.* Paris, PUF, 1973.

Chasseguet-Smirgel, J. *La maladie d'idéalité.* Essai psychanalytique sur l'idéal du moi. Paris, Éd. Universitaires, 1990.

Chaussecourte, P. A micro-analysis of video images from mathematics lesson. *International Journal of Applied Semiotics, Special Issue on Video and Semiotics,* 2000.

Chaussecourte, P. e Blanchard-Laville, C. Observations cliniques de pratiques enseignantes. *Revue perspectives psy.,* vol. 39, nº 5, 2000.

Chevallard, Y. *La transposition didactique.* Grenoble, La Pensée sauvage, 1985.

Ciccone, A. Empiétement imagoïque et fantasme de transmission. In: Eiguer, A., Carel, A., André-Fustier, F., Aubertel, F., Ciccone, A. e Kaës, R. (orgs.). *Le générationnel. Approche en thérapie familiale psychanalytique.* Paris, Dunod, 1997.

Cifali, M. *Le lien éducatif.* Contre-jour psychanalytique. Paris, PUF, 1994.

Condamin, A. *Au risque d'être soi.* Crise professionnelle: des enseignants se racontent, Sainte Foy, Québec, Septembre, 1997.

————. *Sous le signe du lien.* Paris, Hachette, 1989.

————. *La naissance du sens.* Paris, Hachette, 1991.

————. *Les nourritures affectives.* Paris, Odile Jacob, 1993.

Dejours, C. *Travail. Usure mentale.* De la psychopathologie à la psychodynamique du travail. Paris, Bayard, 1993.

————. *Souffrance en France.* La banalisation de l'injustice sociale. Paris, Le Seuil, 1998.

Devereux, G. *De l'angoisse à la méthode dans les sciences du comportament.* Paris, Flammarion, 1980.

Dor, J. *Introduction à la lecture de Lacan.* Paris, Denoël, 1985.

————. *L'a-scientificité de la psychanalyse.* Paris, Éd. Universitaires, 1988.

Dorey, R. La relation d'emprise. *Nouvelle Revue de psychanalyse, L'Emprise,* nº 24, 1981.

Dumas, G. *Mathématiques et affectivité.* Congrès des sciences de l'éducation, 1973.

Durandeaux, J. *Poétique analytique.* Congrès des sciences de l'éducation, 1982.

Eiguer, A. *Du bon usage du narcissisme.* Paris, Bayard, 1999.

Enriquez, E. *L'organisation en analyse.* Paris, PUF, 1992.

Ferenczi, S. Confusion de langue entre les adultes et les enfants. *Oeuvres complètes,* 1982 t. IV (1927-1933). Paris, Payot.

Ferro, A. *L'enfant et le psychanalyste. La question de la technique dans la psychanalyse des enfants.* Toulouse, Érès, 1997.

————. *La psychanalyse comme oeuvre ouverte.* Toulouse, Érès, 2000.

Filloux, J. *Du contrat pédagogique.* Paris, Dunot, 1996.

Filloux, J. Clinique et pédagogie. *Revue française de pédagogie,* nº 64, 1883.

Fivaz-Depeursinge, E., Maury, L., Bydlowski, M. e Stern, D. Une consultation mère-nourrison: entretien clinique, micro-analyse et méthodes interprétatives. In: Bourguignon, O. e Bydlowski, M. *La recherche clinique en psychopathologie. Perspectives critiques.* Paris, PUF, 1995.

Flagey, D. Points de vue psychanalytiques sur l'inhibition intellectuelle. *Revue française de psychanalyse, L'Inhibition intellectuelle,* t. XXXVI, nº 5-6, Paris, PUF, 1972.

Flahaut, F. *La parole intermédiaire.* Paris, Le Seuil, 1978.

Freud, S. *L'interprétation des rêves.* Paris, PUF, 1926.

————. *Essais de psychanalyse appliquée.* Paris, Gallimard, 1933.

————. Le petit Hans. In *Cinq psychanalyses.* Paris, PUF, 1971.

————. *Le malaise dans la culture.* Paris, PUF, 1995.

Gadeau, L. La lutte contre la dépendance psychique dans la relation de l'Éleve au Maître, *Éducation permanente,* nº 125, 1995.

Gantheret, F. De l'emprise à la pulsion d'emprise", *Nouvelle Revue de psychanalyse, "L'emprise",* nº 24, 1981.

————. L'impensable maternel et les fondements maternels du penser", *Nouvelle Revue de psychanalyse, "Liens",* nº 28, 1983.

Ghiglione, R. e Trognon, A. *Où va la pragmatique?* De la pragmatique à la psychologie sociale. Grenoble, Presses Universitaires de Grenoble, 1995.

Godfrind, J. *Les deux courants du transfert.* Paris, PUF, 1993.

Gori, R. e Hoffmann, C. *La science au risque de la psychanalyse.* Essai sur la propagande scientifique. Toulouse, Érès, 1999.

Gori, R. e Miollan, C. Fragment d'une pratique de formation. À propos du transfert et du contre-transfert dans les groupes Balint. *Connexions,* nº 31, 1980.

Green, A. La royauté appartient à l'enfant. *L'ARC, Donald W. Winnicott,* nº 69, 1971.

————. La double limite. *Nouvelle Revue de psychanalyse, "Le trouble de penser",* nº 25, 1982.

————. Méconnaissance de l'inconscient. Science et psychanalyse. In: *L'inconscient et la science.* Paris, Dunod, 1991.

————. Avatars de la pensée [Colóquio de Mônaco: "Naissance de la pensée. Processus de pensée"] *Journal de la psychanalyse de l'enfant*, nº 14, 1993 *a*.

————. *Le travail du négatif*. Paris, Éd. de Minuit, 1993 *b*.

————. *Propédeutique. La métapsychologie revisitée.* Seyssel, Champ Vallon, 1995.

HATCHUEL, F. La construction du rapport au savoir chez les élèves: processus sociopsychiques. *Revue française de pédagogie*, nº 127, 1999.

————. "Dis, maîtresse, je suis quoi pour toi?" ou comment se repérer dans la classe?, *Les Cahiers pédagogiques*, nº 362, 1998.

————. *Apprendre à aimer les mathématiques.* Conditions socioinstitutionnelles et élaboration psychique dans les ateliers mathématiques, Paris, PUF, 2000.

HOUZEL, D. L'évolution du concept d'espace psychique dans l'oeuvre de Melanie Klein et de ses successeurs. In: *Melanie Klein aujourd'hui.* Lião, Césura, 1985.

————. Enveloppe familiale et fonction contenante. In: *L'activité de la pensée.* Émergences et troubles. Paris, Dunod, 1995.

————. Peut-on parler d'attention inconsciente? Revue *Le Carnet PSY*, nº 18, 1997.

IMBERT, F. *Vers une clinique du pédagogique.* Un itinéraire en sciences de l'éducation. Vigneux, Matrice, 1992.

————. *Vivre ensemble, un enjeu pour l'école.* Paris, ESF, 1997.

IONESCO, E. *La leçon.* Paris, Gallimard, 1954.

IRIGARAY, L. *Parler n'est jamais neutre.* Paris, Éd. de Minuit, 1985.

————. *Je, tu, nous.* Paris, Grasset, 1990.

JEAMMET, P. Les enjeux des identifications à l'adolescence. *Identifications, Journal de la psychanalyse de l'enfant*, nº 10. Paris, Éd. du Centurion, 1991.

KAËS, R. Souffrance et psychopatologie des liens institués. In: ID. et al. *Souffrance et psychopathologie des liens institucionnels.* Paris, Dunod, 1996.

KLEIN, M. *Essais de psychanalyse.* Paris, Payot, 1968.

LACAN, J. *Écrits 2.* Paris, Le Seuil, 1971.

LACÔTE, C. *L'inconscient.* Paris, Flammarion, 1998.

LACROIX, M. B., MONMAYRANT, M. *Les liens d'émerveillement. L'observation des nourrissons selon Esther Bick et ses applications.* Toulouse, Érès, 1995.

LAPLANCHE, J., PONTALIS, J.-B. *Vocabulaire de la psychanalyse.* Paris, PUF, 1973.

LE GUEN, C. Le principe de réalité psychique. *Révue française de psychanalyse, "La réalité psychique"*, t. LIX, nº 1, 1995.

Le Poulichet, S. *L'oeuvre du temps en psychanalyse.* Paris, Payot, 1994.

Lecourt, É. L'enveloppe musicale. In: Anzieu, D. et al. *Les enveloppes psychiques.* Paris, Dunod, 1987.

Lefèvre, A. À propos d'un cas de dyscalculie de la rééducation à la psychothérapie. *Perspectives psychiatriques*, nº 30, 1970.

———. "Double décodage", *Rééducation orthophonique*, vol. 13, nº 85, 1975.

Maingueneau, D. *Pragmatique pour le discours littéraire.* Paris, Bordas, 1990.

———. *L'énonciation en linguistilque française.* Paris, Hachette, 1994.

Mannoni, O. *Freud.* Paris, Le Seuil, 1968.

———. *Un commencement que n'en finit pas.* Transfert, interprétation, théorie. Paris, Le Seuil, 1980.

Mendel, G. *Le vouloir de création.* Autohistoire d'une oeuvre en collaboration avec Roger Dosse. Paris, Éd. de l'Aube, 1999.

Méry, J. Je sais tout. In: Sztulman, H. e Fénelon, J. (orgs.). *La curiosité en psychanalyse.* Toulouse, Privat, 1981.

Miller, A. *Le drame de l'enfant doué. À la recherche du vrai soi.* Paris, PUF, 1983.

Mosconi, N. De l'application de la psychanalyse à l'éducation. *Revue française de psychanalyse*, nº 75, 1986.

———. *Femmes et savoir:* la société, l'école et division sexuelle des savoirs. Paris, L'Harmattan, 1994.

Moser, T. *Années d'apprentissage sur le divan.* Fragments de ma psychanalyse. Paris, PUF, 1978.

Nasio, J.-D. Françoise Dolto. Comment écouter un enfant?" In: Brun, D. (org.), *Pédiatrie et psychanalyse.* Éd. Pau, 1993.

Natanson, M. *Des lieux pour se plaindre.* Une écoute psychanalytique dans la formation. Vigneux, Matrice, 1994.

Neyraut, M. *Les raisons de l'irrationel.* Paris, PUF, 1997.

Nimier, J., *La formation psychologique des enseignants.* Paris, ESF, 1996.

Pontalis J.-B. *Entre le rêve et la douleur.* Paris, Gallimard, 1977.

———. *Ce temps qui ne passe pas.* Paris, Gallimard, 1997.

Pradel Lanson, C. e Danon Boileau, H. L'enseignement et la thérapie. Gagner sur deux tableaux. In: Feger, R. (org.). *Pédagogie et thérapie. Convergence des chemins.* Montreal, Presses universitaires du Québec, 1991.

Prat, R. Le dialogue des émotions. *Revue française de psychanalyse, "Bion"*, t. LIII, nº 5, Paris, PUF, 1989.

Racamier, P.-C. Autour de l'inceste. *Gruppo*, nº 7. Paris, Apsygée, 1991.

———. *Le génie des origines. Psychanalyse et psychoses.* Paris, Payot, 1992.

———. *Cortège conceptuel.* Paris, Apsygée, 1993.

———. *L'inceste et l'incestuel.* Paris, Les Éditions du Collège, 1995.

RESNIK, S. *Personne et psychose. Études sur le langage du corps.* Paris, Payot, ²1999.

———. *L'expérience psychotique.* Lião, Césura, 1986.

———. *Espace mental. Sept leçons à l'Université.* Toulouse, Érès, 1994.

———. *Le temps des glaciations.* Toulouse, Érès, 1999.

REVAULT D'ALLONNES, C. "Psychologie clinique et démarche clinique". In: D'ALLONES, R. et al. *La démarche clinique en sciences humaines.* Paris, Dunod, 1989.

ROCHEX, J. Y. Savoir et rapport au savoir: activités d'apprentissage et processus identificatoires. *Société française,* n° 33, 1989.

ROSÉ, D. Du bon usage du leurre. In: *Formation et dynamiques identitaires, Révue Éducation permanente,* nº 128, 1996.

ROSENFELD, H. A. *Impasse et interprétation.* Paris, PUF, 1990.

ROUSSEAU-DUJARDIN, J. *Couché par écrit.* De la situation analytique. Paris, Galilée, 1980.

ROUSSILLON, R. *Paradoxes et situations limites de la psychanalyse.* Paris, PUF, 1991.

ROUSSILLON, R. La capacité d'être seul en présence de l'analyste et l'appropriation subjective. In: COURNUT, J. e SCHAEFFER, J. (orgs.). *Débats de psychanalyse, pratiques de la psychanalyse.* Monografia da *Revue française de psychanalyse.* Paris, PUF, 1999.

ROUSTANG, F. Verbete "Inconsciente", *Encyclopaedia Universalis,* 1997.

RUSSEL, B. *Autobiographie.* Paris, Stock, 1967.

SANDRI, R. *La maman et son bébé: un regard.* Lião, Césura, 1991.

———. *L'observation du nourrisson selon Esther Bick et ses applications.* Lião, Césura, 1994.

SEGAL, H. *Délire et créativité.* Essais de psychanalyse clinique et théorique. Paris, Éd. des Femmes, 1987.

SIBONY, D. *Le nom et le corps.* Paris, Le Seuil, 1974.

SIBONY, D. Le geste d'apprendre. In: *Du vécu et d'invivable.* Psychopathologie du quotidien. Paris, Albin Michel, 1991.

SILVESTRE, D., SILVESTRE, M. Le transfert. In: MILLER, G. (org.). *Lacan.* Paris, Bordas, 1987.

TISSERON, S. La psychanalyse à l'épreuve des générations. In: *Le psychisme à l'épreuve des générations.* Clinique du fantôme. Paris, Dunod, 1995.

WINNICOTT, D. W. *Jeu et réalité.* L'espace potentiel. Paris, Gallimard, 1975.

———. *Conversations ordinaires.* Paris, Gallimard, 1988.

———. *La crainte de l'effondrement et autres situations cliniques.* Paris, Gallimard, 2000.

Este livro foi composto nas famílias tipográficas
Melior e *Diotima Roman*
e impresso em papel *Offset 75g*

Edições Loyola
Editoração, Impressão e Acabamento
Rua 1822, n. 347 • Ipiranga
04216-000 SÃO PAULO, SP
Tel.: (011) 6914-1922